KB093804

거시언어학 14: 담화·텍스트·화용 연구

# 담화로서의 뉴스

News as Discourse

**News as Discourse**

거시언어학 14: 담화·텍스트·화용 연구

# 담화로서의 뉴스

News as Discourse

반 데이크(Teun A. van Dijk) 지음

강경민 옮김

경진
출판

이 책에서는 신문 뉴스에 대한 새로운 학제 간 이론을 제시한다. 그리고 담화 분석 발달의 배경에 대응하여 뉴스는 본질적으로 공적 담화의 형식으로 연구되어야 한다고 주장한다. 많은 매스 커뮤니케이션 연구에서 뉴스의 경제적이거나 사회적 혹은 문화적 측면과 뉴스 미디어를 다루지만, 최근의 연구에서는 언론의 뉴스 보도가 지닌 구조를 명시적으로 분석하는 것의 중요성이 강조된다. 이러한 분석을 통해 내용 분석의 전통적 방법에 질적인 대안을 제공할 수 있어야 한다. 또한 뉴스 참여자의 사회 인지적 관점에서 저널리스트의 뉴스 생산 과정과 독자의 뉴스 이해에 주목하게 된다. 이와 같은 방식으로 뉴스 구조는 외현적으로는 사회적 관습과 뉴스 생산의 이데올로기와 연결되고, 간접적으로는 뉴스 미디어의 제도적이고 거시 사회학적인 맥락에 연결된다.

　제1장에서 뉴스에 대하여 다양한 학문 분야에서 이루어진, 미국과 유럽의 최근 연구를 조사한 후에, 제2장에서는 뉴스 구조의 단계와 부면들을 각각 논의한다. 뉴스 언어에 대한 일반적인 언어적·문법적 분석 외에, 전반적인 내용을 의미하는 화제(topic)의 개념, 그리고 뉴스 보도의 관습적인 형식을 말하는 뉴스의 선험적 도식에 대하여 설명한다. 끝으로, 뉴스 구조의 문체론적이고 수사학적 구조가 분석된다.

뉴스의 이러한 다양한 구조는 독자의 이해 과정뿐만 아니라 뉴스 생산의 인지적·사회적 조건과 체계적 관련이 있다. 몇몇 단계에서는 뉴스 구조의 이데올로기적 측면이 분석된다.

제3장과 4장에서는 뉴스의 생산과 수용에 대하여 보다 경험적이고 인지적·사회 심리학적인 접근을 한다. 그리고 저널리스트의 취재원 텍스트 처리에 의한 뉴스 생산과 독자의 뉴스 기사 회상에 대한 현장 연구 결과를 보고한다. 이론적 근거는 현재 인지 심리학과 인공 지능에서 다루는 텍스트 처리에서 파생된 것이다. 그러나 동시에 뉴스 생산과 이해의 과정은 중요한 사회적 측면을 지니므로 뉴스 생산자와 독자의 사회적 인지의 관점에서 설명되어야 한다. 이는 또한 뉴스와 뉴스 미디어의 사회학적 분석에 대한 우리의 평가를 통합하는 것으로 이어진다.

이 책은 매스 커뮤니케이션, 담화 분석, 언어학, 인지 및 사회 심리학 분야의 학생과 연구자의 관심에 부합할 것이다. 또한 다른 분야에서 온 독자의 이해를 돕기 위하여 이 책의 각 장에는 뉴스 구조 및 처리의 분석에 사용되는 각각의 이론적 개념에 대한 소개가 포함된다.

이 책은 본래 이론적 응용과 소수 민족 집단과 불법 거주자가 뉴스에서 묘사되는 방식에 대한 연구와 세계 언론 (1982년 9월 레바논의 Bechir Gemayel 암살 보도에 대한) 보도에 대한 사례 연구를 포함하는 더 큰 연구의 부분으로서 기획되었다. 그러나 그렇게 하면 책이 너무 두꺼워지기 때문에 사례 연구는 '뉴스 분석(News Analysis)'이라는 별도의 책으로 출판하기로 결정하였다. 이는 본서에 대한 companion book 으로 읽힐 수 있으며 또한 시리즈로 출판되고 있다. 두 권에는 모두 1970년대 말 이래로 내가 관여해 왔던 뉴스 연구의 결과가 요약되어 있다.

이 책에서 보고하는 현장 연구는 암스테르담 대학교(University of Amsterdam) 학생들 Sjoukje de Bie, Juliette de Bruin, Hellen Claver, Jane Alice Coerts, Gemma Derksen, Barbara Diddens, Jeroen Fabius, Guus Gillard d'Arcy, Michel Gijselhart, Karin Greep, José Hermans, Dienke Hondius, Kitty Jansman, Nico de Klerk, Liesbeth Klumper, Rie Kromhout, Stan Liebrand, Anja Lok, Marianne Louwes, Ingeborg van Oosterom, Hans Pols, Anke Riem, Patrice Riemens, Tijl Rood의 도움으로 수행되었다. 나는 그들의 모든 공헌과 열정에 감사한다. 나는 또한 최근의 학술 연구와 관련하여, 컴퓨터 작업 전반에 Piet de Geus의 도움을 받았다. 끝으로 나는 이 시리즈에서 이 책을 출판하는 데 빠르고 긍정적인 조언을 해 준 Jennings Bryant에게 감사한다.

Teun A. van Dijk의 이 책을 알게 된 것은 담화 분석의 대상으로 신문 기사를 선택하면서였습니다. 우리 주변에 많은 담화가 있지만 가장 흔하게 접할 수 있는 텍스트 중의 하나가 기사였기 때문입니다. 그러나 막상 분석을 시작하면서 많은 문제에 봉착하게 되었고 뉴스 텍스트를 담화로 접근하는 방법론이 거의 부재하다는 것을 알게 되었습니다. 많은 연구가 이 책의 후반에 해당하는 사회 인지적 측면, 즉 언론의 이데올로기와 그것의 실현에 대한 것은 다루고 있었습니다. 그러나 텍스트로서, 그러니까 하나의 완성된 담화로서 신문 기사를 다루는 것은 찾기 쉽지 않았습니다. 일부 연구에서 van Dijk가 제시하는 뉴스의 주제 구조에 기대어 분석을 하고 있기는 했으나 극히 제한적으로 사용하고 있어 담화 분석적인 측면에서 충분해 보이지는 않았습니다. 이에 van Dijk의 이 책을 처음부터 끝까지 제대로 이해하는 것이 중요하다는 결론에 도달하였고 저와 같은 열망을 가진 분들께 도움이 되고자 번역을 하기로 결심하였습니다.

번역을 하는 동안 van Dijk가 제안하는 뉴스에 대한 접근과 이해에 대하여 즐겁게 탐험할 수 있었고 하나의 담화를 바라볼 때 그것의 텍스트 구조와 그 담화의 생산 및 이해와 관련된 사회 인지적 맥락의 구조를 모두 이해하는 방식에 대하여 알 수 있었습니다. 되도록 많은 분들께 도움이 되기를 바라며 번역을 허락해 준 저자와 어려운 부탁에도 기꺼이 출판을 맡아 준 경진출판에 진심으로 감사를 드리는 바입니다. 또한 이 기간 동안 함께해 주신 모든 분들께 마음을 다해 감사드립니다.

차례

9

# 제4장 뉴스 이해

# 제5장 결론

# 제1장 뉴스에 대한 연구

## 1. 도입: 목표와 문제점

### 미디어 분석에 대한 담화적 접근

이 책의 목적은 뉴스 연구에 대한 이론적 틀을 제안하는 것이다. 우리의 접근의 중요한 특징은 뉴스를 텍스트나 담화의 유형으로서 분석하는 것이다. 그러한 분석에서 가장 주요하게 고려할 것은 기술의 다양한 단계와 부면 및 그러한 다양한 단계와 부면들을 명시적으로 규정하는 데 사용되는 항목이나 범주 같은, 뉴스 담화의 구조이다. 이 분석을 통해 다른 유형의 담화와 비교하여 뉴스 담화의 구조적 특성에 대한 중요한 질문에 답해야 한다. 예를 들어, 영어에서 우리는 "뉴스 스토리"라는 용어를 사용하기도 하는데 이는 뉴스가 특별한 종류의 서사일 수 있다는 것을 말한다. 그러나 우리는 또한 그것이 우리가 일상적인 대화나 아동 도서 혹은 소설에서 말하는 스토리와는 다르다는 것을 안다. 따라서 우리는 뉴스 스토리가 왜 그리고 어떻게 다른지 명확하게 설명해야 한다. 이와 유사하게, 언론에서의 뉴스는 라디오나 TV의 뉴스 또는 사설이나 광고와 같은 신문의 다른 담화와 가족 유사성의 가능성을 보이는 매스 미디어 담화의 한 유형이다. 뉴스에 대한 이러한 질적 접근은 전형적으로 텍스트 언어학과 서사 분석, 문체론, 수사학을 포함하는 담화 분석의 새로운 학문에서 볼 수 있다. 다음 장에서 우리는 뉴스의 이러한 텍스트적 측면에 대하여 말할 것이다.

그러나 이는 일부에 불과하다. 담화 분석은 학제 간 학문 분야이다. 이는 또한 담화의 다양한 맥락 분석, 즉 생산과 수용의 인지적 과정 및 언어 사용과 의사소통의 사회문화적 측면에 관심을 보인다. 따라서 답해야 할 두 번째 중요한 질문은 생산에 수반되는 과정과 매스 미디어의 의사소통 맥락에서 뉴스의 이해와 사용에 관한 것이다. 특히, 우리는 뉴스 텍스트와 맥락 사이의 복잡한 관계에 주목한다. 인지적·사회적 제약은 어떻게 뉴스의 구조를 결정하는가? 그리고 뉴스의 이해와 사용은 그 텍스트 구조에 의하여 어떻게 영향받는가? 명백히, 뉴스에 대한 우리의 접근은 우리가 그러한 관계를 구체화할 수 있다면, 특히 매스 커뮤니케이션 연구에 적절하다. 그렇지 않다면, 우리의 분석은 기껏해야 미디어 메시지의 새롭고 좀 더 명확한 내용 분석에 지나지 않을 것이다. 이는 확실히 적합한 목적이 될 수는 있지만, 우리는 그러한 분석을 더욱 흥미롭고 설명력이 있으며 이론적이라고 볼 수는 없을 것이다. 우리는 또한 왜 뉴스는 특정한 구조를 가지고 있으며 그러한 구조는 매스 커뮤니케이션에서 어떠한 역할을 하는지 알기를 원한다.

한 권의 책으로 이 모든 질문에 답하는 것은 가능하지 않다. 우리의 목적은 보다 제한적이다. 이를테면 뉴스 담화의 유형이나 독자에 의한 뉴스의 사용 등에 대하여 하나의 논문을 쓸 수는 있다. 그러므로 우리는 선행 연구에서 소홀히 한 주제들, 즉 뉴스의 생산과 이해에 있어서 뉴스의 구조와 각 구조의 인지적 처리에 초점을 둔다. 예를 들어, 우리는 언론에 보이는 뉴스 기사의 전통적인 형식과 범주, 즉 뉴스의 도식이라는 부분적인 이론을 제안한다. 인지적 관점에서 우리는 저널리스트가 뉴스를 수집하고 쓰는 데 있어 뉴스 사건을 이해하고 설명하고 인출하는 데 수반되는, 그리고 독자가 뉴스 사건을 재구성하며 지식과 신념을 새롭게 하는 데 수반되는 기억 절차를 다룬다. 우리는 이를 통해 뉴스의 생산과 이해에 있어서 뉴스의 가치와 이데올로기의 잘 알려진 역할을 명확히 이해할 수 있다. 또한 그러한 가치와 이데올로기는 본질적으로 사회적인 것이므로 우리는 뉴스의 심리학적 연구와 사회학적 연구 사이에 다리를 놓기를 희망한다. 사실, 우리 연구의 심리학적 측면은 인지적인 것만은 아니다. 오히려, 사회 인지적이라고 보아야 한다. 이러한 관점에서 이는 또한 사회 인지의 새로운 분야에서 발전한 것의 응용과 확장이 된다. 동시에 이는 뉴스 사건의 이해와 설명의 절차를 다루는 미시 사회학에서, 예를 들면 민족 사회학적 방법론의 관점에서, 뉴스를 생산하는 실제 작업에 대한, 보다 명확한 기초를 제공한다.

이러한 접근은 일반적으로는 미디어 분석에 대한 다른 접근에 대하여, 그리고 특히 뉴스에 대한 다른 연구에 대하여 비판하는 것처럼 보일 수 있다. 그러나 이러한 비판에는 어떠한 자격이 요구된다. 우리는 담화 그 자체로서의 뉴스를 연구하는 데 충분히 주의를 기울인 연구가 거의 없다는 것을 발견하였다. 이는 특히 뉴스에 대한 거시 사회학적 접근에 해당한다. 우리는 또한 뉴스의 생산과 이해의 인지적 측면이 무시되어 왔다고 생각한다. 그럼에도 불구하고 과거 십년간 수행된 몇몇 연구는 우리의 분석에 매우 유효하였고 우리는 그 결과들을 우리의 이론적 틀 내에 통합하였다.

1. 담화 분석과 많이 유사하게, 매스 커뮤니케이션 연구는 학제 간 분야이다. 그러나 몇몇 학문으로부터의 영향에도 불구하고, 특히 그러한 사회과학과 매스 커뮤니케이션 연구는 독자적이고 자기 충족적인 학문으로 발전해 왔다. 이러한 발전에는 장점과 단점이 모두 있다. 중요한 장점은 명백하게 매스 커뮤니케이션의 많은 현상이 단순히 의사소통이나 정보, 담화, 이해, 직업적 일과, 제도적 통제 등과 같은 보다 일반적인 현상의 특정한 예로서 포섭되는 것이 아니라 구체적이고 전문적인 주목을 받는다는 것이다. 반면, 단점은 이러한 독자적 학문은 다른 학문에서 이룬 매우 유효한 발전과 궤를 함께하지 못하여 자신의 이론적 틀을 발전시키는 데 뒤쳐질 수 있다는 것이다. 따라서 매스 커뮤니케이션 연구에서 성취한 미디어와 뉴스에 대한 중요한 통찰과 더불어, 우리의 연구가 뉴스 담화의 구조 및 뉴스 생산과 이해에 관한 사회인지적 처리에 대하여 주목함으로써 학제적 연구를 촉진시키기를 희망한다.

## 언론에서의 뉴스

이론적 분석을 시작하기 전에 우리는 먼저 뉴스의 개념을 설명하고 우리가 사용하는 실증적 데이터를 규정해야 한다. 그러나 어떠한 선험적 정의도 충분하지 않을 것이다. 오히려 정의는 전체적인 이론에서 파생되어야 한다. 우리는 단지 뉴스에 대한 우리의 일반적인 직관을 명확히 드러내고 우리가 분석하고 이론화하려는 경험적 대상을 대략 구체화하려 할 뿐이다.

뉴스의 개념은 모호하다. 우선, 우리는 "너에게 나쁜 소식이 있어." 또는 "당신 아들에게서 온 가장 최근의 소식은 뭐야?"와 같은 일상적인 문장에서 볼 수 있듯이 '새로운 정보'라는 뉴스의 일반적인 개념을 가지고 있다.[1] 명백히, 우리가 다루는 뉴스의 개념은 이와는 다르지만 한편으로는 이와 같이 보다 일반적인 개념과 공유되는 의미 요소가 있다. 뉴스에 대한 우리의 개념은 미디어 및 매스 커뮤니케이션과 관련된, 두 번째 의미의 일부이다. 이는 "금리 상승에 대한 뉴스를 봤어?" 또는 "어젯밤 뉴스 봤어?"와 같은 표현에서 사용된다. 이러한 미디어 뉴스 개념에도 흥미로운 모호함이 있다. 앞의 두 예시에서 우리는 뉴스가 새로운 정보나 뉴스 기사로 이해되지만 또한 '10시 뉴스'라는 구절에 나타나듯이 뉴스가 송출되는 TV 프로그램으로 이해된다는 것을 알 수 있다. 다시 말하면, 일상적으로 사용하는 미디어 뉴스의 개념은 다음과 같은 의미를 내포하는 것이다.

1. 사건이나 사물, 사람에 대한 새로운 정보
2. 뉴스가 송출되는 (TV나 라디오) 프로그램
3. 뉴스 아이템 또는 뉴스 보도, 즉 라디오나 TV, 신문에서 최근의 사건에 대하여 새로운 정보를 제공하는 텍스트 혹은 담화

---

1) (옮긴이) 영어의 news는 한국어에서 '뉴스', '소식'의 두 가지로 번역되므로 이와 같은 문장이 성립된다. 우리가 일상적으로 사용하는 '소식'이라는 말에는 새로운 정보라는 의미가 내포되어 있다는 것이 암묵적으로 인정된다.

이 연구에서는 위의 3번에 해당하는 뉴스를 중점적으로 다룬다. 즉 우리는 뉴스 미디어나 TV, 라디오, 신문과 같은 공영 정보통신사에 표현되거나 사용되거나 공개된 텍스트나 담화 유형을 다루는 것이다. 그럼에도 불구하고 모호한 부분은 남는다. 즉 이러한 경우 뉴스는 물리적으로는 보거나 읽거나 가위로 잘라 스크랩할 수 있는 뉴스 아이템이나 뉴스 기사를 의미한다. 뉴스는 또한 우리가 레바논에 관한 가장 최근의 뉴스라고 말할 때처럼 그러한 기사나 뉴스 아이템의 내용이나 의미를 가리킬 수도 있다. 이런 경우 우리는 물론 구체적인 실제 기사나 뉴스 아이템을 말하는 것이 아니라 언론 기관의 가장 최근 뉴스 정보를 말하는 것이다. 이러한 구분은 예를 들어, '결국 뉴스는 신문이나 TV에 나오지 않을 수 있다.'와 같은 부정문에서 더욱 잘 나타난다. 다시 말해, 그 물리적 형식을 포함하여 담화 전체를 포괄하는 미디어 뉴스의 개념이 있고, 위의 1번에 해당하는, 이를테면 미디어에 의해 제공되고 뉴스 보도에 의해 표현되는 것과 같은, 보다 의미론적인 성격의 미디어 뉴스의 개념이 있다. 우리는 이 두 가지 개념 중 첫 번째 것을 분석할 것이다. 그리고 모호함을 피하고 명확하게 하기 위하여 종종 '뉴스 담화'라는 용어를 사용할 것이다.

뉴스에 대하여 일상적으로 갖는 관념에 대한 개념적 분석을 위한, 이와 같은 간단한 연습 후에는 특정한 제약을 마련해야 한다. 우리는 주로 언론에서 말하는 뉴스, 즉 일간 신문에 출판된 뉴스 담화나 뉴스 기사에 중점을 두고 있다. 우리는 TV나 라디오의 뉴스 아이템은 무시할 것이다. 하지만 뉴스에 대한 그와 같은 연구 결과는 고려할 것이다. 개인적 관심과 별개로, 이러한 선택에는 몇 가지 이유가 있다. 첫째, 지난 10년간 많은 연구는 TV 뉴스에 집중되었는데 이는 TV가 대체로 광범위한 대중을 대상으로 하고, 그렇기 때문에 대중적 정보 처리에서 보다 중심적인 역할을 할 수 있기 때문이다. 그러나 신문 뉴스 역시, 서구 사회에서뿐만 아니라 TV가 여전히 희귀한 상품인 사회에서도, 매스 커뮤니케이션에서 중요한 역할을 한다는 것에 주목해야 한다. 그리고 신문 뉴스의 담화를 명시하여 연구한 것은 거의 없다. 둘째, 몇몇 사례 연구의 과정에 사용된, 세계 여러 나라에서 광범위하게 수집한 신문 자료에서 언론 기관의 뉴스 구조에 대한 어떤 통찰을 얻었다(van Dijk, 1984b).

끝으로, 우리는 또한 신문 뉴스의 개념을 명확히 해야 한다. 뉴스에 대한 우리의 직관은 상당히 명확한 것처럼 보인다(우리는 뉴스를 볼 때 뉴스 기사를 인식한다). 그러나 그 개념에 완전히 문제가 없는 것은 아니다. 대부분의 경우, 우리는 뉴스 기사와 광고를 구별할 수 있다. 많은 나라에서 지면 광고 위에는 광고라는 단어가 반드시 찍혀 있어야 한다. 그러나 날씨 보도나 라디오와 TV 프로그램 편성표, 만화, 서평, 예술과 공연란 등은 어떠한가? 이들 중 일부 역시 새로운 정보를 제공하고 그렇기 때문에 부분적으로 언론에서 뉴스가 갖는 일반적인 성격을 갖는다. 그러나 우리는 이러한 담화 유형은 우리의 분석 대상에서 제외하고 협의의 뉴스 기사, 즉 과거의 정치적이거나 사회적, 문화적인 사건에 대한 뉴스 기사에 초점을 둔다. 이렇게 하면, 공연에 대한 평이나 사설 등은 제외하지 않더라도 적어도 (미래 사건에 대한) 프로그램적 성격을 가진 모든 텍스트 유형은 배제하게 된다. 이는 정보제공적 담화와 평가적 담화를 구별함으로써 가능하다. 다만 이러한 구별은 문제가 많기로 악명이 높다. 많은 저널리스트들이 뉴스는 견해가 아닌 사실만을 전달하는 것이 이상적이라고 믿지만 실제 뉴스 기사는 견해를 포함하는 것이 특징이라고 할 수 있다. 이는 뉴스 기사의 유형 중 하나인 배경 기사에서 보다 명확하게 드러난다. 마지막으로, 우리는 또한 주식 거래 목록과 환율, 수출입 목록, 정세 현황에 대한 실무 정보 등은 제외한다. 이와 같이 엄격한 의미에서의 뉴스 기사와 신문에 있는 다양한 유형의 정보제공적이거나 평가적인 텍스트를 구별하려는 간단한 시도에서 알 수 있듯이, 명확하게 구분되는 이론적 범주 내에서 우리의 직관적 개념을 뚜렷하게 하려는 것은 쉽지 않다는 것이 이미 밝혀졌다. 신문의 뉴스 담화를 제대로 정의하려면 (형식론과 의미론을 모두 포괄하는) 구조와 사용, 기능에 대한 광범위하고 명확한 이론적 기술이 요구된다. 이는 이 책의 주요한 목적 중 하나이다.

## 2. 뉴스에 대한 선행 연구: 간략한 검토

### 일화적인 것부터 사회학적인 설명까지

뉴스에 대한 많은 연구는 일화적인 성격을 가지고 있다. 그 연구들은 종종 저널리스트였던 이들에 의해 쓰였는데 그들은 자신의 경험에 대하여 이야기하며 미디어와 뉴스에 대하여 우호적으로 충고하거나 가혹하게 비평한다. 이러한 연구들은 훌륭한 읽을거리이며 그 저널리즘적 접근은 뉴스 생산자의 일상과 업무에 대한 통찰을 제공하여 뉴스 생산과 관련된 일상적 사회학에서 보다 체계적이고 명료한 분석 자료로서 유용성을 갖기도 한다. 이러한 연구에서 전형적으로 나타나는 것은 사례 분석적 접근이다. 즉, 저자들은 대통령 선거 운동이나 60년대의 인종 차별 문제로 인한 폭동, 워터게이트 등 중요한 사회적 정치적 문제, 이슈, 사건들의 잘 알려진 보도 사례를 예로 하여 쟁점을 처리한다. 앞의 예시에서 알 수 있듯이 이러한 접근은 미국에서 많이 이루어졌다(Wicker, 1978). 여기에서 TV 앵커의 보다 특별한 역할은 또한 많은 연구로 이어졌다(Powers, 1978). 이러한 작업은 대체로 국내 사건에 초점을 두고 있으나 우리는, 미국의 관점에서이기는 하지만, 국제 보도를 다루는 연구도 찾는다(Rosenblum, 1981). 따라서 Rosenblum은 해외 특파원들이 어떻게 일하고 어떻게 뉴스를 모으고 어떤 문제(특히 제3 세계 국가의 검열)에 봉착하고 얼마나 많은 뉴스들이 쿠데타와 지진과 같은 성격을 갖는지에 대하여 서사적으로 묘사한다. 이러한 작업의 정치적 철학은 대개 자유주의적이다. 언론은 비판적 역할을 수행해야 한다. Rosenblum은 뉴스와 보도에 대한 많은 책에서 전형적으로 볼 수 있는 다음과 같은 말로 그의 책을 끝맺는다(Rosenblum, 1981).

민주주의는 유권자에게 정보가 제공되어야 기능할 수 있다. 그리고 이것은 국내 사안에 못지않게 외교에도 적용된다. 외교 정책은 확인되지 않고서는 워싱턴 엘리트나 전문가, 관련된 로비 단체에 전해질 수 없다. 세계의 위기는, 만약 늦지 않게 예측된다면, 때로는 피할 수 있다. 그러나 해외로부터의 신뢰할 만한 보고가 없이는 시민들은 민감하고 취약하다. 만약 많은 미국인들이 이것을 깨닫지 못한다면 오직 기자와 편집자만—뉴욕 시민의 광인들—이 그것을 그들에게 이해시킬 수 있을 것이다(223쪽).

모든 선이론적(pretheoretical) 연구들이 단지 일화적이기만 한 것은 아니다. 사실, 그 연구들 중 일부는 면밀한 인용과 광범위한 조사를 바탕으로 하고 있다. MIT의 뉴스 연구 모임은 600시간이 넘는 분량의 TV 뉴스를 녹화하여 분석하였다(Diamond, 1978). 그러나 그들의 관심은 미국의 대통령 선거에서 언론이 후보들을 어떠한 방식으로 취재하였는지, 앵커의 역할, TV 연예는 어떻게 청중을 끌어들이는지 등에 대한 것이다. 다시 말하면, 이 연구는 "책임감이 있는 저널리즘"의 역할과 비판적인 "언론 감시자"의 필요성을 강조한다(240쪽). 이와 유사하게, Epstein(1973, 1975)은 언론과 TV 뉴스에 대한 그의 연구에서 언론에서 펜타곤 문서(Pentagon Papers),[2] 베트남 전쟁, 흑표당(Black Panthers),[3] 워터게이트(Watergate)[4]와 같은 미국에서 중요한 국가적 화제를 어떻게 다루는지, TV 뉴스는 어떻게 수집되고 선정되고 생산되는지 등을 보여 준다. Epstein(1973)은 NBC 방송국의 현장 업무를 바탕으로, 어떻

---

2) (옮긴이) 펜타곤 문서는 제2차 세계대전부터 1968년 5월까지 인도차이나 반도에서 미국의 역할에 대한 역사를 담은 것으로, 1967년 Robert S. McNamara 미국 국방장관이 위임하였다. 이 문서는 매사추세츠 공과대학교 국제학 센터의 선임 연구원인 Daniel Ellsberg에 의해 뉴욕 타임스에 넘겨졌다. 약 3,000쪽의 설명과 4,000쪽의 부속서류로 구성된 47권의 역사는 완성하는 데 18개월이 걸렸다. 이 프로젝트에 참여한 Ellsberg는 인도차이나 반도에서 미국의 역할에 대한 열렬한 지지자였지만, 프로젝트가 끝날 무렵에는 미국의 개입에 심각하게 반대하게 되었다. 그는 미국의 참여의 본질을 밝힐 수밖에 없다고 느꼈고, 문서의 주요 부분을 언론에 유출하였다(www.britannica.com).

3) (옮긴이) 흑표당은 아프리카계 미국인의 혁명적 정당으로 1966년 Huey P. Newton과 Bobby Seale에 의하여 캘리포니아 오클랜드에서 창당되었다. 원래 목적은 경찰의 잔혹 행위로부터 주민들을 보호하기 위해 아프리카계 미국인 이웃들을 순찰하는 것이었으나 나중에는 아프리카계 미국인들의 무장, 징집 및 모든 제재로부터의 면제, 감옥으로부터의 석방, 수백 년에 걸친 착취에 대한 보상금 지급 등을 요구하는 마르크스주의 혁명 단체로 발전하였다. 1960년대 후반에 최고조에 달했을 때 당원이 2,000명을 넘었고 미국의 주요 도시에 지부를 운영하였다(www.britannica.com).

4) (옮긴이) 워터게이트 사건(Watergate scandal)은 1972년부터 1974년까지 2년 동안 미국에서 일어난 각종 일련의 사건들을 지칭하는, 미국 닉슨 행정부가 베트남전 반대 의사를 표명했던 민주당을 저지하려는 과정에서 일어난 불법 침입과 도청 사건과 이를 부정하고 은폐하려는 미국 행정부의 조직적 움직임 등 권력 남용으로 말미암은 정치 스캔들이었다. 사건 이름은 당시 민주당 선거운동 지휘 본부가 있었던 워싱턴 D. C.의 워터게이트 호텔에서 유래한다. 처음 닉슨과 백악관 측은 '침입사건과 정권과는 관계가 없다'는 태도를 고수했으나, 1974년 8월, '스모킹 건'이라 불리는 테이프가 공개됨에 따라 마지막까지 남아 있던 측근도 그를 떠나게 되었다. 닉슨은 탄핵안 가결이 확실시되자 1974년 8월 9일, 대통령직을 사퇴하였다. 이로써 그는 미 역사상 최초이자 유일한, 임기 중 사퇴한 대통령이 되었다(ko.wikipedia.org).

게 뉴스가 사실뿐만 아니라 뉴스를 생산하는 조직의 구조에도 의존하는지를 설명하려고 시도하였다. 이러한 의존성은 비공식적인 용어로 논의되었고 내용은 체계 없이 분석되었다. 1970년대 말에 이루어진 몇몇 다른 연구들과 마찬가지로(예를 들어 Gans, 1979), 그러한 접근은 뉴스 생산에 있어서 저널리즘 업무와 가치, 제약에 대한 소중한 통찰을 제공한다. 이 지점에서 우리는 보다 체계적이고 이론적으로 명확한 형태의 뉴스 연구로 전환되는 것을 목도하게 되는데, 이러한 전환은 뉴스에 대한 일화적 접근이나 다큐멘터리 같은 연구에서는 여전히 나타나지 않는다(Barrett, 1978; Abel, 1981). 이러한 연구의 대다수는 뉴스가 어떻게 편향되고 사건을 왜곡하는지에 관심을 둔다(Altheid, 1974; Cirino, 1971). 자료는 뉴스 산출물에 대한 면밀한 분석보다는 인터뷰의 일부와 수치로 채워진 표들이 주를 이룬다. 사실, 대부분의 이러한 연구에서 세부적인 뉴스 텍스트는 찾아보기 어렵다. 뉴스 생산에 대한 분석은 개념적으로 기관의 문제, 저널리즘 업무와 가치의 문제, 회사의 통제나 정치적 통제가 갖는 문제에 초점을 둔다(Bagdikian, 1971, 1983). 이러한 예시는 TV와 언론의 뉴스에 대한 잘 알려진 연구 중 일부이다. 그러나 그 연구들은 사회학적 분석으로서는 표면적이고 거시적인 차원에 머물러 있으며, 뉴스 분석으로서는 그저 인상적인 것에 불과하다. 그 연구들은 종종 분석을 하는 대신 이야기를 하고 있다. 그 연구들은 뉴스에 대한 관찰자의 설명이라고 볼 수 있다.

## 거시 사회학에서 미시 사회학으로

뉴스 생산 구조는 몇 가지 단계와 부면에 걸쳐 기술될 것이다. 앞에서 언급한 연구 중 일부는 뉴스 미디어 기관의 전체적인 구조, 예를 들어,

그 기관의 공영 차원의 또는 회사 차원의 통제, 관리, 편집자들과 여타 관련 저널리스트들의 위계, 뉴스를 수집하는 일반적인 업무 등에 폭넓은 관심을 두고 있다. 그렇게, 영향력 있는 연구인 Gans(1979)에서는 방송국과 뉴스위크(Newsweek)나 타임(Time) 같은 잡지에서 어떻게 뉴스가 생산되는지에 대하여 많은 상세한 정보를 제공한다. 광범위한 현장 업무는 우리에게 뉴스 편집실, 보도 영역, 직업적 일과, 뉴스 가치, 그리고 뉴스 미디어가 담당하는 토픽의 범위 등에 대한 시각을 제공한다. 여기에서 우리는 뉴스 생산이 실제로 어떤 것인지에 접근하게 되고 사회적 제약 및 실제 가치와 뉴스에 내재된 주제 사이에 관계를 수립하게 된다. 그러나 Gans의 연구는 사회학적 현장 조사와 관찰, 분석의 모범적인 결과물로 볼 수는 있지만, 중간 수준의 설명에 머문다. 우리는 여전히 편집 회의가 어떻게 이루어지는지 정확하게 알 수 없다. 특종 보도 기간 동안의 뉴스 수집 활동이나 기자와 그들의 취재원 사이의 계약에 대해서도 마찬가지로 정확하게 알 수 없다. 우리는 여전히 저널리스트들이 이러한 뉴스 환경을 어떻게 해석하는지 그리고 그러한 해석이 어떻게 그들의 뉴스 사건과 뉴스 담화의 재생산에 영향을 주는지를 무시한다. 우리는 뉴스 생산 과정에 대하여 더욱 면밀한 관찰과 미시적 분석이 필요하다.

그러한 미시적 분석은 Tuchman(1978a)에서 볼 수 있다. 아마도 뉴스 생산에 관한 가장 흥미롭고 혁신적인 사회학적 연구인 그녀의 책에서는 민족지학 방법론적 접근을 취한다. 이 연구는 앞에서 언급한 연구들과 마찬가지로 기자와 편집자들의 일과에 관심을 갖는데 그러한 일과는 뉴스로 현실을 재구성하는 매일매일의 성과와 더불어 뉴스 제작이 이루어지는 제도적 과정의 수행을 의미한다. 옳은 것일 수도 있고 편향된 것일 수도 있는데 뉴스는 사실을 찍는 사진이 아니라 사회적 세상이 일상적으로 구성되는 틀로 규정된다. 따라서 기자는 네트워크 내에서 일한다. 이것은 뉴스의 취재원을 가능한 한 효과적으로 이용하려는 기관의 전략적 장치이다. 기자들은 믿을 만한 뉴스의 안정적인 확보가 보장되는 행정 기관에 배치된다. 동시에 사건의 뉴스로서의 가치는 미디어 기관과 그들이 담당하는 조직의 구성원들이 협의하여 결정한다. 이는 또한 뉴스 생산자들이 실제로 무슨 일이 일어났는지와 관계없이 마감 기한의 제약이나 예산의 한도 내에서 예측 불가능한 것들을 다루고 일정한 양의 뉴스를 생산하는 것을 가능하게 한다. 뉴스 사건을 분류함으로써 기자들은 다양한 상황에서 협의할 자유를 남기는 동시에 사건에 뉴스의 가치를 부여한다. 뉴스 생산의 실제가 되는 최종 결과물에 근접하면서 Tuchman은 결국 진실성이라는 환상을 창조하기 위하여 뉴스 생산자들에 의해 엮이는, 그러나 궁극적으로는 현상을 정당화하는 "사실성의 망(web of facticity)"에 주목한다. 그녀는 한편으로는 재앙과 폭동, 시위 등에 대하여, 다른 한편으로는 합법적인 지도자들에 대하여 체계적으로 다른 것을 말하는 영화와 이야기를 분석하며 이에 대하여 설명한다. 여성 운동은 뉴스 생산이 어떻게 사회적 사건을 재구성하는지에 대한 중요한 실례로 사용된다. 이 연구는 뉴스 생산의 사회적이고 이상적인 측면을 강조하지만 이것과 분석의 다른 예들을 보면, 본격적이지는 않아도, 면밀한 미시적 분석을 위해서는 뉴스 생산의 실제 결과물인 뉴스에 대한 체계적인 기술이 얼마나 요구되는지 알 수 있다.

Fishman(1980)에서도 얼마간의 유사한 접근은 발견된다. 그 역시 뉴스 생산에 대한 면밀한 사회학적 분석과 저널리스트들이 어떻게 "사건의 발생을 지각하고 그것을 유의미한 주요 사건으로 해석하고 그 사실적 특성을 조사하고 엮어서 이야기로 만들며"(16쪽) 그 단계들을 거치는지에 대한 연구에 관심을 갖는다. 그는 구조적 제약과 뉴스 편집실에서의 업무, 보도 영역, 검증 방법 등에 대하여 논의한다. 현장 업무를 통해 그는 뉴스 사건의 해석과 구성에 대한 참여자들 각각의 방식을 관찰할 수 있다. 그리고 그는 이러한 사건들 중 얼마나 많은 것들이 경찰과 같은 공권력에 의해 사전에 미리 규정되는지를 보여 준다. 공권력이 가진 자료와 정보는 해당 기자의 보도 영역에서 기자 에게 인수되어 뉴스 상황으로 규정된다. Fishman은 뉴스의 생산 방식 및 외부 취재원과 자료에 대한 의존은 세상에 대한 획일적이고 이데 올로기적인 그림으로 이어진다고 결론짓는다. 이러한 이데올로기는 대개 뉴스 생산의 실제에 작용하는 제약의 관점에서 규정된다. 여기 에는 또한 Tuchman의 연구와 차이가 있지만, 특히 이론적인 차원에 서 Fishman의 연구에서 말하는 뉴스 이데올로기의 관념과 유사한 접 근을 찾을 수 있다. 즉, 이데올로기는 뉴스 생산자의 사회경제적, 인지 적 조건에 뿌리를 둔 것이라고 생각되지 않는 것이다.

## 사회학적 이데올로기적 분석에서 체계적 내용 분석으로

지금까지 논의한 모든 연구는 미국인에 의한 것이다. 각각에는 차 이가 있지만 하나의 그룹으로 처리하고자 한다. 앵커에 대한 멋진 이야기나 기자의 개인적인 경험을 다루는 일화적 접근과 미시 사회적 관점의 보다 이론적인 접근 사이에는 큰 차이가 있지만 유사성도 찾 을 수 있다. 첫째, 연구의 쟁점들은 대부분 미국의 정치적·사회적 생 활을 바탕으로 한다. 둘째, 이러한 연구의 사회정치적 입장은 보통 자유주의적이고 현 상황에 대하여 온건하게 비판적이다. 많은 연구가 뉴스 미디어의 실수나 편견에 초점을 두고 대개는 인권과 시민권,

저널리즘의 책임의 관점에서 접근하는, 개선을 위한 제안을 한다.

　해외로 옮겨서 보면 지난 10년간 영국에서 이루어진 많은 연구에서
도 이러한 점들이 공통되게 나타나지만 상당히 다른 부분들이 있다는
것이 확인된다. 첫째, 실제로 뉴스에 대한 영국의 연구에서 순수하게
미시 사회학적인(민족지학 방법론적인) 관점은 없다. 사실, 대부분의
연구는 정치 사회학(또는 사회 정치학)적 관습 내에서 이루어진다. 둘
째, 많은 이러한 연구는 마르크스주의를 지향하고 있으며, Barthes,
Foucault, Derrida, Pêcheux, Althusser 등의 프랑스 구조주의자들의 연
구와 같은, 프랑스나 이탈리아의 연구와 밀접하게 연관되어 있다. 이
러한 경향은 특히 역사적이고 사회경제적인 관점에서 미디어와 뉴스
에 대한 이데올로기적 분석에 보다 주의를 기울인다. 셋째는, 앞에서
언급한 것들과 관련되는데, 뉴스와 뉴스 생산, 미디어의 계급을 규정
하는 특질에 대한 관심이다. 이는 심층 분석을 위해 선택되는 화제가
훨씬 더 자주 계급 투쟁을 다룬다는 것을 의미한다. 끝으로, 부분적으
로는 역시 프랑스 구조주의의 영향이지만 체계적인 내용 분석이나
담화 분석에 더 많이 주목하였다. 이러한 관점에서 이 작업은 뉴스
연구에 대한 중요한 공헌이자 이전에 논의된 보다 경험적이고 미시
사회학 중심적인 연구에 반드시 필요한 보충적 요소가 된다. 영국의
연구는 전체적으로는 보다 거시 사회학적으로 출발하지만 이데올로
기적 분석에 대한 관심으로 인해 실제 뉴스 담화에 대한 보다 구체적
인 예시가 많다. 끝으로, 영국의 많은 언어학자들이 뉴스 분석에 관심
을 가지고 있어 언어학자들과 매스 커뮤니케이션 연구자들 사이의
초기 상호작용이 발견된다.

　뉴스에 대한 영국의 연구를 간략하게 살펴본다는 것은 불가능하다.
그러므로 우리는 영국에서 있었던 다양한 갈래의 연구에 대하여 몇

가지 특징만을 강조할 것이다. 사실 앞에서 언급한 일반적인 특성 외에도 이러한 차이가 존재한다는 것을 강조하는 것은 중요하다. 영국의 모든 미디어를 연구하는 사회학자들이 마르크스주의자인 것은 아니며 그들이 모두 프랑스의 구조주의에 영향을 받은 것도 아니다. 레스터, 버밍햄, 글래스고, 런던과 같은 주요 중심지 내에서조차 사람과 연구는 매우 다양하게 나타날 수 있다.

영국의 미디어 연구에 나타난 이러한 새로운 발전의 시초는 많은 경우 그러하듯이 1960년대 말이나 1970년대 초가 어느 정도 뚜렷한 시작점이기는 하지만 정확하게 짚어내기 어렵다. 이러한 출발의 정치적 배경은 미국과 서유럽의 것과 평행을 이루며 또한 언어학과 담화분석에서도 발견된다. 레스터 그룹의 한 영향력 있는 정치적 연구 (Halloran, Elliott, Murdock, 1970)에서는 미국의 베트남 출현을 비판하여 런던에서 있었던 대규모 시위에 대한 미디어의 보도를 검토하였다. 이 연구에서는 TV 취재진과 신문 기자들의 활동을 가까이서 관찰하고 내용을 분석하여 다른 것들보다 어떻게 미디어가 그렇지 않았다면 평화 시위였을 것을 사소한 사건 하나에 각별히 집중하여 본질적으로 폭력적인 것이라고 재규정하는지 밝혔다. 이와 유사하게, 60년대의 또 다른 사건인, 소위 Mods와 Rockers의 행위[5]는 Cohen(1980)의 매우

---

5) (옮긴이) 1964년 어느 주말 브라이튼, 본머스, 마게이트 등의 바닷가 마을 주민들과 행락객들은 젊고 멋진 갱단의 갑작스러운 등장에 술렁였다. 그들이 Mods와 Rockers였는데, 더 데일리 스케치(*The Daily Sketch*)의 기사에 묘사된 그 주말의 문화적 충돌은 청소년 문화 역사에서 상징적인 것이 되었다. Mods와 Rockers는 독특한 스타일로 쉽게 식별되었다. Mods는 프레드 페리와 벤 셔먼의 디자이너 수트를 입고 파카 재킷을 입었으며 Rockers는 가죽 바이커 재킷과 청바지를 입었다. Mods는 또한 램브레타스나 베스파스와 같은 유럽 스쿠터를 타고 다니며 모타운, 스카와 더 후와 같은 밴드의 혼합된 음악을 들었다. Rockers는 오토바이를 선호했고 에디 코크레인과 엘비스와 같은 미국 로큰롤을 들었다. 비록 두 갱단 간의 폭력적인 충돌은 짧은 시간이었지만 영국의 젊은이들이 누리는 비도덕적인 자유를 부각하기 위한 도덕주의자들에 의하여 언론에 포착되었다. 신문

영향력 있는 연구로 이어졌다. 이 연구에서 역시 뉴스 미디어의 역할에 광범위하게 주목한다. 그의 주요 논문은 그의 책 제목에 반영되어 있는데 주요하게는 (대중, 타블로이드판) 언론에 형성된 일반적인 도덕적 공황이 이러한 다양한 그룹의 젊은이들을 "사회의 적"으로 규정하는 것에 관한 것이다. 그는 미디어가 권위(통제 구조)에 따라 일탈성 증폭(deviancy amplification) 모형6)과 함께 작용하는 것을 보여 준다. 즉, 초기 문제에 대하여 오해, 민감화, 각색, 단계적 강화 등의 다양한 단계를 통해 미디어가 설명하는 것은 일탈의 증가와 그에 따른 전형(stereotype)의 확립으로 이어진다. 이 연구의 경향은 현장 연구와 소셜 데이터를 바탕으로 하고 있어 대체로는 사회학적이며 미디어 텍스트에 대하여 체계적으로 기술하지는 않는다. 그러나 Cohen에 의하여 도입된 이 범주는 담화 분석적인 개념과 연결된다.

일탈에 대하여 미디어가 형성하는 선입관에 관한 이 특별한 관심은 몇몇 후속 연구에서 발견된다. Cohen과 Young(1981)은 뉴스 생산에 관한 많은 일반적인 연구를 묶어 책으로 출판하였는데 그 중 일부는 일탈이나 외집단,7) 사회 문제 등을 구체적으로 다룬다. 책에는 시위

---

기사에 묘사된 해안가의 파괴 행위와 폭력은 1979년 영화 쿼드로페니아(Quadrophenia)로 제작되었다(www.bl.uk).

6) (옮긴이) 일탈성 증폭은 언론의 보도 행위로 인하여 대부분의 사람들이 탐탁지 않게 여기는 행위가 가속화된다는 개념이다. 실제 세계의 사건이나 현상은 언론에 보도되면서 헤드라인이 붙는다. 대다수의 대중들은 보도를 보고 우려를 표하고 조치를 취할 것을 요구한다. 결과적으로 경찰은 우려되는 분야에 더 많은 자원을 할당하고 범죄 행위에 참여하는 사람들을 더 많이 체포한다. 그리고 새로운 사건을 보도할 때 언론은 처음의 사건이나 현상이 실제보다 더 빠르게 증가하고 있다고 과장해서 보도한다. 그에 따라 범죄 행위에 참여할 가능성이 있는 사람들이 보도되는 장소로 몰려들고 결과적으로 사건이 더 자주 발생하게 된다(sociology.plus).

7) (옮긴이) 규범이나 가치, 습관, 태도 따위에 있어서 자기와 공통성이 없는 타인으로 이루어져 불쾌감과 대립감을 불러일으키는 집단. 미국의 사회학자 섬너(Sumner, W. G.)가 분류한 집단 개념의 하나이다(표준국어대사전).

와 범죄의 급증, 약물 사용, 정신 질환, 폭력, 인종주의 등이 포함된다. 1981년 수정본에서는 Tuchman, Fishman, Molotch와 Lester(1974)와 같은 미국의 연구자들과 함께 Chibnall, Hall, Murdock, Cohen, Young, Morley, Husband 등을 비롯한 1970년대 영국의 미디어 연구에 초석을 마련한 연구자들을 거의 모두 찾아볼 수 있다. 책의 끝에는 다양한 저자나 관련 학파 사이의 중대한 방법론적, 이론적 차이를 무시하고 편집자에 의해 제안된 비전문적인 미디어 사회학이 이러한 연구의 저변에 깔려 있는 질문들을 적당하게 요약한다. 예를 들어 뉴스 선정의 패턴은 무엇인가, 뉴스 생산에 관한 이상적인 관료적 제약은 무엇인가, 어떤 사건이 다루어지지 않는가, 미디어에서 일탈을 설명하는데 사용하는 범주와 인과관계 모형은 무엇인가, 뉴스에 나타나는 지배적이고 인정받는 모형은 무엇인가, 미디어에서는 어떤 신화가 사용되는가 등에 관한 것이다. 이러한 범주들은 대부분 사회학적이지만 미디어 내용 분석을 바탕으로 하며 주제, 문체, 수사학적 차원에서 모두 뉴스의 체계적인 담화 분석과 동일한 개념을 공유한다는 것을 어렵지 않게 알 수 있다. 1970년대의 많은 연구들이 여전히 뉴스에서 다루는 사회적 저항, 일탈, 범죄, 법과 질서 등에 초점을 둔다(예, Chibnall, 1977). 앞서 논의한 바와 같이 Fishman(1980)의 후기 연구에서처럼 Chibnall은 범죄 담당 기자가 매일 경찰과 접촉하는 것으로 인해 어떻게 범죄에 대한 경찰의 공식적·비공식적 정의가 거의 불가피하게 재생산되고 또 역으로 경찰의 행동에 대한 미디어의 보도를 통해 확인되는 것으로 이어지는지 설명한다.

이러한 연구의 대부분은 거시 사회학과 미시 사회학의 혼합으로 범주화될 수 있다. 민족지학 방법론적 틀에서 수행되지 않은 것이어도 이러한 연구에는 뉴스의 해석과 표현 과정에 대한 관심이 반영되어 있다. 이러한 경우의 거시적 구성 요소는 사회정치적 통제 구조와 구조적 제약, 그리고 특히 뉴스 생산과 뉴스 담화의 계급 의존적 특성이다. 이는 또한 버밍햄에 있는 현대 문화 연구 센터(Center for Contemporary Cultural Studies)에서 수행하고 Stuart Hall이 지도한 많은 연구에서 나타나는 특징이다(예로서 Hall, Hobson, Lowe, & Willis, 1980 참고). 그들의 미디어 분석은 프랑스의 구조주의 사상가들과 Gramsci에 보다 많이 직접적인 영향을 받았고 보다 뚜렷하게는 뉴스 생산에 관한 이데올로기에 대하여 마르크스주의적 관점을 가지고 있다. 여기에서 우리는 뉴스와 미디어에 대한 주도적인 미국의 연구나 경험적인 연구에서 구분이 보다 명백하게 형성되었음을 알 수 있다(Hall, 1980). 경험적이고 행동주의적인 미디어 연구가 주를 이루게 된 시초에는 미디어의 메시지가 사실은 복잡한 언어적이고 이데올로기적인 구조를 가지고 있음에도 불구하고 양적인 내용 분석 방법으로 다루어져 투명하지 않다는 인식이 있다. 이에 따라 Connell(1980)은 TV 뉴스는 단순히 이데올로기적으로 편향되거나 왜곡되어서는 안 된다고 설명한다. 이러한 관점에는 왜곡된 이미지가 단순히 어떤 객관적인 실재와 비교될 수 있다거나 어떤 중립적이거나 정확한 이미지와 대조를 이룰 수 있다는 것이 전제된다. 그러나 뉴스에 또는 뉴스를 통해 표현되는 이러한 실재는 정부나 노조 간부들과 같은 공인된 취재원에 의해 기자에게 제공되는 정의에 근거한 이데올로기적 심상이다. 다시 말하여 미디어는 사회의 사건에 대하여 중립적이거나 상식적이거나 합리적인 중재자가 아니라 본질적으로 이미 규정된 이데올로기의 재생산을 도울 뿐이다. 유사한 입장이 Hall, Critcher, Jefferson, Clarke, & Roberts(1978)의 영국 언론의 폭력에 관한 연구에 상세히 나타나 있다. 그들은 단순히 미디어가 정확하게든 혹은 왜곡되고 과장된 방식으로든 그저 보도하는 폭력적 방식이 새로운 범죄적 변화는 아니라는 것을 보여 준다. 그보다는 경찰과 같은 당국에 의해 제공되는 폭력의 정의가 뉴스에서 재생산되는 것이다. 이것은 예를 들어 폭력은 되도록이면 소수 민족 집단의 구성원, 즉 젊은 흑인과 서부 인디언 남성의 탓으로 돌려지는 것을 의미한다.

최근 영국의 미디어 연구에서 유명한 것은 글래스고 대학 미디어 그룹(Glasgow University Media Group, 1976, 1980, 1982)의 나쁜 뉴스 연구이다. 그들의 연구는 파업이나 노동 쟁의에 대한 보도에서 TV 뉴스 생산자들이 사용하는 전략에 초점을 둔다. 뉴스 프로그램에 대한 면밀한 분석을 통해 그러한 파업에 대한 지배적인 해석이, 예를 들어 장면의 길이와 시점, 인터뷰 기법, 그 외 다른 전략들에 의해, 뉴스에서 미묘하게 선호된다는 것을 보여 준다. 이는 노동자의 관점이 화면에 덜 나타나거나 신뢰가 덜 가는 환경에 내재되어 있다는 것을 의미한다. 따라서 파업은 주로 공공(TV 뉴스 시청자들)의 문제로 표현된다. 파업은 국가의 사회경제적 문제가 되는 동시에 지연과 불편을 야기한다. 파업에 대한 이러한 구조에서 임금 인상 요구는 비합리적인 행동으로 해석될 뿐이다. 그들의 두 번째 후속 연구(Glasgow University Media Group, 1980)에서 그들은 노동 쟁의에 대한 TV 뉴스의 텍스트와 영상에 더욱 주의를 기울인다. 그리고 어휘와 문체 분석을 통해 노동자들은 요구를 하고 관리자들은 지원을 하는 것처럼 체계적으로 표현된다는 것을 보여 준다. 이런 저런 방법으로 뉴스의 언어조차 각각의 뉴스 관계자들과 관련하여 미묘하게 긍정적으로 그리고 부정적으로 표현한다.

Downing(1980)은 유사한 과정이 여성이나 소수 민족 집단을 표현하는 데 작용하고 있음을 설명한다. 매우 비슷한 방식으로 뉴스는 산업 재해보다 노동 쟁의에 더 많은 주의를 기울인다. 뉴스는 (강간과 같은)

여성에 대한 부정적인 행위를 체계적으로 무시하거나 선정적이고 성차별주의적 틀에는 거의 공간을 허락하지 않는다. 또한 여성에 관한 뉴스에서 그들의 역사, 정치적 분투, 산업이나 사무실, 가정에 값싼 노동력을 제공하는 그들의 역할과 같은 많은 다른 화제들을 전혀 찾을 수 없다. 이와 같은 그리고 다른 많은 미묘한 방식으로 미디어에 나타나는 남성의 지배는 일반적인 사회에서의 남성의 지배를 재생산한다. 미디어에서 소수 민족 집단이나 이민자들도 유사한 방식으로 표현된다. Hartmann과 Husband(1974)에서 이미 나타난 것처럼 영국의 미디어와 특히 대중적인 언론은 흑인 시민의 이주를 침략으로 표현하고 그들의 출현을 원래 살던 사람들의 문제로 표현한다. 소수 민족들은 종종 범죄와 관련된다(Hall, et. al., 1978의 폭동의 고조 참고). 반면 인종주의나 폭력적인 공격과 같이 그들을 대상으로 하는 범죄는 실제보다 적게 드러난다. 여성의 경우와 마찬가지로 소수 민족의 의견은 요구되지 않는다. 백인 남성들(소수 민족 전문가들)이 그들에 대하여 말하거나 그들을 위하여 말한다(van Dijk, 1983a, 1987d).

접근에 대한 이론적이고 이상적인 차이에도 불구하고 앞에서 검토한 연구들은 몇 가지 공통점을 보인다. 그 연구들은 미디어 전반에 대하여 그리고 특정 뉴스에 대하여 비판적으로 분석한다. 그러나 대부분의 미국의 연구와 달리 영국의 연구는 본질적으로 시민권 청구의 배경에 대하여 비평하거나 편견과 왜곡의 차원에서 비평하지 않는다. 오히려 사회적 현실을 미디어에서 사회의 지배적인 힘과 이데올로기를 재생산하는 형태로 재구성하는 것에 대한 기본적으로 이데올로기적인 성격에 주목한다. 즉, 그러한 재생산은 뉴스 가치와 특히 뉴스 생산에 밑바탕이 되는 기자의 일과와 관습의 결과만은 아니다(Golding & Elliott, 1979 참고). 다음으로, 일탈과 일탈적이고 주변적인 그룹에 대하여 특히 주목하는데 일탈과 주변성에 대한 지배적인 정의가 뉴스에서 재생산된다는 것에 대하여 설명한다.

이러한 분석들은 암묵적으로 혹은 간접적으로 뉴스 기사나 프로그램에 대한 비판적 독해를 바탕으로 하는 데 반해 글래스고 대학 미디어 그룹(Glasgow University Media Group)의 연구가 유일하게 뉴스 담화 구조와 생산을 상세하게 다루고 그 과정을 설명한다. 전반적인 접근 방식은 사회학적이다(Gurevitch, Bennett, Curran, & Woollacott, 1982). 정밀한 담화 분석은 현대 문화 연구 센터(Center for Contemporary Cultural Studies) 연구의 경우처럼 예외로 남거나 이데올로기적 분석으로 축소되었다. 그러나 지배적인 이데올로기가 실제로 형성되는 방식으로 인해 뉴스 언어에 대한 관심은 커져 갔다(Davis & Walton, 1983). 이러한 언어학적 혹은 문법적 접근은 특히 Fowler, Hodge, Kress, & Trew (1979)에 잘 나타나 있다. 런던 서인도제도의 축제 기간 동안 있었던 사건의 보도에 대한 체계적인 분석에서 저자들은 뉴스를 구성하는 문장의 통사 구조가 긍정적이거나 부정적인 행동의 주요 행동주를 나타내거나 숨길 수 있다는 것이 드러난다. 끝으로, 뉴스 분석에 대한 더욱 체계적인 기호학적 접근이 Hartley(1981)에 의해 형성되었다. 그는 뉴스와 미디어의 언어적 시각적 측면을 모두 연구한다. 이러한 얼마 되지 않는 언어학적이며 기호학적인 연구는 이 책에서 옹호하는 본격적인 담화 분석적 접근을 향한 첫 걸음이다. 이후에 우리는 그러한 접근이 체계적인 담화 분석을 향한 중요한 걸음이지만 동시에 매스 미디어 뉴스의 기호학은 명확한 방법론으로서는 한계를 갖는다는 것을 설명할 것이다.

## 서유럽의 뉴스 연구

관련이 있는 경우, 서유럽 다른 나라의 뉴스 연구들은 다음 장에서 언급될 것이다. 많은 서유럽 국가에서 이루어진 뉴스에 대한 귀중한 연구들이 있지만 서독의 연구가 특히 중요하다. 독일의 접근은 어떤 의미에서 우리가 이미 검토한 영국의 연구들에 가깝다. 매스 커뮤니케이션과 언어학적 관점의 체계적인 분석에 더하여 뉴스의 사회경제학적 이데올로기적 영향에 관심을 기울인다. 일례로 Strassner(1975)는 뉴스 담화에 대하여 융합적으로 접근하는 독일 연구의 특징을 명확히 드러내는 연구들을 모아 책으로 엮었다. 헤드라인에 대한 언어학적 연구나 이데올로기적 내용뿐만 아니라 시장재로서의 뉴스 생산에 대한 경제학적 연구, 시청자와 독자를 대상으로 한 뉴스의 이해가능도 등을 이 책에서 볼 수 있다. 몇 년 후에 Strassner는 TV 뉴스에 대한 가장 방대한 연구 중 하나가 될 책을 출판하였다(Strassner, 1982). 이 연구는 학제적 구성을 띠고 있으며 생산과 수용, 그리고 결과물인 뉴스 프로그램 자체를 다룬다. 취재원과 TV 뉴스 프로그램에 뉴스를 제공하는 통신사들에 대한 일반적인 분석에 더하여, 이 책은 또한 (예를 들어, Grice의 유명한 "협력의 원리"의 관점에서, Grice, 1975) 뉴스 커뮤니케이션에 대한 화용론적 분석, 통신사 특전(特電)의 의미론적 문체론적 처리, 뉴스쇼의 다양한 담화 장르에 대한 분석, 뉴스 텍스트와 시각적 정보 간의 관계에 관한 연구 등을 포함한다. 이 논문에서는 지금까지의 다른 어떤 연구보다 더 뉴스에 대한 학제 간 담화 분석적 접근의 가능성이 잘 나타난다.

독일의 다른 연구들은 뉴스 담화와 뉴스 언어에 대한 언어학적이거나 기호학적, 담화 분석적 접근을 보여 준다. Kniffka(1980)는 Angela

Davis[8] 재판에 관한 보고에서 미국 신문의 헤드라인과 머리글에 대한 상세한 사회 언어학적 분석을 제공한다. Lüger(1983)는 언론의 언어와 담화에 대하여 간단히 소개하고 언어적 문체론적 수사학적 분석이 어떻게 작동하는지 보여 준다. 그는 또한 언론 담화에 관한 유형론을 제공한다. Bentele(1981)는 보다 폭넓게는 기호학적인데 이는 체계적인 연구 역시 미디어의 사진과 영상을 사용한다는 것을 의미한다. 그러나 뉴스 담화의 언어와 의미는, 예를 들어, 체계적인 내용 분석의 새로운 방법에 관한 논의에서 가장 뚜렷하게 주목받는다. 담화 분석의 다양한 갈래에 대한 서독에서의 폭넓은 관심으로 인해 그러한 연구는 내용 분석에 대한 새로운 담화 분석적 접근의 확립에 중요하다. 그리고 영국의 몇몇 단발적인 연구(예를 들어, Heritage, 1985)와 유사하게, 그러한 연구 역시 인터뷰 대상인 정치인이 대화의 상호 작용에

---

8) (옮긴이) 앤젤라 데이비스는 1944년 앨라배마 주 버밍햄 시에서 태어났다. 그곳은 여전히 강한 인종 격리 관습이 지배적인 가운데, 시민권 운동가들과 KKK단원들이 옛 질서의 유지 여부를 두고 열성적으로 다투게 될 곳이었다. 남부의 인종 차별적 관습을 겪으며 성장한 그는 고등학교 시절부터 사회주의에 대한 지식을 접하기 시작했다. 대학 시절 파리에서 세계 각지의 학생들을 만나며 정치적으로 각성해 공산주의자가 되었다. 이후 그는 독일의 철학자 헤르베르트 마르쿠제의 제자로 서독과 미국에서 철학을 공부했고, 동독의 홈볼트 대학교에서 박사 학위를 받았다. 그는 자연스럽게 1960년대 후반의 급진적 운동들에 몸을 실었다. 평등을 요구하는 시민권 운동뿐 아니라 전투적인 흑인 운동인 블랙 파워의 대의에도 공감했다. 그러면서 학생비폭력실천위원회(SNCC)와 블랙팬서당의 활동에 가담했고, 1968년에는 미국공산당에도 가입했다. 1969년 데이비스가 로스앤젤레스 캘리포니아 대학교에서 조교수로 채용되자 훗날 대통령이 된 캘리포니아 주지사 로널드 레이건이 나서 공산당원이라는 이유로 그를 해임했다. 하지만 이것은 시작에 불과했다. 1970년 당시 신변의 위협을 느끼던 데이비스는 무장한 경호원을 대동하고 다녔는데, 이 경호원은 얼마 후 한 법정에서 자신의 형을 포함한 재소자들의 석방을 요구하며 인질극을 벌였다. 네 명의 총격 사망자가 발생한 이 사건에서 데이비스가 구매한 총기도 사용됐다. 급진적인 흑인 운동을 누구보다 열성적으로 탄압했던 미연방수사국(FBI) 국장 에드가 후버는 데이비스를 10대 지명수배자 명단에 올렸고, 대통령 닉슨은 데이비스를 '위험한 테러리스트'라고 비난했다. 체포 후 수감된 데이비스의 재판은 세계적인 주목을 받았는데, 존 레논과 롤링 스톤즈 같은 음악인들이 그를 위한 곡을 발표하기도 했다. 데이비스는 체포된 지 18개월 후 무죄 판결을 받았다(민중언론 참세상, 2018. 12. 14).

영향을 주려고 하는 방식 등과 같은 미세한 세부에 주의를 기울인다 (Schwitalla, 1981).

이러한 소수의 책들은 전반적으로 미디어에 관한, 그리고 특히 뉴스에 관한 많은 독일의 연구를 따른다. 우리는 앞에서 종종 이러한 연구들이 비판적인 목적을 가지고 있으며 특히 이데올로기적인 측면에 중점을 두고 있다고 말한 바 있다. Schmidt(1977)는 신문 뉴스와 TV 뉴스를 비교하며 "상보성(complementarity)"이라는 개념에 특히 주목하였다. Bechmann, Bischoff, Maldaner, & Loop(1979)는 독일의 신문(Bild-Zeitung)에 관한 많은 비판적인 연구 중 하나인데 그 내용 분석은 사회경제적 생활 분석을 위한 몇 가지 기본적인 마르크스주의의 개념을 중심으로 구성된다.

우리가 이러한 연구들을 여기에서 언급하는 것은 단지 이러한 연구의 다수가 뉴스에 대한 미국 연구의 대부분과 영국 연구의 일부에 필수적인 보충 요소를 제공한다는 것을 보여 주기 위해서이다. 그에 더하여 뉴스에 대한 독일의 연구는 우리가 언어학적 담화 분석적 접근을 통하여 이해하는 것에 가장 근접하다. 또한 프랑스에는 매스 커뮤니케이션에 대한 실질적인 연구가 있고 미디어에 대한 프랑스의 구조적 분석이 잘 알려져 모든 곳(영국의 연구에 대한 검토 참고)에 적용되고 있지만 뉴스에 대한 소수의 특별한 연구에도 주목해야 한다. 유명한 저널인 Communications는 1960년대 초기의 기사 구조 분석부터 다수의 다른 기호학적 연구까지 다양한 접근을 위한 중심적인 토론의 장으로 남았다(뉴스 기사의 분석을 위하여 Morin, 1966과 같은 Violette Morin의 연구와 Gritti, 1966 참고). Barthes(1957)의 고전적인 연구 "일상사(fait divers)"는 언론의 흔한 사건 설명에 대한 이데올로기적(신화학적) 분석의 좋은 예로 남아 있다(Auclair, 1970 참고). 매스 미디어의 이데올로기적 함축에 관한 그의 초기 연구의 배경과 달리 Véron(1981)은 프랑스 뉴스 미디어의 스리마일 섬(Three Mile Island) 원자력 발전소 사고9)에 대한 보도를 세밀하게 분석한다. 이 연구와 뉴스에 대한 다른 프랑스의 연구들은 뉴스 생산의 제약과 그 바탕에 있는 이데올로기에 관한 연구와 함께 뉴스 담화에 구조적 분석을 적용하는 것이 가능하다는 것을 보여 준다. 그러므로 우리는 뉴스 담화에 대한 대다수의 영국, 독일, 프랑스의 연구가 미국의 지배적인 매스 커뮤니케이션 연구와는 상당히 다른 설명을 제공한다는 결론에 도달할 수 있다. 유럽의 연구에서는 언어학적·기호학적으로 촉발된 것이든 사회학 중심적인 것이든 공통적으로 뉴스와 뉴스 생산의 이데올로기적인 측면에 체계적인 관심을 기울인다.

## 결론

이 장에서 우리는 이 책에 발표할 연구들의 목적을 개략적으로 설명하였다. 미디어에 나타나는 뉴스의 구조와 기능에 대한 다른 많은 연구의 배경과 달리 우리는 새로운 접근을 취해야 한다고 주장하였다. 연구의 이러한 새로운 방향은 뉴스 담화와 뉴스 공정에 대한 언어학적, 담화 분석적, 심리학적, 사회학적 분석을 결합하여 본질적으로 융합적이다(van Dijk, 1985b). 언론에 나타난 뉴스에 관한 다른 연구를 간략하게 검토하며 우리는 뉴스 자체가 종종 경시되고, 뉴스 생산 기관이나 기자의 일과를 한 편에 두고 독자인 대중에 의한 수용이나

---

9) (옮긴이) 스리마일 섬 원자력 발전소 사고는 1979년에 발생한 미국 상업 원자력 산업 역사상 가장 심각한 원자력 발전소 사고이다(www.britannica.com).

뉴스가 대중에 미치는 영향을 다른 한 편에 두고 그 사이의 분석되지 않은 변수로 처리된다는 것을 발견하였다.

　뉴스 연구에 대한 초기의 일화적인 접근과 여전히 미국의 연구 대다수를 특징짓는 내용 분석의 고전적인 방법론 이후, 우리는 특히 유럽의 연구에서 뉴스에 대한 이데올로기적이고 미시 사회학적, 언어학적, 담화 분석적인 연구에 대한 관심이 증가하는 것을 보았다. 그러나 우리는 또한 이러한 연구가 여전히 초기 단계에 있다는 것을 발견하였다. 뉴스 구조와 생산 및 수용 과정, 그리고 뉴스 담화에 대한 체계적인 이론은 아직 개발되지 않았다.

# 제2장 뉴스의 구조

## 1. 담화 분석

이 장은 뉴스 담화의 주요한 측면들에 대한 구조적 분석을 제시한다. 도입으로서 우리는 먼저 새로운 학제 교차적 담화 분석의 목적과 발전, 방법 등에 대하여 간단하게 요약한다. 이어지는 항에서는 언론의 뉴스 담화에 적용되는 다양한 이론적 개념들을 구체화한다.

### 담화 분석의 발전

담화 분석은 언어학과 문학 연구, 인류학, 기호학, 사회학, 심리학, 화법과 같은 인문학과 사회 과학의 몇몇 다른 원리들로부터 파생한 새로운 학제 간 영역이다. 근대 담화 분석의 발전이 1960년대 말과

1970년대 초에 이들 각각의 원리에서 어느 정도 동시에 발생했다는 것은 충격적이다. 처음에 이러한 발전은 다소 독자적이었던 반면 지난 10년간 상호 영향과 통합이 증가하였다. 그리고 이는 텍스트나 담화 연구의 어느 정도 독립적인 새로운 원리로 이어졌다.

### 역사적 배경: 수사학

역사적으로 담화 분석의 자취는 고전적인 수사학까지 거슬러 올라갈 수 있다. 2000년도 더 전에 아리스토텔레스와 같은 수사학자들은 담화의 다양한 구조를 구체화하고 공적인 맥락에서 설득의 과정에서 그 효과를 지적하였다. 그러나 거대한 표준적 개념들로부터 우리 시대에 수사학의 유산은 종종 비유적 표현에 대한 연구로 한정되어 왔는데 이는 연설과 의사소통에 관한 고전적인 교재에서 여전히 발견된다. 고전적인 수사학이 더 많은 것을 제공할 수 있다는 것은 1960년대에 들어서야 인식된다. 수사학은 새로운 수사학으로 재정의되었고 예를 들어 문학 연구(Lausberg, 1960; Barthes, 1970; Corbett, 1971)에서와 같이 담화 구조 분석의 발전에 기여하기 시작했다. 그러나 설득을 위한 수사학에 초점이 주어지며 말하기 스타일이 아닌 설득적 구조가 수사학의 근대적 발전에서 논의되었다(Kahane, 1971).

### 러시아의 형식주의에서 프랑스의 구조주의까지

다양한 학문 분야에서 담화 분석의 발달은 구조주의의 출현과 밀접하게 관련된다. 이러한 구조주의 조류의 첫 번째 갈래는 인류학과 언어학, 문학 연구에서 발생하였고 후에 종종 기호학의 이름 아래에 통합되었다. 1960년대에 주로 프랑스에서 나타난 구조주의적 접근의 일부는 이른바 러시아의 형식주의에 뿌리를 두고 있다(Erlich, 1965). 러시아 혁명 시기 즈음에 출판을 시작한 러시아의 형식주의자들은 그들 사이에서 Roman Jakobson과 같은 중요한 언어학자와 Šklovskij, Tynjanov, Eixenbaum과 같은 문학 이론가를 꼽았다. 다른 곳에서는 Saussure의 영향력 있는 저서(Saussure, 1917) 이후에 곧 구조주의 언어학이 고유의 방법론을 발전시켰고 음운론의 형태에 상응하는 언어의 소리에까지 체계적으로 접근할 것이 제안되었다. 그러나 문학과 그 밖의 다른 담화 형태들은 훨씬 나중에 거론되었다.

몇몇 학문의 경계를 가로지른, 러시아 민간 설화의 형태론에 대한 Propp(1958[1928])의 연구는 30년이 지나 번역이 된 후에 서사 담화에 대한 첫 번째 체계적인 분석에 중요한 자극이 되었다. 프랑스에서는 Propp이 인류학자 Lévi-Strauss에 의하여 소개되고 문학과 관련하여 러시아 형식주의자들이 Todorov(1966)에 의하여 번역되었는데 다른 곳보다 더 이러한 구조주의적 시도의 무대가 된다. 담화와 영화 혹은 희극의 서사에 대한 인류학자, 언어학자, 문학 학자 사이의 이 공통된 관심이 기호학의 새로운 원리에 수용된 관점 중 하나이다(Communications, 1964, 1966; Barthes, 1966; Todorov, 1969; Greimas, 1966 외 개론으로 Culler, 1975 참고).

동시에 이러한 기호학적 구조주의의 활동은 (많은 접근들이 구분되어야 하지만) 이제까지 독립적으로 발전해 온 구조주의 언어학의 원리에서 중요한 지침을 계승하였다. 사실 언어학은 문학 연구에서든 인류학이나 (영화 연구와 같은 새로운 것을 포함하는) 여타 학문에서든 기호학과 구조주의에 일반적으로 다른 어떤 학문보다 방법론적으로 더 중요하게 기능하였다. 그때의 언어학 모형에서는 언어의 체계(랑그)

와 언어의 사용(파롤)을 구분하고 언어 체계의 기본 단위 즉 기호의 표현 층위와 내용 층위를 구분하였다. 음운론과 형태론, 통사론에서는 추상적인 음성 패턴과 그것들의 단어가 되는 조합(형태소), 문장이 되는 가능한 단어의 조합(단어나 어군 범주)을 설명한다. 1960년대 후반에야 발전하기 시작한 의미론에서는 기본적인 단어 의미 요소나 차원에서 단어와 문장의 의미를 쌓아올림으로써 내용이나 의미를 재구성한다(Greimas, 1966).

우리에게 흥미로운 것은 미국의 구조주의는 (다소 고립된 연구인 Harris, 1952는 예외로 하고) 훨씬 더 이전에도 그리고 이후에도 대개 문장 범주까지만을 다룬 반면 유럽 구조주의의 갈래는 부득이 문장의 범주에서 멈추지 않는다는 사실이다. 정확히 말하자면 비슷한 방법이 일반적으로 담화 분석에, 구체적으로는 서사의 분석에 적용되었다. 그리고 Greimas(1966)는 구조주의적 의미론의 관점에서 Propp의 잘 알려진 서사의 기능과 단위를 정의하였다. 이는 그의 문장 의미 분석이 참여자(행동주, 피동주 등)의 다른 역할 간의 구분을 수반하였기 때문에 가능했다. 이러한 구분은 보다 광범위한 차원의 분석, 예를 들어 이야기의 플롯에도 적용될 수 있다. 후에 언어학과 의미론의 '격문법'의 발전은 문장 의미에 대하여 유사한 기능적 분석을 하였는데 이는 이후에 담화의 전반적인 의미를 유형화하는 데에도 사용되었다(Fillmore, 1968; Dik, 1978; van Dijk, 1972). Propp의 초기 연구가 다양하게 재생되고 확장된(예를 들어 Chabrol, 1973) 후에 기호학적 구조주의에서는 곧 다른 많은 형태의 담화, 즉 시, 신문의 "기삿거리", 특히 신화, 민담과 같은 다양한 민속 장르 및 범죄물 같은 새로운 장르를 다루었다.

담화 분석의 많은 후속 발전은 심리학과 같은 다른 학문 분야에서와 마찬가지로 프랑스의 기호학적 구조주의의 다양한 접근에서 직간접적인 영향을 받았다. 앞 장에서 보았듯이 주로 영국에서 이것은 뉴스와 여타 미디어 담화의 분석에도 관련된다. 프랑스 자체에서도 1970년대는 심리 분석과 마르크스주의, 역사에서 영향을 받아 이른바 포스트구조주의의 다양한 발전을 가져왔다. 그러나 이러한 연구는 문학적 비평에 제한되었다(Harari, 1979; Culler, 1983). 담화 분석에 대한 보다 일반적인 초기의 관심(Pêcheux, 1969)은 불행하게도 독립적인 연구 분야로 발전하지 않았다.

## 사회 언어학과 말하기의 민족지학

담화 분석의 발전은 대부분 언어학과 인류학에 밀접하며 기호학적 구조주의와는 간접적으로만 관련된다. Propp과 Lévi-Strauss의 신화나 민담의 분석에서 잘 나타나 있듯이 많은 담화 분석은 구조주의적 인류학에서 탄생하였고 미국의 인류학과 민족지학의 발전도 동일하다고 말할 수 있다. 프랑스에서도 거의 비슷한 시기에 Hymes가 인류언어학 분야의 논문집을 출간하였다(Hymes, 1964). 이 책에는 사회 언어학의 새로운 원리를 바탕으로 한 첫 번째 논문이 실려 있으며 또한 텍스트와 진술에 대한 구조 분석을 다룬 첫 번째 논문이 특징이다. 사회 언어학과 민족지학은 모두 1970년대 담화 분석에서 더욱 흥미로운 경험적·사회문화적 지류로 이어졌다. 그리고 Labov(1972a, 1972b)는 그의 흑인 영어 방언 연구에서 흑인 영어의 음운론적 통사론적 변이뿐만 아니라 서사 유형 및 랩 배틀과 같은 담화 형태도 조사하였다. Waletzky와 함께한 그의 이전 연구(Labov & Waletzky, 1967)에서 서사 분석에 대한 자신의 몇몇 논문들을 다시 인용하였다(Labov, 1972c, 1982). 서사에 대한 이전의 구조주의적 연구 대부분과 달리 이 접근에서는 신화나 민담, 범죄물 등과 같이 정형화된 구조의 글로 쓰인 서사 장르가 아닌 구어로 된 자연 발생적인 이야기들을 다루었다. 자연스러운 맥락에서 이루어지는 말로 된 자연 발생적 담화 형태에 대한 관심은 후에 사회 언어학과 인류학에서뿐만 아니라 대화에 대한 언어학적·사회학적 분석에서 1970년대의 새로운 지배적인 발전으로 이어졌다. 민족지학적 접근은 곧 "말하기의 민족지학"이나 "의사소통의 민족지학"이라는 이름하에 문화적 맥락에서 많은 비형식적·형식적 담화 장르에 대한 관심으로 이어졌다(Gumperz & Hymes, 1972; Bauman & Sherzer, 1974; Sanches & Blount, 1975; 개론으로 Saville-Troike, 1982 참고).

## 대화 분석

담화에 대하여 보다 사회 지향적인 이 접근의 세 번째 발전은 미시 사회학 연구의 새로운 방향에서 촉발되어 이른바 민족지학 방법론 안에서 주로 이루어진다(Garfinkel, 1967; Cicourel, 1973). 이 연구는 일반적인 상호작용의 세밀한 부분, 특히 일상적이고 비형식적인 말, 즉 대화에 초점을 둔다(Sacks, Schegloff, & Jefferson, 1974; Sudnow, 1972; Turner, 1974; Schenkein, 1978; Atkinson & Heritage, 1984; van Dijk, 1985a, 3권). 초기 구조주의 문법 언어학자들과 유사하게 이러한 분석은 말 차례 교체(turn taking)와 배열(sequencing), 전략적 이동(strategic moves)과 같은 일상적인 대화의 기본적인 규칙과 단위를 찾으려고 하였다. 분석은 휴지와 수정, 억양 및 언어학에서 지금까지 무시한 말하기의 기타 특징들을 포함하는 자연스러운 대화의 상세한 스크립트를 바탕으로 이루어졌다. 사회 언어학에서처럼 강조점은 추상적이고 형식적이고 만들어진 문장에서 사회적 맥락에서 실제로 사용되는 언어로 이동하였다. 이러한 초점은 일상적인 대화에 국한되지 않고 곧 다른 형태의 대화나 예를 들어 교실의 대화와 같은 구어 담화로 확장되었다(Sinclair & Coulthard, 1975; Mehan, 1979; Sinclair & Brazil, 1982). 지난 10년 동안 대화 분석의 이러한 다양한 갈래들은 담화 분석에서 큰 영향력을 지녀 왔고 텍스트(문어 담화) 분석의 다른 형식들과 달리 단순하게 담화 분석으로 인식되어 왔다(개론으로 Coulthard, 1977 참고; 최근의 연구로 McLaughlin, 1984 참고).

## 텍스트 언어학

1960년대에 나타난 담화 분석의 많은 갈래는 대부분 문어 텍스트에 대한 보다 언어학적인 접근이었으며 주로 유럽 대륙, 처음에는 동서 독과 주변 국가에서 발전이 이루어졌다. 방법론적으로 이러한 이른바 텍스트 언어학과 특히 텍스트 문법이라고 불리는 보다 구체적인 방향은 먼저 촘스키의 변형 생성 문법에서 촉발되었다. 다른 학문 분야에서의 대부분의 담화 분석가들과 유사하게 그들은 문장의 인위적인 경계를 거부했고 언어 능력과 그 규칙은 문장을 넘어서 텍스트 구조까지 확장되어야 한다고 주장했다(Petöfi, 1971; van Dijk, 1972, 1977; Dressler, 1972; Petöfi & Rieser, 1973; de Beaugrande & Dressler1981). 통사론의 많은 특성들, 특히 의미론의 특성들은 하나의 문장에 한정되지 않고 그보다는 절이나 문장, 텍스트 전체의 배열에 관련된다. 여기에는 이를테면 대명사, 정관사와 부정 관사, 지시사, 부사, 다양한 유형의 연결어, 전제, 응집성, 화제성과 같은 현상이 있다. 다소 다른 관점에서 보면 다양한 분야의 언어학자들에 의하여 유사한 부분이 형성된 것이다(Halliday & Hasan, 1976; Longacre, 1977). 보다 엄격하게 통사론적이고 의미론적인 문장 문법에서 문장 형태와 의미의 많은 특성이 담화적 관점을 요구한다는 것이 인식되었다(Givón, 1979). 그리고 현재 언어학과 문법의 많은 갈래가 여전히 문장 구조에 초점을 두고 있지만 언어에 대한 체계적인 기술에 추상적인 문법적 용어로든 언어 사용에 관한 이론적 용어로든 담화 형태가 포함되어야 한다는 것이 점점 더 받아들여지고 있다. 그러나 텍스트 언어학의 다른 갈래인 텍스트 문법이나 담화에 대한 다른 언어학적 접근이 최근에 담화 분석의 다른 지류와 결합되었다는 것이 추가되어야 한다. 다른 담화 유형이나 현상에 대한 역사적 발전과 영향이나 관심에는 차이가 있을 수 있다. 그러나 적어도 모두 구어나 문어 담화의 다양한 구조에 관한 명확한 이론을 정밀하게 구성한다는 하나의 공통된 중심 목표를 가지고 있다(연구의 몇 가지 방향에 대한 융합적인 설명으로 de Beaugrande, 1980; Tannen, 1982; van Dijk, 1985a 참고).

## 융합과 새로운 발전

1960년대 중반에 첫발을 떼고 1972년에 몇몇 영향력 있는 책이 출판된 이래로 담화 분석은 증가하는 학문 간 교배와 융합의 양상을 보여 왔다. 언어학은 현대 담화 분석에는 늦게 나타나 그 명확한 방법론과 이론으로 배경에 중요한 역할을 하였지만 확실히 담화 분석을 발전시키는 데 더 이상 중요한 이론이 아니다. 기호학과 수사학, 민족지학, 사회 언어학, 미시 사회학에서 연구되는 범주와 단위, 현상들은 더 이상 문장 문법의 전통적인 용어와 방법의 틀에서 설명될 수 없다. 수사학적 전략이나 서사 구조와 같은 많은 현상은 담화 분석의 다른 많은 갈래에서 종종 다른 관점에서였지만 주목을 받았다. 그러므로 이러한 이론적·방법론적인 차이와 갈등에도 불구하고 우리는 담화 분석에서 많아지는 융합을 새로운 학제 간 연구라고 말할 수 있다. 물론 이 학문 분야에는 고유한 전문 분야와 하위 분야가 있다. 그리고 예를 들어 억양에 대한 연구에서 항상 의미론적 접속사나 상호작용 전략, 담화의 이해에 대한 인식의 차원에 대하여 관심이 갖거나 알고 있는 것은 아닐 수 있다(담화 분석 연구의 몇몇 분야와 갈래에 대한 개론과 예를 보려면 van Dijk, 1985a 참고).

## 심리학과 인공 지능

한편, 다른 학문 분야도 담화 분석에 관여하기 시작했는데 이를 간단하게 검토하려고만 해도 여기에서 그것을 설명하기에는 지나치게 복잡하다. 3장과 4장에서 보다 상세하게 살펴볼 예정이지만 예를 들어 중요한 발전은 인지 심리학과 인공 지능에서 이루어졌다. 이러한 이론들은 실험적인 관점과 모의실험적인 관점에서 각각 언어 사용자들에 의한 담화 생산과 이해의 모형화에 특히 관심을 보였다. 이러한 인지적 접근은 담화의 해석과 저장, 소환 및 이해의 과정에서 지식과 신념의 역할에 수반되는 기억 구조 및 처리의 관점에서 형성되었다(Schank & Abelson, 1977; Graesser, 1981; Sanford & Garrod, 1981; van Dijk & Kintsch, 1983). 텍스트 언어학이나 서사 분석에서 이러한 연구와 초기 연구 사이에는 몇 가지 관련성을 찾을 수 있다.

## 다른 학문 분야

이와 유사하게 특정한 담화 형태나 사회적 맥락에 대한 관심이 법적 담화에 대한 담화 분석적 접근으로 이어져(Danet, 1984) 법 연구와 관련을 갖게 되었다. 화법과 같은 학문 분야 및 수사학과 설득적인 언어에 대한 관심 역시 담화 분석적 접근의 보다 폭넓은 맥락에 융합되었다(Roloff & Miller, 1980). 끝으로 미디어와 매스 커뮤니케이션에 대한 연구는 점차 다양한 미디어 장르에 대한 담화 분석적 접근에 연관되었다. 이 마지막 분야에 대한 공헌은 이미 검토되었으며 다음 절에서 상세히 다루어질 것이다.

## 결론

담화 분석의 역사적 발전과 다양한 갈래에 대한 간단한 검토에서 우리는 먼저 담화 분석은 더 이상 단일한 학문 분야의 문제가 아니라는 것을 결론지을 수 있다. 언어학과 문법에 대한 최초의 초점은 특히 사회과학의 방향으로 확장되어 왔다. 두 번째로, 텍스트, 특히 서사에 대한 초기의 구조 분석은 새로운 형식적 방법을 기술함으로써 더욱 명확해졌을 뿐만 아니라 언어 사용과 담화의 인지적·사회적·문화적 차원에 대하여 기술함으로써 보완되어 왔다. 즉, 텍스트와 맥락은 모두 담화 분석적 기술과 이론 형성의 실제적인 영역인 것이다. 세 번째로, 정형화된 구조의 문어 텍스트에 대한 초기의 관심 이후에 우리는 다양한 사회적 상황에서 발생하며 본질적으로 비형식적인 일상 대화에서 볼 수 있는 구어로 된 대화체의 말하기에 대한 관심이 증가하는 것을 관찰하였다. 네 번째로, 말하기와 이야기 같은 일부 담화 장르에 대한 초기의 강조는 이제 법, 공식적 담화, 교재, 인터뷰, 광고, 뉴스 담화와 같은 다른 많은 담화 장르로 확장되었다. 그리고 끝으로, 이론적 틀은 형식 문법과 논리, 컴퓨터 시뮬레이션 인공 지능 프로그램에서 이룬 새로운 발전에 의하여 풍부해졌다. 그에 따라 우리는 방법론적으로, 이론적으로, 그리고 경험적으로 모두 미개척 분야에 새롭게 적용할 준비가 된, 빠르게 발전하는 충분히 발달된 학문을 갖추게 되었다. 이러한 빠른 발전에도 불구하고 물론 한계도 존재한다. 이 분야는 중요한 연구의 대부분이 지난 10년 동안 이루어진, 고작 20년밖에 되지 않는 신생 학문이다. 분석의 많은 단계와 부면에서 이론적 도구는 여전히 부족하다. 따라서 미디어 담화의 세밀한 구조와 절차에 대하여 우리가 아는 것은 여전히 적다. 이 장에서는 미디어 담화의 한 유형에 대하여 담화 분석을 하고 뉴스의 명확한 텍스트 구조를 밝힐 것이다.

## 담화 분석의 원리

이 절에서 우리는 담화 분석의 기본적인 개념과 원리에 대하여 일부 개론적인 설명을 하려고 한다. 다음 절에서는 이러한 개념들을 뉴스 담화에 적용하면서 보다 상세하게 설명할 것이다.

담화 분석은 모호한 개념이다. 앞 절에서 담화 분석은 텍스트와 진술 또는 모든 가능한 관점에서의 언어 사용을 연구하는 새로운 학문 분야를 나타내기 위하여 사용되었다. 이 절에서 담화 분석은 언어와 언어 사용에 대한 이론적 방법론적 접근을 말한다. 그러한 의미에서 이는 분석의 대상, 즉 담화, 텍스트, 메시지, 회담, 양자간의 형식적 대화, 다자간의 비형식적 대화에 의하여 규정된다. 일반적으로 언어학, 특히 문법은 대개 추상적인 문장 문법에만 초점을 두며 담화는 실제 언어 사용의 측면으로 간주된다. 그러나 이와 같이 체계로서의 언어에 내재되어 있는 추상적인 규칙을 설명하는 문법의 이론과 실제 언어 사용에 관한 이론을 구분하는 것은 오해를 야기한다. 예를 들어 지난

10년 동안 사회 언어학과 화용론은 언어의 사용이라고 생각되는 것의 많은 특징들 역시 규칙에 의해 설명될 수 있는 체계적인 성질을 가지고 있다는 것을 보여 주었다. 이는 특히 담화를 기술하는 데 유효하다. 문장과 마찬가지로 담화는 체계적이고 규칙적인 성질을 가진 구조로 나타낼 수 있다. 담화 역시 문장과 마찬가지로 매우 임시적이고 개별적이고 맥락에 한정되는 특징을 보일 수 있다. 이것은 만약 우리가 보다 추상적이고 문법적인 구조와 언어 사용의 다양한 특징을 구분하기를 원한다면 우리는 문장과 담화에서 모두 그렇게 할 수 있다는 것을 의미한다. 그에 따라 앞선 연구에서 우리는 형식적이고 객관적인 텍스트를 한 편에 놓고 실제로 발생하는 담화를 다른 한 편에 놓고 체계적으로 구분할 것을 제안한 바 있다(van Dijk, 1972, 1977). 여기에서 우리는 이러한 구분은 짓지 않을 것이며 텍스트와 담화를 혼용할 것이다. 그러나 텍스트나 담화가 일반적인 특징이나 추상적인 특징, 맥락으로부터 자유로운 특징을 가지고 있을 수 있다는 것은 이해된다. 그러한 특징은 동일한 문화 내의 다양한 맥락(상황, 화자, 등)에 걸쳐 변화하는 특정 종류의 담화 문법과 특징에 의하여 설명될 수 있다. 물론 언어와 언어 사용에 관하여 엄격하게 경험적인 이론에서 그러한 구분은 단지 메타 이론적인 가공물일 뿐이다. 실제 사용에 있어서 우리는 담화 규칙에 대한 인지적 설명과 이를 담화의 생성과 이해에 대하여 적용하는 방법만을 가지고 있다. 달리 말하자면 담화에 대한 인지적·사회학적 접근에서 사용 체계의 구분은 관련성이 적을 수 있는 것이다.

### 텍스트와 맥락

담화 분석의 주요 목적은 우리가 담화라고 칭하는 언어 사용 단위에 관한 명확하고 체계적인 설명을 제공하는 것이다. 그러한 설명은 두 가지 중요한 측면을 가지고 있는데 우리는 그것을 단순하게는 텍스트적인 것과 맥락적인 것으로 구분할 수 있다. 텍스트적 측면에서는 다양한 수준으로 기술하여 담화의 구조를 설명한다. 맥락적 측면은 인지 과정과 사회문화적 요소의 표상과 같은 맥락의 다양한 특질에 대한 구조적 설명과 관련된다. 따라서 구조적으로 언어 체계는 다양한 대명사를 특징으로 하는데 이는 언어에 따라 다르게 나타날 수 있다. 그러나 상황의 형식성 정도나 대화 상대자의 친밀도와 같은 의사소통적 맥락의 측면에 따라 더 형식적인 형태 혹은 더 비형식적인 형태가 선택되어야 하는지(프랑스어에서 "tu(너)" 대신 "vous(당신)"와 같은)를 결정할 수 있다. 인지적으로 담화에서는 인출을 위한 기억 과정에서 대명사가 제공하는 정보보다 더 많은 것이 요구되는 경우 대명사를 사용하는 대신 완전히 명확한 기술을 하는 것과 같이 다른 제약이 있을 수 있다.

## 기술의 단계: 문법

텍스트적 기술은 대개 그 단계나 부면에 따라 구별된다. 예를 들어, 문법 이론의 전통적인 구분에 따르면 우리는 음운론적 기술과 형태론적 기술, 통사론적 기술, 의미론적 기술을 구분한다(개론으로 예를 들어 Lyons, 1981 참고). 우리는 그래서 문장에서 그리고 텍스트를 이루는 문장의 배열에서, 음성의 형태, 단어의 형태, 문장의 형태와 의미를 각각 기술한다. 문어 담화의 경우 우리는 음성학적 관점에서 음성 형태의 실제 실현을 설명하기보다는, 뉴스 담화의 구조를 설명하는 데 매우 유효한 시각적 실현의 이론적 관점에서 설명하기를 원한다.

여기에서 우리는 주로 통사론과 의미론에 초점을 둔다. 일반적으로 통사론에서는 (명사나 명사절과 같은) 어떤 통사론적 범주가 문장에 나타나고 어떤 가능한 조합에서 나타나는지를 설명한다. 따라서 통사론적 규칙은 통사적 범주를 구성하는 어떤 문장 형태가 문법에 맞는지를 명확히 가늠한다. 우리는 또한, 예를 들면 우리가 담화의 전반적인 형태를 설명하기를 원할 때 이 통사론의 개념을 더욱 폭넓고 비문법적인 의미로 사용한다. 우리는 심지어 영화나 음악, 춤, 제스처와 같은 다른 기호학적 체계의 표현에 사용되는 형태를 설명하는 데에도 통사론의 개념을 사용할 수 있다. 다음으로, 의미론에서는 단어와 문장, 담화의 의미를 다룬다. 의미론에서는 단위의 의미를 결합하여 더 큰 단위의 의미를 만드는, 즉 단위에 의미를 부여하는 규칙을 만들어 낸다. 이러한 종류의 의미통사론이 많은 언어학 이론에서 지배적이었지만 이는 단지 절반의 이야기일 뿐이다. 철학과 논리학에서 의미론은 또한 해석의 문제를 다룬다. 그러나 그 경우에 그것은 표현에 할당된 의미일 뿐만 아니라 진실 혹은 일반적으로 지시물(혹은 외연)이다. 담화에 대하여 적절하게 설명하려면 두 가지가 모두 요구된다. 예를 들어 의미론은 우리가 가리키는 어떤 상황에서 의미와 지시(reference), 즉 개념과 실체(사물, 사람, 사건 등)를 다룬다. 예를 들어 응집성이라는 기본적인 담화 개념을 설명하기 위하여 우리는 배열된 문장의 의미가 어떻게 연결되는지뿐만 아니라 그 문장들이 지시하는 사실들이 어떻게 연결되는지도 설명해야 한다는 것이 뒤에서 언급될 것이다. 의미론의 이러한 두 가지 측면을 구분하기 위하여 우리는 때로 (의미 측면을 위하여) 내포적이라는 용어와 (지시 측면을 위하여) 외연적이라는 용어를 사용한다.

## 화용론: 화행

지금까지 언급한 기술의 단계는 언어학의 문법에서 익숙한 것들이다. 지난 10년 동안 담화 분석 및 사회 언어학의 발전과 병행하여 기술을 위한 화용론적 요소 역시 필요하다는 것이 드러났다. 여기에서 우리는 단지 발화의 형태나 의미(혹은 지시)뿐만 아니라 특정 상황에서 우리가 그러한 발화를 사용함으로써 수행하는 사회적 행위를 설명하려고 한다. 그러한 행위를 화행(speech acts)이라고 한다(Searle, 1969). 약속하기, 비난하기, 축하하기, 단언하기는 화행의 예이다. 이들은 단어, 즉 발화나 담화의 일부를 사용함으로써 수행하는 사회적 행위이다. 화용론적 기술을 통해 우리는 어떤 문화에 어떤 화행이 있는지 그리고 어떤 환경에서 그러한 화행이 그들이 사용하는 맥락과 관련하여 적절한지를 결정하는 규칙에 대하여 설명한다. 뉴스 담화는 거의 배타적으로 (약속이나 위협이 아닌) 단언으로 구성되기 때문에 화용론적 기술이 엄격한 의미에서 단언의 적절한 수행에 필요한 조건 외에 더 많은 것으로 이어지지는 않는다.

## 미시 구조에서 거시 구조로

우리는 이제 담화의 세 가지 주요 측면, 즉 문장 형태와 의미, 화행을 특징지을 수 있다. 사실 언어 이론은 기본적으로 이 세 가지 요소와 그들의 상호 관계에 대한 기술을 목표로 한다. 그러나 주로 고립된 문장에 적용하는 일반적인 통사론과 의미론, 화용론의 관점에서 단순하게 규정할 수 없는 담화의 다른 측면들도 있다. 즉, 우리는 단지 기술의 미시적 차원이라고 할 수 있는 것, 예를 들어 음성, 단어, 문장 패턴 및 그 의미에 대해서만 다루고 있는 것처럼 보이는데 우리에게는 또한 보다 종합적이고 전체적인 차원, 즉 담화의 모든 부분 또는 담화의 전체적인 차원에 대한 기술이 필요한 것이다. 예를 들어 담화는 대개 주제(theme)나 화제(topic)를 갖는다. 그리고 이 의미론적 측면은 단순히 고립된 문장의 의미론적 관점에서 설명될 수 없다. 따라서 우리는 모든 문단이나 부분, 문어 담화에서의 장(chapter)의 의미를 기술하기 위하여 전체적인 의미를 다루는 일종의 거시의미론이 필요하다. 이와 유사하게 우리는 또한 우리가 도식(schemata) 혹은 상부 구조(superstructure)라고 칭할 담화의 전체적인 형태를 설명하는 일종의 거시통사론이 필요하다. 이야기나 대화는 문장 통사론에서와 같이 담화를 시작하거나 마칠 때의 다양한 형식이나 이야기의 배경, 뉴스 담화의 헤드라인처럼 많은 관습적인 범주로 이루어진 전체를 아우르는 구조적 패턴을 가지고 있다. 이러한 전체적인 도식 형태는 담화의 전체적이고 거시 구조적인 의미나 화제로 채워진다. 따라서 뉴스 담화에서 헤드라인 범주는 (그 의미가 전체 텍스트 의미의 화제나 개요라면) 우리가 단순히 다른 의미들을 넣을 수 있는 빈 형식이다. 이와 유사하게 화행의 보다 큰 연속체나 전체적인 텍스트를 발화함으로써 수행되는 전체적 혹은 거시적 화행을 설명하는 거시적 구성 성분에 대한 화용론적인 기술을 할 수 있다. 전체로서의 뉴스 담화는 거시적 단언과 광고의 기능 및 거시적 조언과 거시적 제안의 기능을 가지고 있다. 신문이나 잡지의 글자를 하나씩 오려 내어 붙여 만든 메모는 전형적으로 거시적 위협이 되었다(van Dijk, 1980a, 1981a).

우리는 이제 국지적이고 미시적인 차원과 전체적이고 거시적인 차원에서 각각 형태와 의미/지시, 행위를 갖추었다. 그리고 형태, 의미, 행위가 체계적으로 연관된 것처럼 미시적인 차원과 거시적인 차원도 연관되어 있다. 예를 들어, 텍스트의 모든 부분이나 전체 텍스트의 의미는 단어와 문장의 국지적인 의미에서 도출되는데 이는 의미론의 기본적인 원리이다. 이러한 도출은 거시적 규칙에 의해 발생하며 이는 우리가 뉴스 담화의 주제 구조(thematic structure)를 다룰 때 논의할 것이다.

## 문체

담화 기술에는 여전히 다른 측면들이 있다. 첫째, 우리는 담화의 문체에 대하여 기술하기를 원할 수 있다. 문체에 관한 기술은 비록 그러한 설명이 담화의 언어학적 구조를 전제한다고 하더라도 대개 언어학의 경계에 위치해 있다. 간략하게 소개한 다른 특징들과 달리 문체는 단순히 구별되는 하나의 단계가 아니라 다양한 단계를 관통하는 어떤 측면이다. 문체는 어느 정도 동일한 의미를 표현하는 데(혹은 동일한 지시물을 가리키는 데) 사용할 수 있는 담화 형태의 선택 가능한 변수들 중에서 화자가 선택한 결과이다. 예를 들어 '의사(doctor)' 대신에 '내과 의사(physician)'이라고 말하는 것은 어휘론적 문체의 한 요소이다. 우리의 발음 역시 다양할 수 있다. 그리고 이는 결과적으로 특정한 음운론적 문체를 가진 대화로 나타날 수 있다. 그리고 끝으로, 어느 정도 동일한 의미가 상이한 통사 구조를 가진 문장으로 표현될 수 있다. 그러나 문체론적 변형이 단순히 자유롭거나 자의적인 것만은 아니다. 반면 문체는 맥락의 역할에 대한 중요한 지표이다. 문체는 화자의 조바심이나 화자와 청자 간의 친밀도와 같은 의사소통 맥락의 개인적이거나 사회적인 요소를 암시할 수 있다. 따라서 교실 수업이나 법정에서의 재판과 같은 특정한 사회적 상황에서 대화 참여자들에게는 특정한 세트의 어휘적·통사적 선택이 요구될 수 있다. 뉴스 담화 역시 특정한 형식적 문체로 구성되어야 하는데 이는 인쇄 매체의 특징이다. 그러므로 문체는 텍스트에 나타나는 맥락의 흔적이다. 이러한 흔적은 형식에 작용하는 가능한 변이에 대한 제약으로 이루어진다.

## 수사학

담화의 다른 측면인 수사학은 형식과 맥락을 다룬다. 앞에서 우리는 고전과 현대의 수사학에서 모두 언어 사용의 설득적인 측면을 다룬다는 것을, 보다 구체적으로는, 의사소통을 보다 설득적이게 하는 담화의 특징에 관한 설명을 다룬다는 것을 보았다. 예를 들어 연설의 잘 알려진 형태를 특징으로 하는 이러한 담화의 수사학적 구조 역시 문법적 구조에 근거하고 있으나 그것 자체가 언어학적이거나 문법적이지는 않다. 이를테면 두운 법칙은 형태소의 첫 음소의 동일성을 전제로 하고 대구법은 통사적 패턴의 동일성을 요구하고 은유는 표현의 부분적 의미 동일성과 지시적 동일성에 관련된다. 그러나 생략이나 반복, 대체, 치환과 같은 것이 수반되는 변환은 그 자체로 문법적이지 않다. 그것들은 의미의 차이를 나타내지도 않고 항상 사회적 맥락의 차이를 가리키지도 않는다. 그보다 화자는 그것들을 구조를 개선하여 그에 따라 관심과 기억 및 청자/독자에 의한 텍스트 정보의 재구성을 강화하는 데 사용한다. 문체가 맥락적으로 담화의 필수적인 특징이라면 수사학적 구조는 선택적이다. 수사학은 종종 더 넓은 의미에서 설득적인 말하기나 쓰기의 모든 측면을 다루는 학문으로 이해된다는 것에 주목해야 한다. 그런 의미에서 수사학은 어쨌든 담화 분석의 많은 부분과 거의 동일해진다. 여기에서 우리는 다소 보다 엄격한 의미에서, 즉 구체적인 수사학적 구조를 분석하는, 담화 분석의 이론적 하위 구성 요소로서 수사학을 사용한다. 통사론이나 의미론 또는 화용론처럼 수사학 또한 실제 수사학적 구조의 사용에 근거하여 설득의 사회 심리학적 측면을 연구하는, 보다 경험적인 측면이 있다. 이와 유사하게 이야기나 뉴스 담화와 같이 전체적인 형식을 가진 구조는 수사학적이라고 말하지 않으며 그 자체로서 도식적 상부 구조(schematic superstructures)의 관점에서 설명을 요구한다. 간략하게 말하자면 잘 구성된 이야기가 반드시 설득적 효과가 있는 이야기는 아니라는 것이다.

### 요약

우리는 이제 담화 분석과 그것을 설명하는 다양한 하위 이론에서 연구된 다양한 구조적 단계와 부면들에 대하여 어느 정도 완성된 그림을 가지고 있다. 〈도표 2.1〉은 이 그림을 보다 도식적인 형태로 설명한다.

〈도표 2.1〉 담화 분석의 단계와 부면에 대한 도식적 설명

|  | 미시 | 거시 | 문제 | 수사학 | 상부 구조 |
|---|---|---|---|---|---|
| 음운론 | × |  | × | × |  |
| 형태론 | × |  | × | × |  |
| 통사론 | × | (×) | × | × |  |
| 의미론 | × | × |  | × | × |
| 화용론 | × | × |  | × | × |

〈도표 2.1〉의 모든 칸이 채워 있는 것은 아니라는 것에 주목하라.

즉, 우리는 음운론과 형태론을 전형적인 미시적 차원의 학문이라고 본다. 거시 통사론은 전체적인 도식 형태 또는 담화의 상부 구조를 말한다. 문체는 주어진 동일한 의미나 화행에 대한 형식화를 규정하는 것이기 때문에 우리가 의미론이나 화용론적 문체에 대하여 말할 수 있는지는 회의적이다. 수사학은 기술의 모든 차원에서 규정될 수 있다. 물론 만약 우리가 형태론을 보다 폭넓은 의미에서 받아들인다면 우리는 예를 들어 인쇄된 텍스트의 전체적인 배치를 규정하기 위하여 거시 형태론이라는 용어를 사용할 수도 있다. 이와 유사하게 우리는 텍스트 전반에 걸친 발음이나 인쇄된 활자의 전체적인 응집성에 대하여 기술하기 위하여 혹은 문장 범주를 넘어서는, 예를 들어 문단을 특징짓는 억양 패턴을 다루기 위하여 거시음운론이라는 용어를 사용할 수 있다. 끝으로, 만약 우리가 사람들이 상황에 따라 규정되는, 주제에 관한 선택지를 갖는다는 사실을 설명한다면 우리는 의미론적 문체 같은 개념을 생각할 수도 있다. 이는 화행의 사용에서 나타나는 구체적인 맥락적 변이에 대하여 동일하게 적용할 수 있다. 즉, 만약 우리가 다양한 개념을 너무 편협한 언어학적이거나 문법적인 의미에 가두지 않는다면 우리는 담화 분석의 예들을 모든 단계와 부면에서 볼 수 있다. 담화 분석의 다양한 목적과 방법에 대한 이 간략한 논의에서 우리는 또한 몇 가지 점에서 기술의 표준적인 용어나 정통적인 방법이 생겨나지 않았다고 결론지을 수 있다. 〈도표 2.1〉의 칸에 통합시킬 수 없는 담화의 측면들이 있을 수도 있다. 그러나 이 책의 뉴스 담화에 대한 기술에서 우리의 틀은 뉴스 담화 분석을 위한 잠정적인 계획으로 작용해야 할 것이다.

## 텍스트와 맥락

담화 분석이란 텍스트의 구조를 설명하는 것 이상이다. 앞 절에서 화용론에는 행위 역시 수반된다는 것이 명확해졌다. 이는 우리가 대화의 구조를 설명할 때 동일하게 유효하다. 즉, 담화에는 텍스트뿐만 아니라 상호작용의 형태 또한 포함된다. 법정에서의 진술은 담화 유형을 규정하는 일관적인 문장의 배열일 뿐만 아니라 오직 특정 참여자가 특정 순간에 수행할 수 있는 특정한 법률적 형태의 행위이다. 즉, 담화의 전면적인 분석은 어떤 사회적 상황에서 어떤 담화를 사용한다는 것은 동시에 어떤 사회적 행위가 된다는 의미에서 텍스트와 맥락의 통합을 요구한다. 비슷하게 텍스트의 해석과 생산은 해석과 구성의 심리적 과정과 지식의 복구와 사용, 담화의 인지적 차원에 대한 전략을 수반한다. 그러므로 담화의 의미는 단지 이러한 인지적 해석 절차에서, 발화와 화행이 단지 사회적 상황에서의 실제 사회적 행위를 도출한 것과 동일한 방식으로, 도출된 것이다. 따라서 담화에 대하여 완전히 경험적인 설명 역시 담화의 생산과 이해 및 사회적 상황에서의 사회적 상호작용에 관한 인지적 절차를 기술할 것을 요구하는 것이다. 담화에 관여하는 것은 해석 절차와 사회적 상호작용에 관여하는 것을 의미한다. 따라서 인지적이고 사회적인 맥락에 대한 기술은 담화 분석과 관련이 없는 일이 아니다. 이는 담화 분석에 심리학과 사회학의 목표인 인지적 절차와 사회적 상황에 대한 완전한 기술이 필요하다는 것을 의미하지는 않는다. 그보다는 담화 분석은 텍스트와 맥락 사이의 체계적인 관계에 관심을 갖는다. 즉, 담화 분석에서는 인지적 절차가 어떻게 구체적으로 담화 구조의 생산과 이해에 영향을 미치는지 그리고 어떻게 담화 구조가 사회적 상황에 영향을 주고 영향을 받는지에 대하여 밝히고 싶어한다. 그리고 문체는 개인적이고 사회적인 맥락의 지표로서 수용될 때에만 적절하게 분석될 수 있다는 것은 이미 제시되었다. 거시 구조와 응집성과 같은, 담화 의미의 많은 측면들은 우리가 해석하는 동안 담화와 지식의 어떤 인지적 표상이 수반된 것인지를 아는 경우에만 완전히 이해될 수 있다.

여기에서 의사소통의 맥락에서 담화의 사용이나 효과 혹은 기능에 대한 의문이 제기된다. 이는 담화 분석을 사회 심리학과 매스 커뮤니케이션을 포함하는 다양한 사회 과학에 편입시키고 담화 분석 연구는 사실상 학제적 연구여야 한다는 것을 말한다. 따라서 지식과 믿음, 태도의 변화와 같은 쟁점들 역시 그것들이 담화의 사용을 수반하면 담화 분석적 연구에 포함된다. 그러나 이론적 도구는 다른 학문에서 빌려 와야 한다. 그러면 뉴스 담화에 대한 완전한 설명에는 뉴스의 텍스트 구조에 대한 기술 및 의사소통적 상황과 사회문화적 맥락에서 뉴스 담화의 생산과 수용 과정에 대한 기술이 모두 포함되어야 한다.


## 2. 주제 구조

### 이론적 도입

어쩌면 뉴스 담화의 주제 구성은 다른 담화 유형보다 더욱 많이 결정적인 역할을 한다. 그러므로 뉴스의 텍스트 구조에 대한 체계적인 분석은 주제(theme)나 화제(topic) 같은 개념에 대한 설명에서부터 시작된다. 직관적으로 화제나 주제는 전체적으로 말해서 그 담화가 무엇에 관한 것인가 하는 것이다. 이와 유사하게 강의나 책의 화제는 어느 정도 우리가 그 주제나 지배적인 문제로 이해하는 것에 상당한다. 우리는 그러면 강의나 책의 가장 중요하거나 중심적이거나 지배적인 개념을 말한다. 우리가 대화의 화제에 대하여 말할 때에도 동일하게 적용된다. 그러한 화제는 대화의 요약이거나 골자이다. 우리는 영어에서 어느 정도 동일한 개념을 나타내는 몇 가지 용어가 있다는 것을 안다. 이 장에서 우리는 그 개념을 대안적으로 "화제"나 "주제"라는 단어로 표현한다.

## 거시 구조

화제는 텍스트의 의미나 내용에 관한 속성을 가지고 있어 그에 따라 의미론적 관점에서 이론적 분석이 요구된다. 그러나 화제는 개별적인 단어나 문장의 의미로 규정되지 않는다. 우리는 우리가 이야기나 텍스트의 더 큰 확장체를 다룰 때 발화의 요약이나 골자, 결론 혹은 가장 중요한 정보에 대하여서만 말한다. 그러므로 화제는 담화 기술의 전체적이고 거시적인 차원에 속한다. 우리가 화제나 주제를 기술하기 위하여 사용하는 이론적인 개념은 의미론적 거시 구조에 속하는 것이다(van Dijk, 1972, 1977, 1980a).

## 명제와 거시 명제

국지적 차원에서의 의미처럼 거시 구조는 명제에 기초하여 특징지어진다. 거칠게 말하자면 명제는 언어와 생각의 최소의 독립적인 의미 구성체이다. 그러나 앞 절에서 보았듯이 의미론은 의미뿐만 아니라 지시물도 다룬다. 지시적 측면을 따르면 명제는 참이거나 거짓일 수 있는 의미론의 최소 단위가 된다. 명제는 "메리는 변호사이다(Mary is a lawyer)" 혹은 "샌드라는 어제 그녀의 관리인을 해고했다(Sandra fired her manager yesterday)"에서와 같이 전형적으로 단문이나 절로 표현된다. 반면 복문은 "샌드라는 그녀의 관리인이 무능하여 그를 해고했다(Sandra fired her manager because he was incompetent)"에서 볼 수 있는 것처럼 몇 가지 명제나 단순 혹은 복합 명제들을 표현할 수 있다. "샌드라"나 "관리인"과 같은 단일한 개념은 명제가 아니다. 홀로 사용되었을 때 그것은 참이나 거짓이 성립되지 않는다. 우리는 최소한 두 개의 개념, 즉 "변호사이다(is a lawyer)" 혹은 "해고했다(fired)"와 같은 술부(predicate)와, 사물이나 사람 및 사건을 나타낼 수 있는, 하나 혹은 그 이상의 논항이 필요하다. 어떤 술어는 몇 개의 논항을 요구한다. 예를 들면, 우리는 (1) 누군가로부터 (2) 아파트를 (3) 빌릴 수 있다, 우리는 (1) 누군가에게 (2) 책 한 권에 (3) 20달러를 (4) 지불한다 등과 같다. 그래서 우리는 한 자리, 두 자리, 세 자리, n 자리 서술어를 가질 수 있으며 완전 명제는 술어와 적어도 한 개 이상의 논항과 함께(그 중 일부는 "그는 지불한 적이 없다(He never paid)"에서처럼 함축적일 수 있다) 획득된다. 참고로 말하자면 참이거나 거짓일 수 있는 그런 명제를 말하는 대신 우리는 흔히 명제는 사실을 나타내기 위하여 사용될 수 있다고 단순하게 말한다. 진리값은 단언의 화행에서 명제가 사용되고 표현될 때에만 유효한 것처럼 보인다. 그러나 우리는 의문이나 명령, 약속, 위협 등을 위한 의미론도 필요하다. "나는 너의 아들을 죽일 것이다…(I will kill your son…)"는 예를 들어 대개 몸값의 지불을 거절하는 경우에 조건적으로 미래의 사실을 나타낸다. 이와 유사하게 비난은 과거의 사실을 수반할 수 있다. 그리고 끝으로, 사실이 우리의 실제 역사적 세계에 존재해야 할 필요는 없으며 꿈의 세계나 반사실적 세계, 허구적 세계 등과 같은 대안적 세계를 구성할 수도 있다. 따라서 허구는 다른 가능한 세계에서의 사실을 나타내는 명제들로 구성된다.

이러한 몇 가지 기초적인 개념은 일반적으로 담화의 의미론을 규정하고 특히 거시 구조의 성질을 규정한다. 즉, 거시 구조는 명제로 구성된 세트이다. 그러나 절이나 문장에 의해 표현되는 명제와 달리 거시 구조는 이야기나 텍스트의 더 큰 확장체에 의해서만 직접적으로 표현된다. 지시(reference)의 편의를 위하여 우리는 상부 구조의 부분을 이루는 명제를 '거시 명제'라고 칭한다. 그리고 이제부터 우리는 텍스트의 각 화제는 거시 명제로 표현될 수 있다고 가정한다.

## 거시 규칙

보다 긴 담화에는 대개 몇 개의 화제가 있고 그에 따라 몇 가지 거시 명제로 이루어진 거시 구조가 있다. 어떤 화제는 다른 것들보다 더 일반적이고 추상적이다. 따라서 전체 거시 구조는 거시 명제의 배열이 각각 더 상위인 거시 명제의 하부에 포섭되는 계층적인 구조로 이루어진다. 이러한 계층적 관계는 우리가 직관적으로 이해하는 것을 요약하여 나타내는 거시 규칙에 의해 규정될 수 있다. 형식적으로 말해서 거시 규칙은 하위 명제를 상위의 거시 명제에 연결하는 의미론적 사상 규칙(mapping rule)이나 변형이다. 이는 화제나 주제가 거시 규칙을 요약함으로써 텍스트의 의미에서 파생된다는 것을 의미한다. 이러한 규칙은 결론과 골자, 가장 중요한 정보 및 텍스트를 이루는 명제의 배열을 위한 각각의 주제나 화제, 예를 들어 문단의 주제나 화제 등을 규정한다. 텍스트의 거시 구조를 나타내는 한 가지 방법은 수형도에 의한 것이다(〈도표 2.2〉).

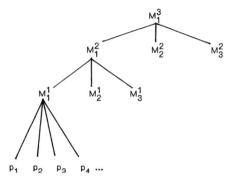

〈도표 2.2〉 텍스트의 의미론적 거시 구조의 도상

　거시 규칙은 본질적으로 정보를 축소시킨다. 이러한 축소는 세 가지 방법으로 이루어진다. 첫째, 우리는 단순히 국지적인 세부 사항과 같이 나머지 텍스트에 더 이상 유효하지 않은 모든 정보를 삭제할 수 있다. 둘째, 우리는 일련의 명제를 선택하여 하나로 일반화하여 대체할 수 있다. 우리는 고양이 한 마리와 개 한 마리, 카나리아 한 마리를 가지고 있다고 말하는 대신 우리는 애완동물을 가지고 있다고 보다 간결하게 말할 수 있다. 셋째, 우리는 행위나 사건의 일반적인 조건이나 구성 요소, 결론을 나타내는 일련의 명제를 행위나 사건 전체를 나타내는 하나의 거시 명제로 대체할 수 있다. 공항에 가기, 투숙하기, 문으로 걸어가기 등은 거시 명제 "나는 …로 가는 비행기를 탔다(I took a plane to…)"로 적절하게 요약될 수 있다. 우리는 하나의 사건 전체를 세부 구성 요소로 구성하며 이를 구성 규칙(construction rule)이라고 부른다. 그러면 삭제와 일반화, 구성은 텍스트의 정보를 화제로 축약하는 3대 거시 규칙이 될 것이다. 이 규칙들은 순환적이다. 더 높은 단계에서 이 규칙들은 다시 적용될 수 있다. 우리는 소설의 한 페이지를 몇 개의 거시 명제로 요약할 수 있다. 그리고 몇몇 페이지나 한 장(chapter)을 요약한 일련의 거시 명제는 우리가 한 개나 두 개의 거시 명제로 텍스트 전체를 요약하는 가장 높은 단계에 도달할 때까지 동일한 거시 규칙에 의하여 다시 요약될 수 있다. 텍스트에 할당된(텍스트에서 파생된) 전체적인 거시 구조는 우리가 텍스트의 주제라고 칭하는 것뿐만 아니라 텍스트의 전체적인 응집성을 규정한다. 화제의 개념에 따르면 텍스트나 이야기가 하나의 의미론적 개체라는 것이 증명되는 것이다. 만약 화자 한 사람이 대화의 주어진 혹은 새로운 화제에 포섭되지 않는 명제를 표현한다면 우리는 그 화자가 논리적이지 않거나 우리가 말하고 있는 화제와 다른 것을 말한다고 말할 수 있다.

## 거시 구조의 주관성

지금까지 의미론적 거시 구조와 규칙의 관점에서 화제에 대한 우리의 설명은 다소 형식에 관한 것이었다. 이는 언어학적 의미론과 상당히 유사하게 마치 화제가 텍스트의 의미에 속하거나 텍스트의 의미에 관한 특질인 것처럼 접근한다. 그럼에도 불구하고 그러한 추상적인 접근에는 결점이 있다. 경험적으로 말하자면 의미는 언어 사용자에 의한 해석의 과정에서 텍스트에 할당된다. 의미에는 인지적인 성질이 있다. 이는 거시 구조에도 동일하게 작용한다. 사람들은 텍스트에 화제를 할당하거나 텍스트에서 화제를 도출한다. 그리고 이러한 과정은 이해를 형성하는 한 부분이다(Kintsch & van Dijk, 1978; van Dijk & Kintsch 1983). 이를 통해 사람들은 자신만의 개인적인 거시 구조를 구성할 수도 있다. 결국 서로 다른 언어 사용자들은 텍스트에서 서로 다른 정보가 더 중요하다고 생각할 수 있다. 그러므로 우리는 주어진 텍스트에 대하여 적어도 약간은 다른 요약들을 예상할 수 있다. 인지적으로 말하자면 서로 이해할 수 있는 최소한의 교집합이 있을 때조차 화제는 주관적일 수 있는 것이다. 화자가 텍스트나 이야기에 할당하는 화제를 전달하기 위하여 예를 들면 "가장 중요한 것은 …이다(the most important thing is …)" 혹은 "내 강의의 화제는 …이 될 것이다(the topic of my lecture is …)"와 같은 요약이나 표현을 통해 화제를 명확하게 나타내려는 시도를 할 것이다. 청자나 독자는 이러한 신호를 포착할 수도 있고 안 할 수도 있으며 개인적인 관심이나 관련성에 따라 보다 개인적인 화제를 부여할 수도 있다.

## 거시 구조와 지식

거시 구조의 이론에 대하여 보다 인지적인 보충이 필요한 다른 이유는 거시 규칙은 틀이나 스크립트와 같은 세계 지식을 요구하기 때문이다(Schank & Abelson, 1977). 만약 거시 행위의 세부 구성 요소를 언어 사용자가 알고 있다면, 비행 스크립트의 부분을 예로 들었을 때, "나는 공항에 가서 짐을 부치고 탑승구로 갔다…(I went to the airport, checked in my luggage, went to the gate …)"와 같은 정보를 "나는 …로 가는 비행기를 탔다(I took a plane to …)"와 같은 거시 명제로 포섭할 수 있다. 이는 개와 고양이를 애완동물로 일반화하는 우리의 능력에서 혹은 우리가 텍스트에 있는 정보가 무의미한 세부 사항인지 아닌지를 결정해야 할 때 동일하게 작용한다. 이러한 인지적 표현과 과정에 대한 세부는 3장에서 설명될 것이다. 이 지점에서 거시 규칙이 텍스트로부터 명제를 입력하는 데에만 작용할 수 없다는 것을 강조하는 것은 중요하다. 앞서 보았듯이 거시 규칙은 또한 세계에 대한 우리의 지식과 우리의 개인적인 신념과 관심에서 파생되는 명제를 요구한다.

## 전략적 거시 이해

언어 사용자의 텍스트에 대한 전반적인 이해라고 볼 수 있는 화제에 대한 인지적 과제는 언어 사용자가 텍스트 전체의 모든 단어와 문장을 해석했을 때 이루어지는 것이 아니다. 그보다 독자는 저자의 주제에 대한 신호로 도움을 받으며 텍스트의 가장 그럴 듯한 화제에 대하여 적당하게 추측하기 시작한다. 첫 부분에서 제공하는 개요 (initial summary)나 화제에 대한 외부의 언급, 제목 등은 그러한 신호의 예가 된다(Jones, 1977). 따라서 언어 사용자들은 텍스트에서 화제를 도출하는 데 형식적인 규칙 대신 효과적인 전략을 적용한다(van Dijk & Kintsch, 1983). 첫 문장을 들으면 우리는 바로 이미 텍스트나 이야기 조각의 전체 화제나 초반 화제가 무엇인지에 대하여 추측하기 시작한다. 이는 매우 중요한데 그 이유는 앞으로 남은 텍스트에 대한 앞으로의 해석에 화제가 중요한 지배적 사건으로 작용하기 때문이다. 우리가 화제를 알고 있으면 텍스트의 각 문장을 이해하는 것은 더욱 용이해진다. 이것은 심리학자들이 하향식 처리(top-down processing)라고 칭하는 것의 한 예이다.

## 요약

우리는 이제 주제나 화제에 대한 이론적 설명을 요약하고 이어서 의미론적 거시 구조에 대하여 설명하려고 한다. 텍스트의 화제는 세계에 대한 보편적인 지식과 개인적인 신념과 관심에 근거한 거시 절차(규칙, 전략)에 의해 일련의 명제에 부여되는, 전략적으로 도출되는 주관적인 거시 명제이다. 그러한 화제는 계층적이거나 화제나 주제 구조, 즉 요약을 통해 표현될 수 있고 주관적으로 텍스트의 가장 중요한 정보, 골자, 결론이라고 보는 것을 규정하는 의미론적 거시 구조의 일부이다. 화제는 화자에 의하여 몇 가지 방식으로 표시될 수 있고 그에 따라 청자는 제1의 혹은 핵심적인 화제에 대하여 빠르게 추측할 수 있다. 화제는 텍스트의 전체적인 이해에, 예를 들어 전체적인 응집성의 구성에 결정적이다. 그리고 화제는 미시 차원의 국지적 이해에 의미론적인 하향식 통제로서 기능한다. 텍스트에서 화제는 사실상 중심적인 역할을 한다. 화제가 없이는 텍스트가 전체적으로 무엇에 관한 것인지 파악하는 것이 불가능하다. 화제의 전체적인 관계와 위계, 구조를 이해하지 않는다면 우리는 그저 텍스트의 지엽적인 조각만을 이해할 수 있을 뿐이다.

## 뉴스 담화로부터의 화제 도출

앞 절에서 제공한 개론은 뉴스 담화의 주제나 화제를 기술하는 데에도 원칙적으로 유효하다(van Dijk, 1983b, 1985c). 앞으로 이어질 이 절의 첫 번째 목적은 매스 미디어에 나타나는 특정 유형의 텍스트를 위한 의미론적 거시 구조 이론을 설명하고 실험하고 다듬는 것이다. 우리의 두 번째 목적은 뉴스 담화의 주제 구조에 명확한 특성이 있는지를 밝히는 것이다. 뉴스의 화제는 특정한 방식으로 구성되고 실현되고 표현되고 나타날 수 있다. 아마도 화제에 의하여 규정되는 전체적인 응집성은 다른 유형의 인쇄된 텍스트와는 다소 다를 것이다.

우선, 몇 가지 예시를 검토할 것이다. 인터내셔널 헤럴드 트리뷴

⟨*International Herald Tribune*⟩은 1984년 7월 12일에 다음과 같은 작은 기사를 1면에 발행했다.

### 유엔 대표, 모스크바에서 아프간 회담 참석

모스크바(연합)-Javier Pérez de Cuellar 유엔 사무총장은 아프간 분쟁의 종식 전망에 소비에트 당국과의 회담을 위하여 Diego Cordovez 아프가니스탄 유엔 특별 대표와 함께 수요일에 모스크바에 도착하였다. 두 사람은 Andrei A. Gromyko 외무 장관과 공항에서 만났다. 그들은 모스크바에 금요일까지 머물 예정이다. Badrak Karmal 아프가니스탄 대통령은 월요일 저녁에 모스크바에 왔다.

Pérez de Cuellar는 또한 고리키 시로 망명한 Andrei D. Sakharov 물리학자와 반소비에트의 쟁점에 대하여 논의할 가능성이 있다. (로이터, AP)

중요한 쟁점에 대하여 논의하려는 중요한 정치인의 중요한 국가 방문에 관한 국제 뉴스의 이 작은 일상적 기사에는 위에 요약한 것과 같은 명확한 중심 화제가 있다. 이 화제는 또한 헤드라인에도 요약되어 있다. 여기에서 우리는 신문 담화의 첫 번째 중요한 특징을 알 수 있다. 즉, 화제는 명백히 뉴스 텍스트의 요약으로서 기능하는 헤드라인에 의하여 표현되고 나타날 수 있는 것이다. 헤드라인은 거시 명제를 표현한다. 이 헤드라인에는 내재된 술어(to be, 할 예정)와 많은 논항, 즉 행동주(agent)(유엔 대표), 장소(location), 도착점(goal) 등이 있다. 텍스트에서 이 거시 명제를 도출하기 위하여 정보는 앞에서 논의한 규칙에 근거하여 삭제되어야 한다. 첫 번째 문단에서 이러한 정보는 도착 시간이며 이는 더 이상 유효하지 않다. 동반객의 신원도 그러하다. 이러한 세부는 단순히 생략함으로써 요약될 수 있다(그 정보는 텍스트의 나머지 부분을 이해하는 데 필요하지 않다). de Cuellar가 모스크바에 도착한 것은 생략될 수 있다. 외국 도시 방문이나 그곳에 머무는 것은 그곳에 도착한다는 통상적인 조건을 전제한다. 그리고 국제 여행과 방문의 개념에 대한 우리의 보편적인 지식과 국제 정치에 대한 우리의 지식을 생각하면 통상적인 조건은 전체적인 거시 행위를 산출하는 구성 규칙에 의하여 통합될 수 있다(Carbonelle, 1979 참고). 이는 소비에트 당국과의 회담에 관한 정보에도 적용되는데 이는 또한 정치 회담에 관한 일반적인 개념과 회담의 장소에 내포되어 있다. 국제회의 의례에 관한 지식은 우리가 유엔 사무총장은 높은 지위의 정치인인 외무 장관이 접견했다는 정보를 통합하도록 한다. 정확한 체류 기간은 세부 사항으로서 중심 화제의 일부가 아니므로 삭제될 수 있다. Karmal도 모스크바에 있다는 것은 주제 자체의 일부는 아니지만 그의 모스크바 출현은 아프가니스탄에 관한 회담의 화제적 요소와 관련된다. 그것은 여기에서 상세하게 다루어지지 않는 하위 화제이며 그 자체로 선행 뉴스 사건에 관한 정보로서 기능할 수 있다. 흥미로운 것은 마지막 문단인데 이는 뉴스 아이템의 중심 화제 아래에 포섭될 수 없다. 이는 또한 단지 서구 독자들이 Sakharov의 운명에 관심을 보여 왔기 때문에 선행 뉴스 사건에 대한 지식, 특히 Sakharov의 운명에 대한 지식을 전제하고 현재 사건에 연결될 수 있는 것이다. 따라서 de Cuellar가 다른 중요한 쟁점(아프가니스탄)과 함께 이러한 또 다른 미묘한 문제를 제기할 것이라는 것은 예상될 수 있었다.

이 단순한 예에서 우리는 첫째, 뉴스 담화의 화제는 일상적으로, 명백하게 요약 기능을 가지고 있는, 헤드라인에 나타날 수 있다고 결론지을 수 있다. 둘째, 이러한 화제는 텍스트의 나머지 부분을 이해하는 데 직접적 관계가 있지 않은, 세부 사항이라고 볼 수 있는 정보를 삭제함으로써 얻을 수 있다. 기술적으로, 이는 삭제된 명제는 후속 명제의 전제가 아니라는 것을 의미한다. 셋째, 정보는 만약 그것이 거시 사건의 일반적인 조건이나 구성 요소를 의미한다면 거시 명제에 포섭될 수 있다. 이러한 포섭은 국제 정치(정치적 사건, 행위, 정치인, 정치 회담, 방문 등)에 관한 스크립트에 대한 우리의 일반적 지식에 기반하여 발생한다. 넷째, 뉴스 사건은 중심 화제에 포섭되지 않지만 독립적인 부차적 화제인 정보를 특종으로 다룰 수 있다(만약 대화 참여자들이 동일하다면, Y에 대한 이야기가 Z에 대한 이야기의 부차적 화제가 되는 것과 마찬가지로, 만약 이 방문의 목적이 연관된 것이라면, A의 B 방문은 또한 C의 B 방문과 주제에 있어서 연관된다). 다섯째, 구성에서 삭제되거나 포섭될 수 있는, 함축되거나 전제된 정보의 일부는 선행 뉴스 사건에 관한 것이며 앞선 뉴스 보도의 화제였다. 그러면 일반적으로 거시 규칙은 정치적 거시 행위의 세부와 일반적 구성 요소를 줄이고 보편적이고 개별적인 정치적 지식을 적용함으로써 상당히 분명하게 작용한다. 이것이 그 경우라는 것은 그 지식에 근거한 화제를 확장하려고 시도함으로써 시험될 수 있다. 화제가 하나만 주어진다면 정치적 상황을 알고 있을 때 우리는 약간의 자신감을 가지고 어떤 전형적인 일이 발생할 수 있을지 예측할 수 있다. 이는 뉴스 텍스트에서 화제를 도출하는 데 의미론적 규칙이 광대한 양의 인지적 표현과 함께 작용한다는 것을 의미한다. 따라서 심지어 텍스트 자체도 불완전하여 많은 정보를 전제하고 있을 수 있다. 이 간략한 뉴스 아이템은 그 자체가 더 긴 뉴스 아이템의 요약인데 그 역 또한 참이다. 이를테면 타임스(The Times)가 같은 날 발행한 짧은 기사는 우리가 위에서 제공한 요약보다 길지 않다. 그 뉴스 아이템에 추가된 유일한 정보는 외교관들이 de Cuellar의 방문을 의심한 것이 성공적일 것이라는 것이다.

(런던) 타임스(Times)는 1984년 7월 12일자 해외 섹션에 '동티모르의 역경. Shultz, 인도네시아의 지배를 비난하는 데 합류하다'라는 헤드라인으로 동티모르에 대한 뉴스 아이템을 발행하였다. 추가적인 예로 거시 구조의 첫 번째 단계(M1)에서 이 텍스트의 각 조각으로부터, 즉 각 문단에 거시 명제를 부여함으로써 거시 구조를 도출해 보자.

M1. 1. Shultz 미 국무 장관은 Mochtar Kusumaatmadja 외무 장관과 회담을 하는 동안 인도네시아 군의 동티모르에서의 행동에 대한 의회의 우려를 쟁점으로 거론하였다.

2. Shultz는 연방의회 의원들의 서신을 전하며 동티모르의 역경은 미국의 우려라고 말하였다.

3. 그 서신은 독립적인 기구들이 그 지역에 자유롭게 접근할 수 있어야 한다고 촉구하며 인도네시아 군대의 새로운 행동 이후의 실제 상황에 대한 우려를 표했다.

4. 그 서신은 많은 사람들의 죽음에 대한 동티모르의 교황 사절의 자료를 사용했다.

5. Shultz의 성명은 호주 노동당의 결의안과 일치한다.

6. 그 결의안에서 동티모르의 새로운 분쟁에 대하여 중대한 우려를 표했다.

7. 호주의 좌파와 언론이 인도네시아의 정책에 대하여 가장 강경하게 비평한 반면 미국은 인도네시아의 통치권을 인정할 때 자기 결정권이 없었던 것을 유감으로 여긴다.

## 동티모르의 역경
## Shultz, 인도네시아의 지배를 비난하는 데 합류하다
### 자카르타 특파원

George Shultz 미 국무 장관은 어제 Mochtar Kusumaatmadja 외무 장관 교수와의 회담에서 갑자기 동티모르에서 계속되는 인도네시아 군의 활동에 대한 의회의 우려를 쟁점으로 거론하였다.

Shultz는 동남아시아국가연합(Association of South East Asian Nations, ASEAN) 외무 장관 확대 회담에 참석하기 위하여 연방의회 의원 123명으로 이루어진 초당파적 단체의 서명이 담긴 우려의 서신을 가지고 이곳에 왔다. 그 서신에서는 1970년대 중후반의 유혈 분쟁 이후 인도네시아에 부속된 동티모르의 역경이 미국이 그 지역에서 사용되는 무기를 계속해서 공급하는 한 미국의 매우 큰 우려라고 말하였다.

그 서신에서는 자카르타가 구호 단체 및 인도주의 기구, 기자, 독립 전문가들의 제한 없는 접근을 허락해야 한다고 촉구하고 인도네시아 군이 시작한, 지난 8월에도 여전히 그 지역에서 진행 중인, 새로운 작전 이래로 악화되는 상황 보고에 대한 우려를 표하였다.

의원들이 사용한 자료의 대부분은 동티모르의 교황 사절인 Carlos Felipe Belo에게서 왔으며 그의 서신에는 분쟁이 시작된 이후 동티모르의 60만으로 추정되는 인구 중 약 10만 명이 죽었다고 언급되었다.

외교 소식통들은 인접 국가인 호주의 집권당인 노동당이 강경한 어조의 결의문을 통과시킨 같은 날에 Shultz가 Kusumaatmadja와 함께 그 문제를 제기했다고 밝혔다. 이는 동티모르를 위한 자기 결정권을 촉구하지 않은 호주 정부에서 온건파의 협의의 승리로 여겨졌다.

그러나 캔버라 결의문의 텍스트는 재개된 분쟁에 대하여 대단히 유사한 관점에서 중대한 우려를 표했다.

호주의 언론과 노동당 좌파가 동티모르에 대한 인도네시아의 정책에 대하여 가장 강경하게 비평한 반면 미국은 인도네시아의 통치를 수락할 때 자기 결정권 법령이 없었던 것에 대하여 유감을 표했다.

〈사진〉 Shultz: 의원들로부터의 메시지

이 다소 긴 뉴스 기사에서 우리는 먼저 각 문단에 거시 규칙을 적용한다고 해서 반드시 텍스트가 직접적으로 최상위 단계의 화제로 축약되는 것은 아니라는 것을 볼 수 있다. 그것은 마치 각 문단이 자체로서 사건들의 요약인 것 같아서 그 이상의 축약은 거의 불가능해 보이는 것과 같다. 이것은 텍스트의 더 넓은 영역, 즉 몇 개의 문단을 동시에 보다 추상적인 화제로 축약하는 것이 가능하다는 것을 의미한다. 둘째로, 헤드라인은 텍스트 정보의 일부만을 포함한다. 술어 "합류하다(to join)"가 동티모르의 상황에 대한 다른 비판을 전제한다고 해도 그 행위가 헤드라인에 요약되어 나타난 사람은 엘리트 국가의 엘리트 정치인(미 국무 장관)이다. 미 의회의 서신이든 호주 노동당의 결의문이든 비록 그것들이 상위 화제라 해도 헤드라인에서는 언급되지 않는다. 셋째로, 이 뉴스 아이템의 첫 번째 문단은 어느 정도 그 텍스트의 더 광범위한 요약이 되며 따라서 머리글(lead section)로 기능한다.

각 문단에서 축약된 정보는 다음과 같다. 즉 (1) Shultz가 성명한 시간과 방법, (2) 그가 인도네시아에 나타난 맥락과 서신의 저자와 동티모르에 관하여 추가된 상세한 내용, (3) 서신에 관한 상세한 내용, (4) 희생자의 수, (5) 노동당 결의문의 정치적 배경, (6) 결의문의 세부 사항, (7) 축약하지 않음 등이다. 다른 말로 하면 거시 축약은 시간, 장소, 행동 방식, 중요하지 않은 배경, 상세한 숫자, 언급된 사람과 사물의 특질 등에 적용될 수 있다. 이는 삭제가 이 예시에서 거시 축약의 더 강력한 규칙 중 하나라는 것을 의미한다. 이 구성 규칙은 보편적인 정치적 지식에 근거하여 이 경우에 많은 축약을 허락하지 않는다. 즉, 여기에는 A 국가(또는 국가들)의 대표가 B 국가(또는 국가들) 지도자의 시민을 다루는 방식을 비판하는 국제적 항의 스크립트를 제외하고 몇 가지 전통적인 스크립트가 관련되어 있다.

우리는 다음과 같이 비형식적으로 거시 구조의 첫 단계를 축약할 수 있다.

M2. 1. 미 국무 장관은 인도네시아의 외무 장관과의 회담에서 동티모르에 관한 의회의 우려를 쟁점으로 거론했다.
2. 미 의회의 구성원들은 동티모르에의 접근을 촉구했다.
3. 동티모르에는 군사 행동으로 인한 희생자가 많다.
4. 호주 노동당도 동티모르의 상황에 대하여 중대한 우려를 표했다.

이 단계에서 우리는 첫 번째 문단이 이어지는 몇몇 문단의 정보를 축약하며 첫 번째 머리글 문단으로 사용될 수 있을 정도로 문단의 경계를 넘어 축약하였다. 행위자들의 신원은 더 이상 중요하지 않으며 그들의 역할이 보다 중요하다. (아세안 회담 등) 행위의 맥락은 중요하지 않고 의회의 서신과 호주 노동당의 결의문은 더 이상 유효하지 않다. 그들의 메시지가 더 중요해졌기 때문이다. 마지막 문단은 단지 독자들에게 호주와 미국의 동티모르에 대한 정책을 상기시킬 뿐이기 때문에 완전히 삭제할 수 있다.

나아가 M2 단계를 축약하여 가장 높은 단계, 즉 뉴스 아이템의 가장 짧은 이론적 요약인 M3 단계에 이를 수 있다.

M3. 1. 미 의회의 구성원들과 Shultz, 호주 노동당은 동티모르에 대한 인도네시아의 정책을 비판했다.

이 단계에서 우리는 (1) 주요 관련 행위자와 (2) 거시 행위와 사건(비판과 정책), (3) (동티모르와) 연관된 특정 주제나 쟁점만을 남겨 둔다.

이러한 축약은 우리가 동티모르의 상황과 국제적 항의가 형성되고 전달되는 방식에 대한 지식을 전제해야만 가능하다. 비판은 부정적으로 평가되는 행위를 전제한다. 그리고 공정한 취재원을 통한 증거뿐만 아니라 세계 지식 그리고 사실에 대한 독립적인 평가 요구 등은 많은 희생자의 처형이 수반될 수 있는 가능성을 제공한다. 언론에서의 거시 축약은 중요하지 않은 국지적 세부를 삭제하는 것에 근거하고, 행위자들이 그들의 역할 분담에 의해서만 표현될 수 있는 더 높은 단계의 거시 행위하의 일반적 조건이나 구성 요소, 결과에 대한 스크립트에 기반한 포섭에 근거한다는 것이 다시 확인된다. 그렇다면 이 기사를 어느 정도 표현하는 헤드라인은 상위 헤드라인으로 '동티모르 주둔 인도네시아 군의 새로운 작전' 그리고 전체 헤드라인으로 '인도네시아에 대한 미국과 호주의 항의'였을 수 있다.

뉴스 담화의 화제에 대한 이 다소 비형식적인 논의에서 우리는 거시 구조 해석의 주요 원리가 뉴스 담화에도 유효하다고 잠정적으로 결론지을 수 있다. 의미론적 축약 규칙을 적용하여 도출할 수 있는 거시 명제의 몇 가지 단계가 있는데, 이들은 불필요한 세부를 삭제하거나 상위 행위나 사건의 개념에 하위 구성 요소를 포섭한다. 그러나 이러한 규칙에는 또한 보다 구체적인 적용 조건이 있다. 즉 선행 화제에 관한 정보는 기억을 돕는 알림으로서 기능할 수 있으나 실제 뉴스에 직접적으로 유효하지는 않은 것이다. 이는 실제 사건의 맥락과 배경에 대해서도 동일하게 작용한다. 그렇다면 축약은 방대한 양의 일반적이고 구체적인 정치적 지식을 전제하는데 이들은 종종 전형적이며 스크립트와 관련된다는 특징을 갖는다. 끝으로, 중심 화제는 헤드라인과 머리글의 뉴스 아이템에 나타난다. 중심 화제는 전체적인 상황을 규정하고 독자들에게 텍스트의 우선적이고 전체적인 의미를 알려 준다. 예를 들어, Shultz와 동티모르에 관한 기사에서 미국의 행위자들은 호주의 행위자들보다 더 중요하다. 그리고 이 서양의 행위자들은 지역의 직접적인 참여자들과 그들의 행위나 성명보다 더 중요하다. 또한, 실제 사건에서 뉴스가 강조하는 것은 맥락과 배경에 대한 거시 교육을 통하여 추론될 수 있다. 그렇다면 뉴스에 나타난 화제는 신문이나 기자의 관점에서 거시 구조적이다. 인도네시아나 동티모르의 독자들은 사건에 다른 중요성을 부여할지도 모른다. 이와 유사하게 서양의 비판적인 독자들은 미국이 여전히 인도네시아에 무기를 제공한다는 정보나 미국 정부가 실제로는 인도네시아가 동티모르를 점령하고 그곳의 사람들을 학살하는 것을 막는 데 기여한 것이 별로 없다는 사실에 더 많은 의미를 부여할지도 모른다(Chomsky, 1981). 그러므로 뉴스 사건에는 필수적으로 관점이 드러나고 하나의 뉴스 담화에 대한 그들의 기술에서도 그러하다. 이러한 관점은 또한 거시 구조적 구성과 신호에서도 나타난다.

끝으로, 우리의 분석이 비형식적이었다는 것에 주목해야 한다. 규칙에 대한 순수하게 형식적이고 알고리즘적인 적용에는 명제의 측면에서 스크립트와 관련된 텍스트적 정보의 정확한 공식화와 정확한 규칙의 상세화 및 거시 명제의 도출과 관련된 제약이 필요할 것이다. 그러나 이 연구에서 우리는 그러한 형식적 분석과 정의를 배제하고 체계적이지만 직관적인 관찰에 의존한다(상세한 이론과 적용은 van Dijk, 1980a 참고, 뉴스 기사에의 적용과 뉴스의 거시 이해에 수반되는 인지적 기제에 대한 설명은 van Dijk & Kintsch, 1983 참고).

## 주제 구조

뉴스 담화의 화제는 단순히 하나의 목록이 아니다. 그보다는 하나의 위계적 구조를 형성한다. 앞 절에서 두 개의 예를 분석했는데 이 구조는 명시적으로 다루지 않았다. 화제는 전체적인 화제 구조나 주제 구조에서 얼마나 정확하게 조직되는가? 이론적으로 우리는 단지 더 상위의 거시 명제가 일련의 하위 거시 명제나 미시 명제로부터 도출될 수 있다고 가정했을 뿐이다. 이는 거시 명제가 그것이 도출된 곳에서 명제들에 의해 전달된다는 것을 의미한다. 각 단계에서 거시 명제를 정하는 것은 암묵적으로 낮은 단계에서 표현된 명제를 정하는 것, 즉 텍스트에서 명제와 문장의 순서에 의해 규정된다. 그러나 이는 뉴스 담화 표현의 문제로 이어질 수 있는데 여기에서는 텍스트를 정하는 것이 화제의 어떤 논리적인 순서에 의해서라기보다는 (첫째, 중심 화제가 먼저 온다는) 화제의 중요도에 따라서 결정된다. 예를 들면, Shultz와 동티모르에 관한 뉴스 아이템에서 Shultz의 비판에 관한 정보는 의회 구성원의 편지에 관한 정보 이전에 주어진다. 하지만 우리는 이 편지가 Shultz의 비판보다 선행하는 사건이라고 가정할 수 있다. 다시 말하자면 뉴스 사건과 관련된 앞선 사정은 뉴스 담화에서 주요 뉴스 사건에 관한 의미론적 위치에 비하여 뒤쪽에 나타날 수 있다.

따라서 거시 구조는 의미론적 구조와 마찬가지로 원인이나 선행 사건, 결과 등을 포함하는 다수의 고정된 범주들에 의하여 조직될 수 있다. Shultz/동티모르 아이템의 단순한 주제 구조는 〈도표 2.3〉과 같이 표현될 수 있다.

이 단순한 도식에서 우리는 거시 명제가 내포적으로든 외연적으로 든 다른 의미론적 기능을 가질 수 있다는 것을 나타내었다. 즉, Shultz

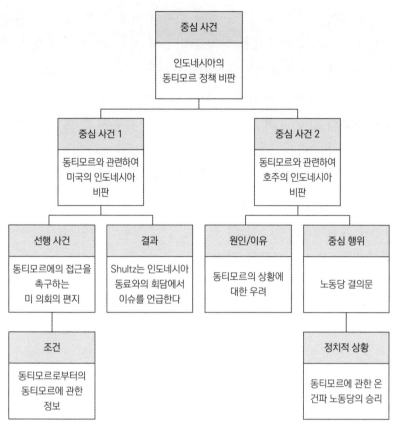

〈도표 2.3〉 Shultz/동티모르에 관한 뉴스 보도의 단순화된 주제 구조의 표현

의 항의는 미 의회 구성원의 편지를 조건으로 한다. 그 편지는 다시 동티모르의 희생자에 관한 새로운 정보를 조건으로 한다. 따라서 조건/원인이나 결과 관계는, 언급되는(그리고 그 자체가 명제적 연결은 아닌) 사실을 특징지으며, 주제 구조를 구성하는 중요한 특질로 보인다. 이와 유사하게, 각각의 주제와 주제 단계에서 우리는 맥락이나 상황, 수반된 참여자, 중심 사건이나 행위 등을 구체화할 수 있다. 3장에서는 이러한 종류의 주제 구성 역시 언어 사용자들이 상황에 대하여

가지고 있는 인지적 표상, 즉 상황 모형에 의하여 결정된다는 것을 설명할 것이다. 주제 구조는 독자들이 실제 뉴스 사건의 새로운 모형을 구안하거나 이전의 모형을 업데이트하는 데 사용할 수 있다. 이와 반대로 뉴스 상황(예를 들어 동티모르의 상황)에 관한 이전의 모형이 뉴스 담화의 실제 주제 구조를 구성하는 데 사용될 수 있다. 우리는 앞에서 거시 구조는 스크립트적 지식에 의존한다고 주장하며 텍스트 구조와 인지적 정보 간의 이러한 상호 작용을 확인했다. 이는 거시 구성(macroorganization)의 내적 구조에도 동일하게 작용한다. 그것은 사건과 행위의 일반적 구조와 특수한 실제 상황의 정치적 사건에 관한 우리의 신념에 의하여 결정된다.

## 주제 실현: 거시 구조에서 미시 구조로

화제는 그것이 직접적이든 간접적이든 텍스트의 각 문장, 즉 일화(episodes)에 표현된 명제를 통하여 실제로 실현되었을 때에만 텍스트의 화제가 될 수 있다(van Dijk, 1982a). 화제의 도출을 통하여 독자의 이해 과정을 모의적으로 실험할 수 있는 반면 그 반대 과정의 분석을 통하여 주어진 화제가 화자나 저자에 의하여 어떻게 표현되고 구체화되고 상세화되는지를 모의적으로 실험할 수 있다. 헤드라인과 머리글, 각각의 문장에 구체적인 정보가 주어진다면 독자는 화제를 추론해야 한다. 반면 저자는 적어도 중심 화제 또는 첫 번째 화제를 이미 알고 있으며 화제를 표현하고 나타내고 채워야 한다. 이 절에서는 텍스트 구성의 관점에서 그 절차의 구조적 특징을 분석할 것이다.
뉴스 담화에서 화제의 실현이나 상세화의 가장 두드러지고 전형적인 특징 중 하나는 그 편성이다. 즉 각각의 화제는 다른 담화 유형에서의 경우와 마찬가지로 전체로서가 아니라 부분적으로 전달된다. 이러한 구조적 특징은 뉴스에서 관련성 구성의 하향식 원리로 인한 것이다. 이 원리에서 뉴스 담화는 가장 중요하거나 가장 관련성이 있는 정보가 텍스트 전체에서 그리고 문장에서 가장 두드러지는 위치에 놓이도록 조직된다. 이는 각각의 화제에서 가장 중요한 정보가 제1순위로 나타난다는 것을 의미한다. 다른 화제의 중요한 정보가 표현될 때 선행 화제는 덜 상세한 수준으로 다시 소개된다. 그리고 하나의 주제 구조에서 화제는 좌에서 우로 이어지는 방식으로 실현되는 것이 아니라 하향식으로 실현된다. 이러한 일반적인 것에서 구체적인 것으로 이어지는 하향식 조직은 중요한 것에서 덜 중요한 것으로 이어지는 방식과도 일치한다(이는 항상 그런 것은 아니다. 때로는 의미론적 세부가, 그것이 포섭될 수 있는 더 높은 수준의 명제보다 더 중요할 수 있다).

## 상세화 규칙

뉴스 담화에서 화제의 실현은 형식적 용어로 거시 규칙의 반대, 즉 우리가 상세화 규칙이라고 칭할 수 있는 것을 적용함으로써 이루어진다. 높은 수준의 추상적 정보에는 전체적인 사건이나 행위에 대하여 행위의 참여자, 조건, 구성 요소, 결과 및 시간, 장소, 또는 사건의 방법과 다양한 종류의 환경 등이 상세하게 기술된다. 뉴스 담화에서 상세화는 순환적으로 발생한다. 상위 수준의 상세가 먼저 주어지고 하위 수준의 상세로 이어지는 것이다. 뉴스의 이러한 구조적 특징은 또한 독자들이 중요한 정보를 먼저 획득하도록 관련성 제약과 가능한 읽기 전략을 고려하는 생산 전략으로 인한 결과이다. 그 경우에 부분적인 읽기는 부분적인 이해로 귀결되는 것이 아니라 단지 몇 가지 하위 수준의 세부를 놓치는 결과로 이어진다. 끝으로 전통적인 뉴스 생산에는 길이의 제약이 있다. 하향식 구성에서 편집자는 중요한 정보의 손실 없이 뉴스 기사의 마지막 단락을 삭제할 수 있다.

뉴스 담화의 이러한 특징을 설명하기 위해 인터내셔널 헤럴드 트리뷴(International Herald Tribune)(1984년 7월 12일)의 레바논 사건에 관한 보도를 예로 들자. 레바논의 Bechir Gemayel 암살을 다룬 국제 기사에 관한 사례 연구(van Dijk, 1984b; 1987b)에서 우리는 레바논 이야기의 배경을 더 상세하게 분석한 바 있다. 이 기사의 중심 화제는 헤드라인에 나타난 것처럼 '레바논 위원회, 무슬림과 기독교인의 인질 석방 보장을 위해 임명되다'이다. 이 화제와 또 다른 화제에 대하여 상세화된 세부를 범주화하기 위하여 각 단락을 살펴보자. 이를 통해 언론에서 뉴스의 상세화 규칙과 전략에 대하여 더 많은 통찰을 얻게 되기를 바란다.

---

### 레바논 위원회, 무슬림과 기독교인의 인질 석방 보장을 위해 임명되다
뉴욕 타임스 제공

베이루트-레바논 내각은 수요일에 무슬림과 기독교의 극우 민간 무장 단체에 잡힌 인질의 석방을 보장하고 다른 실종자들의 운명을 조사하기 위하여 특별위원회를 임명했다.

Rashid Karami 총리는 내각 회의를 마치고 4시간 뒤에 모든 인질이 곧 석방되기를 희망한다고 말했다. 그러나 그는 석방을 위한 정해진 날짜는 언급하지 않았다.

희생자 납치 이슈는 레바논에 평화를 재수립하려는 내각의 노력에 중대한 난제가 되었다.

기독교과 무슬림 사이에서 분열된 베이루트 교차로를 막고 도시의 항구와 국제공항의 접근을 차단한 레바논 실종자 가족들은 그 상황에

---

대처하는 정부가 대책을 미루는 것과 그들의 저항을 일시적으로 중단하는 것에 동의했다.

과거 몇 년 간 실종으로 보고된 수천 명의 레바논인 중 국제 적십자위원회가 기록할 수 있었던 것은 200명에 불과하다. 최근 몇 주 동안 인질들을 방문한 적십자 팀은 인질들이 무슬림과 기독교의 극우 민간 무장 단체 양쪽 모두에 의해 구류되어 있다고 전했다.

수요일 오전, 무장 세력이 베이루트 서부의 리비아 대사관에 제공된, 공식적으로는 리비아 인민 사무소로 알려진 건물 하나를 공격하고 일부를 폭파했다. 시아파의 무슬림 당파는 스스로를 Imam Sader 여단이라고 칭하며 행동에 대한 책임을 요구했다.

그 습격은 날이 밝기 직전에 이루어졌는데 마스크를 한 일단의 무장 세력이 대사관 건물에 도착했다. 그들은 레바논과 리비아의 경호원들을 무력으로 압도했다.

4층 구조물에 아무도 없다는 것을 확인한 후 그들은 레바논 조사관들이 약 55파운드(약 25킬로그램)의 TNT라고 추정한 폭발물을 설치하고 리모컨으로 그것을 폭발시켜 막대한 손상을 초래하였으나 사상자는 없었다.

익명의 발신자가

(2면 4단에 계속)

## 베이루트, 인질 석방을 위한 단체를 임명하다

(1면에서 계속)

베이루트의 프랑스 뉴스 통신사 Agence France-Presse에 전화하여 Imam Sader 여단을 대신하여 습격에 대한 책임을 물었다.

시아파 급진주의자들로 구성되었다고 믿어지는 그 단체는 리비아 외교관에 6년 전의 레바논 시아파 공동체의 정신적 지주 Imam Sader가 실종된 사건에 대하여 항의하는 캠페인을 해 왔었다. 그는 리비아의 수도 트리폴리를 방문한 직후 실종됐었다.

그 단체는 최근 베이루트 서부에서 리비아 외교관들이 납치되었다가 석방된 두 가지 사건에 대한 공적을 요구했다.

대사관 습격은 수요일에 베이루트에서 정부 관료들과 회담을 가질 예정이었던 Ali Treiki 리비아 외무 장관의 레바논 방문 시기에 맞춘 것으로 보인다.

시아파의 종교 지도자는 그 방문을 취소할 것을 요청하는 데 목소리를 보탰다. 그들은 레바논 정부는 리비아가 Imam Sader의 운명을 공개할 경우에만 리비아 특사를 맞아야 한다고 말했다.

Amin Gemayel 대통령과 내각은 수도가 내려다보이는 기독교 교외 지역인 바브다의 대통령 궁에서 만났다. 10주 전 내각이 구성된 이래 바브다에서 첫 번째 회담이었다. 이전에는 베이루트 북쪽 약 12마일(약 20킬로미터) 거리에 있는 비크파야(Bikfaya) 산악 휴양지의 대통령 거처에서 모였었다. 무슬림 장관들은 안전 문제로 바브다에 가기를 거부했다.

그들은 레바논 군대가 무슬림과 기독교 지역 사이에 교차로가 개통된 베이루트 및 그 주변에 안보 계획을 적용한 이후 지난 며칠 동안 예약을 취소했다. Karami 총리와 Nabih Berri 국무 장관은 모두 무슬림으로 베이루트 서부의 무슬림에서 바브다로 헬리콥터를 타고 갔다. 드루즈파의 지도자인 Walid Jumblat 공공 사업 및 관광부 장관은 차로 도착했다.

인질에 관련된 새로운 위원회에는 각료 두 명과 Joseph Skaf 내무 장관과 Selim Al Hoss 교육 장관이 포함되어 있다. 그들은 군대와 경찰의 도움을 받기로 했다.

적십자 당국은 납치된 레바논인들이 어디에 잡혀 있는지 밝히기를 거부했다. 정부 관료와 정치 지도자들은 실종된 사람들의 대부분이 납치범들에 의해 살해되었다고 믿는다.

친척들은 불려가 위원회에 납치 희생자들에 관한 모든 가능한 정보를 제공했다.

Karami 총리는 내각에서 베이루트와 시돈을 잇는 남부 해안 고속도로의 재개통을 논의하기 위해 두 번째 위원회를 구성했다고 말했다. 위원회 구성원의 신원은 제공되지 않았다.

그 고속도로는 드루즈파 극우 민간 무장 단체가 베이루트와 다모어 사이의 해안 평원을 점유한 2월 이후로 폐쇄됐다. 아왈리 강까지의 다모어 남부 구역은 레바논의 기독교 극우 민간 무장 단체가 점령했다. 이스라엘 군대의 전초 기지가 시돈 바로 북쪽, 아왈리 근처에 위치해 있다.

인터내셔널 헤럴드 트리뷴, 1984년 7월 12일

1. 이것은 중심 화제의 전체 거시 구조를 제공하는 머리말 단락이다. 여기에서는 행동주(레바논 내각)와 시간, 정치 단체(라이벌)의 역할, 위원회의 추가적인 목표 설정(다른 실종자들의 운명 조사)을 상세화한다.

2. 이 단락에서는 내각 회의의 주요 행동주(총리)와 회의의 길이(시간)를 기술하여 내용을 상세화한 것이다.

3. 이 단락에서는 구체적인 내용을 제공하지는 않는다. 그보다는 일반화를 한다. 실제 결정은 더 큰 이슈의 일부이다. 그러한 일반화는 이야기의 맥락이나 배경을 상세화하는 데 중요하다.

4. 이 단락에서는 특별위원회를 임명한 결정의 직접적인 결과를 상세화한다. 즉, 봉쇄가 중단되었다. 또한 선행 사건의 세부 사항, 즉 봉쇄 참여자와 이유 및 목적을 상기시킨다.

5. 주요 참여자(인질)에 대한 구체적인 정보인 숫자, 시간, 정보의 출처 및 참여자(무슬림, 기독교인, 적십자)의 세부적 행위가 제공된다.

6. 이 단락에서는 헤드라인에 나타나지 않은, 다른 신문에서는 별도의 기사인, 새로운 이야기, 즉 시아파의 베이루트에 있는 리비아 대사관 습격에 대하여 시작한다. 이 이야기는 여기에서 문단의 끝에 무슬림 당파라는 신원을 밝히며 시간을 중요하게 다루며 요약된다.

7. 두 번째 화제(화제 B)가 더 상세화된다. 즉, 시간, 행위(준비 등)와 다른 참여자(경호원)의 세부 사항을 다룬다.

8. 이 단락에서는 폭파 행위와 예비 움직임을 상세화하고 폭탄의 무게(숫자)와 그 행위의 직접적인 결과를 상세화한다.

9. 문단이 1면에서 2면으로 넘어간다. 전형적인 결과의 구체적인 내용이 담겨 있다. 행위자들은 책임을 묻기 위하여 뉴스 통신사에 전화한다.

10. 이 단락에서는 단체의 신원과 그들의 행동의 역사적 배경을 상세화한다.

11. 이 단락에서는 동일한 단체가 연관된 이전의 사건들을 상세화한다.

12. 이 단락에서는 실제 정치적 맥락인 실제 시간과 폭파의 이유(리비아 외무 장관의 베이루트 방문)로 돌아간다.

13. 이 단락에서는 맥락의 세부인 시아파의 방문에 대한 저항, 즉 추가적인 참여자와 폭격의 가능한 이유와 동기를 제공한다.

14. 갑자기 기사는 화제 A, 즉 내각 회담으로 돌아가며 장소에 대한 몇 가지 정보를 제공한다. 첫 번째 회의는 이전 회의가 있었던 비크파야 대신 바브다에서 열린다(지역에 대한 추가적인 특징이 제공된다). 무슬림 내각 구성원들이 (기독교 지역인) 바브다에 가지 않으려는 일반적인 동기를 설명한다.

15. 여기에서 바브다에서 만나기 위한 예약을 취소하는 이유가 지명된 참여자들이 회담에 참석하기 위한 여행 방법에 대한 세부 사항과 함께 설명된다.

16. 이 단락에서는 위원회의 참여자들을 그들의 주요 역할과 함께 이름을 밝힌다.

17. 이 단락에서는 인질의 운명에 대한 당국의 진술 내용을 통해 참여자(인질)의 위치와 취재원(적십자)을 상세화한다.

18. 이 단락에서는 추가적인 참여자(친척들)의 위원회를 위한 예비 행위(정보를 제공한다)를 제공한다.

19. 새로운 화제(C), 즉 (고속도로 재개를 준비하는) 다른 위원회의 구성에 대하여 이야기한다.

20. 이 단락에서는 화제 C의 주요 대상, 즉 시간과 원인, 폐쇄 참여자(행동주), 그리고 고속도로 통제에 관련된 단체를 상세화한다.


우리는 이 뉴스 보도에서 논의된 다양한 화제들의 상세화를 상세하게 기술하였다. 우리는 먼저 뉴스 아이템이 헤드라인이나 머리글에 나타나지 않은 상위 화제를 특종으로 다룰 수 있다는 것을 보았다.

특히 화제 B는 다른 신문에서 본 것처럼 대개 별도의 뉴스 아이템을 필요로 하였다. 여기에서는 레바논 내각에 의한 위원회 구성이라는 중심 화제에 통합되어 있다. 두 번째로 우리는 중심 화제 A가 기사 전반에 걸쳐 전달되는 것을 본다. 머리글은 일반적인 거시 구조를 제공하고 이어지는 단락들은 다음과 같은 내용을 상세화한 것이다.

1. (회담의) 주요 참여자(총리)
2. 성명의 내용(주요 참여자의 행위)
3. 일반적 배경을 기술하는 일반화
4. 내각 결정의 조건에 대한 위원회 구성의 직접적인 결과(다른 참여자, 즉 인질의 친척들에 의한 행위)
5. 참여자(인질)의 수와 이 정보의 취재원
6. 내각 회담 장소에 대한 세부 정보
7. 회담 장소에 오지 않을 참여자들의 동기
8. 회담 장소에 오는 참여자들의 행위(여행) 방법
9. 참여자(위원회 구성원)의 신원
10. 주요 참여자(인질)의 속성에 관한 정보

화제 B의 상세화는 다음과 같다.

11. 주요 행위와 참여자(화제)
12. 시간, 다른 참여자(반대자), 예비 행위
13. 예비 행위, 숫자(폭탄의 무게), 직접적인 결과와 결말
14. 특정 단체의 존재와 그 행위에 대한 동기 또는 이유
15. 행동주와 같은 참여자의 유사한 유형의 선행 사건 상세화

## 16. 공격의 맥락: 다른 참여자의 방문

이러한 상세화는 최상위 화제를 완전히 나타내는(주요 행위, 주요 참여자 등) 일반적인 요약에는 참여자의 신원과 그들의 추가적인 속성, 행동의 이유나 동기, 그 행동의 직·간접적인 결과, 선행 뉴스 사건과의 관련(종종 조건이나 비교의 관점에서), 시간과 장소의 세부 사항, 정치적으로 관련된다면 준비 행위, 사건이나 행위의 맥락, 목적, 숫자 정보(참여자의 수, 폭탄의 무게 등), 참여자의 성명 내용 등에 대한 추가적인 세부 사항이 뒤따른다는 것을 보여 준다. 이러한 상세화는 특정한 순서를 따를 수 있다. 따라서 주요 참여자(총리) 성명의 내용 상세화는 (국제적으로 덜 알려지고 덜 중요한) 위원회 구성원의 신원 상세화보다 훨씬 앞에 온다. 또한 특별위원회를 구성하기로 한 결정의 정치적 원인과 결과가 보다 두드러지게 언급된다. 인질의 친척으로서 납치와 구금에 대한 사람들의 항의는 레바논의 평화에 대한 노력을 시도할 수 있는, 가능한 조건으로 표현된다. 내각 회담과 위원회에 대한 그 이상의 세부 정보가 상세화되기 전에 우리는 먼저 두 번째 주요 화제, 즉 리비아 대사관 폭격에 대한 정보를 얻어야 한다.

이 분석에서 우리는 뉴스 담화는 기본적으로 (1) 하향식, (2) 관련성 통제, (3) (연속물에서) 순환적 주제 실현 구조로 나타날 수 있다고 결론 지었다. 즉, 정치적으로 관련된 주요 행위와 참여자가 먼저 오고 주요 참여자의 세부 정보와 부차적인 참여자의 신원, 행위의 성분/조건/결과/방식, 시간, 장소 세부 등이 각 회차에서 이어지는 것이다. 주제 실현을 위한 한 범주로서 정치적 관련성은 그 조건이나 결과 그리고 참여자가 먼저 일반적인 상황(레바논에서의 평화적 노력, 실제 정부의 성격, 힘의 미세한 균형 등)과 최근의 특별한 사건(실종된 사람들의 친척에 의한 녹색선의 이동 통로 폐쇄)에 대한 신문의 모형 그리고 독자의 모형과 양립 가능하다는 것을 의미한다. 사실, 이 예시에서 초기의 단락은 심지어 이 이슈가 정치적으로 왜 그렇게 중요한지를 명시적으로 정확하게 말한다. 뉴스 담화의 주제 표현 및 상세화에 있어서 그 순서와 성격에 관한 정밀한 제약을 수립하는 데 추가적인 이론적이고 경험적인 작업이 필요하다. 우리는 그 기본적인 원리의 일부를 밝힌 것처럼 보인다.

## 3. 뉴스의 도식

### 텍스트의 상부 구조

담화의 전체적인 의미(거시 구조)는 그것을 조직하는 원리들 이상이다. 그것은 또한 화제나 주제가 실제 텍스트에서 삽입되고 배치될 수 있도록 하는 가능한 형태를 규정하는 어떤 종류의 전체적인 통사론을 필요로 한다. 즉, 우리는 전체적인 수준에서 의미론적 표상이 문장의 통사론적 구조에 사상되는, 전통적인 문장 문법에서 관례가 되어 온 것이 필요하다. 담화의 이러한 전체적인 형태는 규칙 기반 도식의 관점에서 규정될 수 있다. 그러한 도식은 담화 유형에 따라 특정적이고 다양한 사회와 문화에서 관습화되어 다르게 나타나는, 일련의 계층적으로 배열된 범주들로 구성된다.

담화 도식의 잘 알려진 예를 몇 가지 살펴보자. 예를 들어 이야기는 줄거리(summary), 배경(setting), 갈등(complication), 문제 해결(resolution), 결말(coda)과 같은 관습적인 범주로 이루어지는 서사적 도식을 갖는다

(Labov & Waletzky, 1967; Labov, 1972c). 이것은 이야기는 전체적으로 이야기의 줄거리로 기능하는 일련의 문장으로 시작하고 이야기 사건의 배경으로 기능하는 일련의 문장으로 이어진다는 것을 의미한다. 그러한 배경 범주는 사건이나 행위가 발생한 최초의 상황에 대한 정보(정황, 시간, 장소)나 주요 참여자와 그들의 성격 등에 대한 정보를 포함하고 있다. 다시 말하자면 텍스트에는 구체적인 기능을 가지고 있는 부분들과 구체적인 의미 정보를 요구하는 부분들이 있다. 예를 들어, 줄거리에는 이야기의 거시 구조가 포함되어야 한다.

일상 대화 역시 도식을 가지고 있다. 이들 역시 관습적으로 범주화될 수 있는 단위 전체에서 기능적으로 분석될 수 있다. 예를 들어, 많은 대화는 어떤 종류의 인사말 교환으로 시작해서 일련의 끝맺는 표현과 작별의 말로 마치곤 한다(Schegloff & Sacks, 1973). 학술 논문이나 강의와 같은 과학적 담화 역시 이를테면 수많은 전제에서 하나의 결론으로 이어지는, 종종 논쟁적인 도식을 특징으로 하는 관례적인 형태를 갖는다. 심리학 논문은 심지어 도입이나 이론 부분, 설계, 자료, 대상, 최종 논의 부분으로 하위 범주화되는 실험 부분을 요구하는 고정된 표준 형태가 있다. 이런 방식으로 우리 문화에서 많은 담화 유형은 어느 정도 고정된 도식 구조를 지닌다. 언어 사용자는 사회화 과정에서 그러한 도식을 학습한다. 그러나 전문적 담화에서 쓰이는 것들과 같은 어떤 도식은 특별한 훈련이 요구되기도 한다.

담화 도식 이론은 여전히 유아기에 머물러 있다. 대부분의 연구는 이야기나 논쟁과 같은 특정 담화 유형의 구조를 다룬다. 일반적 메타 이론은 여전히 부족하다. 그러한 이론에서 범주, 규칙, 제약의 정밀한 성격이 도식 구조 일반에 대하여 명확히 설명되어야 한다. 도식이 텍스트의 전체적 의미(주제 구조)와 국지적 구조와 같은, 담화의 다른 구조적 측면과 어떻게 연결되는지에 대하여도 설명되어야 한다.

## 이야기 문법

최근 이야기 구조의 성격에 대하여 심리학과 인공 지능 사이에 격렬한 논쟁이 있었다(예를 들어 Rumelhart, 1975; Mandler & Johnson, 1977; Mandler, 1978; Black & Wilensky, 1979; van Dijk, 1980b와 Wilensky, 1983에 따른 논의 참고). 한편으로, 이야기 도식은 다수의 전형적인 서사적 범주(narrative category)를 특징으로 하는 규칙 체계나 문법에 의하여 구체화될 수 있다고 생각하는, 이른바 이야기 문법가들이 있다. 다른 한편, 주로 인공 지능 연구에서는 이야기에 대하여 서사 구조는 목표, 계획, 결과와 같은 용어를 특징으로 하는, 행위에 대한 일반적인 이론의 관점에서 단순하게 설명될 수 있다고 한다. 우리는 이야기의 추상적인 도식 구조는 이론상으로 규칙 체계나 특정 유형의 문법에 의해 기술되거나 생성될 수 있다고 말하는 중간적 지점을 공식화하였다. 그러나 그러한 문법은 (우리가 이야기 문법과 인공 지능 모형에서 모두 알 수 있듯이) 관습적인 서사적 범주와 규칙으로 구성되어야 하며 일반적인 행위 이론적 개념으로 특징지어지지 않아야 한다(van Dijk, 1980c; van Dijk & Kintsch, 1983). 일반적인 행위 이론적 개념은 이야기의 기술에 특유한 것은 아니며 일반적으로 행위 담화의 의미론에 속한다. 서사적 범주는 반드시 더 형식적이고 추상적인 성격을 띠며 관습적이어야 한다. 행위의 구조와 행위 담화의 구조는 구별되어야 한다. 결국 우리가 행위를 기술하는 방법이 구조적으로 연속된 행위의 구조와 동일해야 할 필요는 없는 것이다. 예를 들어, 행위가 시간적 순서에 따라 기술될 필요는 없다. 이야기에서는 줄거리가 선행되기도 하지만 당연히 하나의 행위의 연속에서는 초반의 줄거리가 있을 수 없다. 또한 각각의 이야기는 행위 담화의 한 유형이지만 각각의 행위 담화가 이야기가 되는 것은 아니다. 행위는 또한 보고서나 설명서, 사회학적 담화에서 기술되기도 한다. 따라서 이야기는 흥미로운 편집과 같은 특정한 제약을 갖는다.

우리의 견해는 (1) 관습적인 서사적 범주, (2) 범주의 위계와 순서를 도식의 형태로 특징짓는 서사 규칙, 그리고 아마 (3) 기본적인 정통적 서사 구조를 다양한 형태의 실제 서사적 도식으로 바꿀 수 있는 변형 규칙 등의 관점에서 추상적으로 특징지어질 수 있다. 이러한 변형은, 예를 들어, 범주의 삭제나 정통적인 순서를 바꾸는 치환을 포함하기도 한다.

## 상부 구조

이론적으로 우리는 담화 도식을 이른바 상부 구조의 관점에서 설명한다(van Dijk, 1980a). 담화 도식은 이야기에서와 비슷한 방식으로 특정한 상부 구조 범주와 규칙들로 규정되는 담화의 전체적 구조이다. 다른 담화 구조와 필요한 연결은 의미론적 거시 구조(화제)를 통해 확립된다. 즉, 텍스트에 전체적인 형태나 도식을 할당하기 위하여 우리는 텍스트를 이러한 형태나 도식을 채울 수 있는 전체적 의미에 연관시켜야 한다. 따라서 각 상부 구조 범주는 의미론적 거시 구조의 거시 명제(화제)와 연결된다. 이 범주는 특정 담화 기능을 거시 명제에 할당하고 결과적으로 그 거시 명제에 의하여 요약된 일련의 문장이나 일련의 명제에 할당한다. 예를 들어, 배경과 같은 서사적 범주는 이야기의 배경에 대하여 기술하는 하나 혹은 그 이상의 거시 명제로 채울 수 있다. 상부 구조와 거시 구조 사이의 연결은 특정한 상호 제약을 형성하도록 한다. 배경에는 처음 상황과 참여자를 기술하는 정보만이 삽입될 수 있다. 서사적 도식에서 갈등과 문제 해결 역시 특정한 정보를 요구한다. 전체적인 형태를 텍스트의 전체적인 내용에 연결하면 거시 규칙이나 상세화 규칙 등을 통해 실제 텍스트의 미시 구조에도 연결된다. 각각의 거시 명제는 일련의 명제에 연결되고 명제는 일련의 절과 문장에 연결된다. 이는 또한 도식은 텍스트의 화제가 어떻게 배열될 수 있고 배열되어야 하는지, 그리고 그에 따라 텍스트에 장면과 문장이 어떻게 나타나야 하는지를 결정한다는 것을 의미한다. 끝으로 국지적 응집성 규칙은 문장들 사이의 세밀한 의미 관계를 다룰 것이다(뉴스 담화의 미시 구조 참고). 〈도표 2.4〉는 이러한 이론적 접근을 나타낸다.

이 단순화한 도식에서 S1, S2, …는 상부 구조 범주를 나타내고 M1 M2, …는 거시 구조 범주를 나타내고 p1, p2, …는 최종적으로 순서에

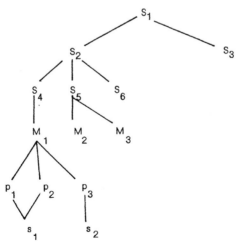

〈도표 2.4〉 도식적 상부 구조와 텍스트 구조 간의 연결

따라 배열된 문장에 연결되는 명제를 나타낸다. 단순하게 말해서 우리는 각 상부 구조 범주는 오직 하나의 거시 명제로 충족된다고 가정했다. 물론 각 범주는 복잡한 조합의 거시 명제들로, 즉 주제 구조의 조각에 의하여 채워진다. 예를 들어 소설에서 긴 이야기의 배경은 몇 단계의 몇 가지 거시 구조에 의하여 요약될 수 있다. 이러한 이론적 접근은 종종 미시 구조와 거시 구조가 일치하는 매우 짧은 이야기의 분석에 근거하여 이야기 구조를 다루었던 대부분의 다른 접근과 같이 우리가 상부 구조 범주를 텍스트의 문장과 직접 연결할 때 발생하는 문제를 회피한다. 우리는 상부 구조와 거시 구조에 대한 우리 이론의 형식적 전문성 문제를 마주하지 못하는 것이다. 그러나 텍스트에서 도식의 역할에 대한 전반적인 설명은 이제 명확해져야 한다(상세한 설명은 van Dijk, 1980a 참고).

끝으로, 상부 구조에 대한 이 이론이 여전히 추상적이라는 것도 추가되어야 한다. 즉, 이는 언어 사용자들이 어떻게 그러한 도식을 생산하고 이해하는지에 대한 이론이 아니다. 상부 구조에 대한 인지 이론은 우리가 거시 구조에서 보았듯이 보다 과정 지향적인 성격을 가지고 있는 것으로 보인다. 또한 고정된 규칙과 범주 대신 유연한 전략을 특징으로 한다(van Dijk & Kintsch, 1983). 그러한 전략은 독자가 관련된 특정 텍스트의 범주를 감지하고 이해하는 데 사용된다. 예를 들어 특정 신호를 통해 한 텍스트가 이야기에서 배경이나 갈등으로 해석될 수 있는 경우를 나타낼 수 있는 것이다. 이는 심지어 그러한 텍스트의 일부만으로도 가능하다. 언어 사용자들은 텍스트의 도식에 대한 관례적인 지식을 가지고 있기 때문에 주어진 텍스트의 실제 도식을 전략적으로 구성함에 있어 그 지식을 하향식으로 사용할 수 있다. 이는 상부 구조와 의미론적 거시 구조 사이의 연결에도 동일하게 적용된다. 이러한 인지적 과정은 3장과 4장에서 논의될 것이다.

## 뉴스 도식 범주

모든 담화 유형에 반드시 고정된 관습적 도식이 있는 것은 아니다. 고전 시가는 운율의 차원에서 보다 엄격하게 범주화되어 있다. 그러나 현대시는 그러한 도식을 필요로 하지 않는다. 이와 유사하게 언론의 광고에는 의미론적, 화용론적 성격의 제약이 있으나 고정된 관습적 형태가 있는 것 같지는 않다. 따라서 만약 지금 뉴스 담화를 생각한다면 우리는 언론의 뉴스에 고정된 관습적 도식이 나타나는지 아닌지 선험적으로 확신할 수 없다. 그러므로 우리가 일단의 뉴스 담화 범주를 설정하고 그 배열에 대한 규칙이나 전략을 마련할 수 있는지 시험해 보도록 하자(van Dijk, 1986 참고).

### 요약: 헤드라인과 머리글

직관적으로 상당수의 뉴스 담화 범주는 스스로 부여되는 것처럼 보인다. 언론에서 각각의 뉴스 아이템은 예를 들어 헤드라인을 갖고 많은 경우 특별하게 인쇄된 유형으로 표시가 되든 아니든 머리글을 갖는다. 우리는 또한 그것들에 대하여 기본적인 규칙이 있다. 헤드라인은 머리글에 선행한다. 그리고 헤드라인과 머리글은 함께 뉴스 아이템의 나머지 부분에 선행한다. 그 구조적 기능 역시 명확하여 헤드라인과 머리글은 함께 텍스트의 주요 화제를 나타낸다. 즉, 그 둘은 첫머리에서 줄거리로서 기능한다. 따라서 자연스러운 이야기에서처럼 우리도 헤드라인과 머리글을 통제하여 줄거리 범주를 시작할 수 있다. 의미론적 제약은 분명하다. 헤드라인+머리글은 뉴스 텍스트를 요약하고 의미론적 거시 구조를 나타낸다. 우리가 여기에서 논의하는 뉴스 범주가 형식적이고 도식적인 범주라는 것에 주목해야 한다. 따라서, 뉴스 도식에서 헤드라인 범주는 그것이 크고 굵은 활자로 인쇄되는 것처럼 단순히 (우리가 첫 글자를 소문자로 쓰는) 물리적인 헤드라인과 동일하게 취급해서는 안 된다. 헤드라인은 다양한 전체적인 내용(화제)이 삽입될 수 있는 뉴스 텍스트의 특별한 순서를 규정할 뿐이다. 하나의 문장에서 이러한 내용을 구성하는 것과 특정(굵고 큰) 활자로 실현되는 구체적인 단어들로 이러한 문장을 표현하는 것은 실제 헤드라인에서 헤드라인 범주의 표현으로 이어진다. 예를 들어 실제 그러한 헤드라인은 중심 헤드라인과 슈퍼헤드라인(표제 위의 짧은 한 줄(kicker)[10] 또는 펀치라인(snapper) 등, Garst & Bernstein, 1982 참고), 부제와 같은 여러 부분(부제 혹은 작은 표제)으로 구성될 수 있다. 이와 유사하게 우리가 앞에서 제안했듯이 머리글은 따로 굵게 인쇄된 머리글로 나타내거나 텍스트의 첫 번째 주제 문장과 같은 공간에 배치될 수 있다. 역으로, 뉴스 범주의 표현에 있어서 전형적인 표지들 역시 독자들이 특정 범주가 사용되고 있다고 유추하는 데 사용할 수 있는 특정한 신호를 보낼 수 있다. 예를 들어 첫 번째 위치와 가장 윗부분의, 여러 행을 가로지를 수 있는, 크고 굵은 활자 등이 헤드라인의 도식 범주를 나타내는 헤드라인의 특징이다. 일본이나 아랍과 같은 다른 언어와 문화에서 이러한 표시는 어느 정도 다를 수 있다. 그러나 헤드라인의 범주는 동일하다.

---

10) (옮긴이) kicker는 신문 같은 유형의 세트에서 대개는 다른 글씨체로 헤드라인의 위에 나타나며 사건에 대한 흥미를 유발하거나 입장을 밝히거나 방향성을 제공하는 것이다 (Merriam-Webster).

## 일화: 맥락에서 중심 사건과 그 배경

몇몇 뉴스 아이템의 주제 구조를 분석하면서 우리는 추가적인 뉴스 도식 범주를 제안해야 한다는 것을 알게 되었다. 이들 중 일부는 또한 기자와 독자에 의해 명시적으로 알려진다. 예를 들어 뉴스 텍스트는 배경(Background)이나 뉴스 사건에 대한 평가(Evaluation)를 특징으로 할 수 있고 그것들이 뉴스에만 배타적으로 적절한 것은 아니지만 우리는 사실상 뉴스 도식의 구성 요소로서 그러한 범주를 수용할 수 있다. 대개 배경은 뉴스 담화에서 나중에, 즉 실제 뉴스 사건이나 중심 뉴스 사건이 다루어진 후에 따라온다. 이에 따라 우리는 중심 사건 범주가 필요하다. 이와 유사하게 중심 사건(Main Events) 범주에서 주어지는 정보는 우리가 앞에서 맥락(Context)이라고 칭한 것에 내재되어 있을 수 있다. 동티모르의 상황에 대한 Shultz의 항의가 아세안 회담의 맥락에서 나타난 경우가 그러하다. 따라서 이 회담에 관한 텍스트에 담긴 정보는 중심 사건에 대하여 동티모르 이슈에 대한 정보로 구성된 맥락으로 기능한다. 맥락은 종종 "…하는 동안에(while)" 이나 "동안(during)" 혹은 동시성을 나타내는 유사한 표현과 같은 표현에 의하여 표시된다. 의미론적으로 맥락 정보는 다른 구체적인 뉴스 사건으로 구성되는 실제 상황을 의미하며 중동의 상황과 같은 일반적인 구조적 상황은 의미하지 않는다. 맥락은 종종 다른 뉴스 아이템이나 이전 뉴스 아이템의 중심 사건이다. 이러한 측면에서 맥락은 배경과 다르며 보다 복잡하거나 구조적이거나 역사적인 성격을 갖는다. 사실 배경의 일부는 실제 사건의 역사와 그 맥락을 포함할 수 있다. 예를 들어 Shultz의 동티모르 항의에 대한 기사에서 우리는 동티모르 이슈에 대한 호주와 미국의 정책에 관한 간략한 역사적 부분을 볼 수 있다. 물론 실제 경우에서 배경과 맥락을 구별하는 것이 때로는 어려울 수 있다. 독자들에게 앞서 발생한 것을(그리고 아마도 동일한 신문에서 앞서 보고된 것을) 상기시키기 위하여 종종 사용되는 선행 사건(Previous Event) 범주에서의 경우가 그러할 것이다. 선행 사건 범주는 실제 환경(circumstances[11])의 일부로 여겨지는데 우리는 실제 환경에 맥락을 포함시키며 실제 환경 역시 역사적 측면을 가지고 있다. 역사(History) 범주에서 우리는 뉴스 텍스트에서 실제 상황과 그 사건의 과거 역사를 다루는 부분만을 이해할 수 있다. 실제에 있어서 이는 역사 부분이 최근에 나타난 뉴스 아이템에서 중심 사건이 될 수 없다는 것을 의미한다. 의미론적으로 역사는 며칠이나 몇 주가 아닌 몇 해를 포괄하는 사건을 나타내기 때문에 선행 사건과 맥락, 역사 사이의 차이는 다른 동사 혹은 다른 시제, 시간 부사에서 확인할 수 있다.

### 결과

결과(Consequences)는 뉴스 담화에서 일상적으로 나타나는 또 다른 범주이다. 사회적·정치적 사건이 갖는 뉴스로서의 가치는 부분적으로 그 결과의 중대성에 의하여 결정된다. 실제 혹은 가능한 결과를 논의함으로써 뉴스 담화는 뉴스 사건에 인과적 일관성을 제공할 수 있다. 때때로 결과는 중심 뉴스 사건 자체보다 훨씬 더 중요하다. 그 경우에 결과 범주에서 화제는 중심 사건의 화제와 동일한 계층적 위치를 점할 수 있거나 심지어 최상위 수준의 화제가 되거나 헤드라인

---

11) (옮긴이) circumstance는 어떤 상황이나 행위, 사건에 영향을 미치는 환경을 말할 때 사용한다. 즉, 일, 사건 등을 둘러싼, 개인이 어쩔 수 없는 특정 주변 상황에 대하여 일어나는 환경에 영향을 미치는 시간, 장소 등의 환경을 말한다.

에 나타날 수도 있다.

## 구두 반응

구두 반응(Verbal Reaction)은 결과의 특별한 경우로 보일 수 있는, 뉴스 도식의 특유한 한 범주이다. 대부분의 중요한 뉴스 사건은 중요한 참여자나 영향력 있는 정치 지도자들에게 질문하는 표준적인 절차를 따른다. 구두 반응 부분에 대한 근거는 명확하다. 이는 기자 자신의 의견은 아니지만 실제로 발화된 것으로 기자들은 이를 통해 객관적인 견해를 형성할 수 있다. 물론 어떤 화자와 어떤 발언을 선택할 것인가 하는 것이 객관적일 필요는 없다. 구두 반응 범주는 뉴스 참여자의 이름과 역할 그리고 발화의 직접 혹은 간접 인용에 의하여 표시된다. 이 범주는 대개 중심 사건과 맥락, 배경 범주의 뒤에, 그리고 뉴스 담화가 끝나갈 때 나타난다. 하지만 중요한 구두 반응은 관련성 중심의 배열이라는 추가적인 제약에 따라 아이템 내에서 더 앞에서 언급되기도 한다.

## 논평

끝으로 뉴스 담화에는 기자나 뉴스 자체의 논평(Comments)과 견해, 평가를 특징으로 하는 범주가 있다. 많은 뉴스 생산자들에게 사실과 견해가 섞이지 않아야 한다는 이상적인 관점이 공유되지만 마지막 범주인 논평은 뉴스에서 때로는 간접적인 형태이긴 해도 빈번하게 나타난다. 논평 범주에는 평가(Evaluation)와 예상(Expectation)이라는 두 개의 중요한 하위 범주가 있다. 평가는 실제 뉴스 사건에 대한 평가적인 견해를 특징으로 한다. 예상에서는 실제 사건과 상황에 대한 가능한 정치적 결과 혹은 다른 결과가 형성된다. 예를 들어 논평에서는 미래 사건이 예측된다.

이러한 주요 뉴스 도식 범주들은 종합해서 가능한 뉴스 담화 형태를 규정한다. 범주들의 선형 및 층위의 순서는 규칙이나 전략에 의하여 결정되고 자유로운 형태 도식으로 표현될 수 있다(〈도표 2.5〉).

〈도표 2.5〉에 제안된 도식은 많은 뉴스 텍스트에 이들 범주 중 일부만 있다는 것이 명백함에도 모든 범주가 언급된다는 점에서 이론적이라는 것에 주목해야 한다. 엄격하게 말해서 최소한으로 잘 구성된 뉴스 담화에는 헤드라인과 중심 사건만이 필수적이다. 배경과 구두 반응, 논평과 같은 범주는 선택적이다. 어떤 범주는 반복적일 수 있는

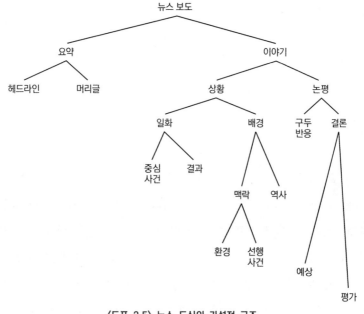

〈도표 2.5〉 뉴스 도식의 가설적 구조

데 즉, 수차례 반복될 수 있다. 예를 들어 몇 가지 중심 사건은 더 상위인 일화의 하위에 포괄될 수 있다. 또한 동일한 일련의 텍스트가 몇 가지 기능을 동시에 가질 수도 있다는 것에도 주목해야 한다.

## 뉴스 범주의 순서

또한 분명히 뉴스 도식은 텍스트에서 화제의 전체적인 순서를 결정하고 그렇게 함으로써 앞에서 논의한 바와 같이 화제와 주제 구조의 실현을 구조화한다. 관련성과 같은 특정 제약하에서 (예를 들어, 변동하는 결과나 구두 반응, [대개 뉴스 아이템의 말미에 오는] 선행 국면에 대한 논평이라면) 변형은 가능하다. 화제는 연속물의 각 회차에서 순환적으로 실현될 수 있기 때문에 역시 상부 구조 범주에 해당하는 경우가 된다. 즉, 중심 사건 범주는 텍스트 전반에 걸쳐 여러 위치에서 표현될 수 있는 것이다. 우리는 이미 국제 뉴스 범주의 불연속적 실현에 유용한 생산 전략을 소개한 바 있다. 기본적인 전략은 하향식이다. 즉, 왼쪽에서 오른쪽으로 작업하며 각 범주/화제의 상위 정보를 실현한다. 그리고 각 범주 화제의 하위 정보를 표현한다. 그러나 일반적인 관련성 원리는 매우 강력하여 이 전략을 뒤엎을 수도 있다. 이는 의미론적으로 사소한 세부 사항들도 어떤 경우에는 중요한 위치, 즉 헤드라인이나 머리글에 표현될 수 있다는 것을 의미한다. 뉴스 생산 전략에서 이러한 두드러진 세부적 이동은 부정성(negativity), 비상(unusualness), 불확실성 등과 같은 근본적인 뉴스 가치에 직접 영향받을 수 있다. 뉴스 생산 과정에서 이러한 뉴스 가치와 그 인지적 역할은 3장에서 논의될 것이다. 여기에서는 다른 요소들이 기저에 깔린 화제와 뉴스 도식 범주의 실현과 표현에 영향을 준다는 것을 강조하는 것에만 관련된다. 이는 또한 우리가 주제 구조와 도식적 구조를 추상적이고 내재되어 있는 구조로 받아들이는 이유가 된다. 주제 구조와 도식적 구조는 텍스트에서 서로 다른 방식으로 실현될 수 있다.

그러나 우리는 뉴스 도식이 사실상 존재하며 기자와 독자가 모두 뉴스의 생산과 이해에 그러한 도식을 암묵적으로 사용한다고 결론지을 수 있다. 우리가 확인한 범주들은 가설적인 성격을 지니고 있긴 하지만 광범위한 경험적 연구(van Dijk, 1984b)에서 뉴스 담화는 일반적으로 그러한 범주를 특징으로 한다는 것을 밝혔다. 이와 유사하게 몇몇 규칙에 의하여 표준적 도식에서 그 순서가 결정된다. 그리고 다양한 인지적 전략에 의하여 구체적인 뉴스 담화에서 효과적으로 뉴스 정보를 표현하는 데 그 도식이 사용된다.

### 예시

끝으로 앞에서 분석한 레바논의 인질 뉴스에 이러한 이론적 분석을 적용해 보자. 우리는 이 기사에서 각 문장이나 단락의 도식적 범주 기능을 밝혔었다. 범주의 할당은 설명할 필요가 없지만 적절한 해설은 유효하다.

헤드라인과 머리글 범주는 간단하고, 규칙에 따르면 텍스트의 중심 화제를 나타낸다. 줄거리에서 다루어지는 것은 첫 번째 중심 화제뿐이지 단락 6에 요약된 두 번째 화제(리비아 대사관 폭격)는 아니라는 것에 주목해야 한다. 머리글은 첫 번째 위치에서만 나타난다. 또한 헤드라인과 머리글은 모두 요약 기능을 가지며 중심 사건을 다룬다. 그러나 중심 사건 범주의 일부는 아니다. 왜냐하면 뉴스 담화의 편향성상 이러한 경우는 있을 수 없기 때문이다. 단락 2는 중요한 참여자의 구두 반응으로 볼 수 있다. 그러나 그러한 선언은 정치 회담 스크립트의 일반적인 구성 요소이며, 그렇기 때문에 단순히 "레바논 내각은 무슬림과 기독교 인질 및 다른 실종자들의 운명을 조사하기 위하여 위원회를 임명하기로 결정하였다."라는 화제로 요약되는 중심 사건 범주의 일부를 이룬다. 단락 3에서는 레바논의 실제 정치적 상황과 문제의 측면을 드러내고 있어 맥락 배열의 훌륭한 예가 된다. 즉, 위원회를 임명하는 결정이 그 맥락에 기능적으로 내재되어 있으며 이해가 되는 것이다. 희생자 친척들의 행위는 선행 사건의 좋은 예이다. 이러한 행위는 사실 선행 뉴스 담화에서 화제였으며 며칠 차이로 실제 사건에 선행한다. 그리고 위원회를 구성하는 실제 사건에 인과적으로, 또는 조건적으로 관련된다.

그 다음 단락에서는 (몇 년 전 과거의) 역사적 정보와 최근의 몇몇 사건에 대한 정보를 모두 제공한다. 이 단락은 인질의 석방에 관련된 실제 문제에 대한 역사적 배경의 예이다. 이 배경은 레바논의 시민전쟁에 관한 보다 포괄적인 배경과 구조적으로 연관된다(van Dijk, 1984b, 1987b).

단락 6에서는 앞서 헤드라인이나 첫 번째 머리글에 표시되지 않은 새로운 화제가 시작된다. 이는 새로운 중심 사건이 시작된다는 것, 그리고/혹은 뉴스 텍스트 전체의 줄거리에서 두 번째 머리글(이나 불연속적인 머리글)을 인정해야 한다는 것을 나타낸다. 단락 7, 8, 9는 전형적인 중심 사건 부분이다. 여기에서는 일반적인 조건, 구성 요소, 결과 및 폭격의 결과 등이 다루어진다. 다음 단락에서는 정치 집단에 대한 흔한 역사적 배경을 제공한다. 이와 유사하게 그 다음 단락에서는 최근 사건에 대한 정보를 제공하는데 그러므로 선행 사건 범주를 형성하는 것으로 보아야 한다. 레바논 외무 장관의 방문에 관한 정보는 맥락 범주의 특징을 나타낸다(시간적 동시성에 관한 표지 참고).

이어서, 기사는 첫 번째 중심 사건으로 회귀한다. 그러나 그 단락의 일부 역시 선행 사건에 관한 정보를 제공하는데 이번에는 위원회 구성을 초래한 원인에 관한 것이 아니라 실제 회담 장소로 이어지는 상황에 관한 것이다. 이것은 다른 선행 사건 범주로 다루어지는, 다수의 독립적인 원인이 있을 수 있다는 것을 보여 준다. 추가적인 중심 사건 정보(위원회의 구성원들) 후에 실제 인질 이슈에 대한 추가적인 맥락적 정보가 이어진다.

끝으로, 기사는 그 이슈에 관한 어떤 역사적 정보("2월 이후")와 실제 상황에 대하여 추가적인 상황(누가 고속도로를 점거하는지)을 제공하는 단락으로 이어지며 요약과 중심 사건이 일치하는 더 작은 세 번째 화제로 끝을 맺는다.

이 기사에는 (총리의 성명을 제외하면 아마도) 별도의 최종 논평과 구두 반응이 없다는 것에 주목하자. 그러나 (무엇인가를 밝히기를 거부한) 적십자에 관한 부분에 이러한 범주의 간접적 조합이 있다. 여기에서 독립적인 취재원은 언급되어야 한다는 일반적인 제약이 충족된다. 인질들의 운명에 대한 적십자의 추측 역시 예상 범주의 간접적 형태이다. 이러한 사건들은 국지적인 성격을 띠므로 여기에서 국제적인 반응을 제시할 필요는 없다.

이 예시에서 우리는 대부분의 뉴스 도식 범주가 사실상 나타나고 또 쉽게 확인될 수 있다는 것을 알 수 있다. 우리는 다수의 화제가 다루어질 수는 있으나 그 중 하나만이 헤드라인과 첫 번째 머리글에서 중심 화제로 표시된다는 것을 확인하였다. 어떤 범주는 불연속적으로 실현되는 것으로 나타나지만 각 중심 사건의 배경과 맥락과 같은 범주들은 연속적이다. 어떤 범주들은 위치, 배치, 동사의 시제, 시간 부사 등에 의하여 적절하게 표시된다. 끝으로, 서로 다른 중심 사건에 관한 두 개의 다른 이야기가 두 번째 이야기가 첫 번째 이야기에 내재되는 방식으로라도 섞일 수 있는 것으로 나타났다. 예를 들어 두 번째 이야기가 시작된 후에 첫 번째 이야기에 관한 세부가 제공되는 것이다. 종종 하나의 뉴스 담화에 여러 개의 화제가 포함되기도 하지만 그것들이 의미론적으로 완전히 독립적인 것은 아니다. 엄밀히 말해서 별도의 뉴스 아이템은 우리가 다른 신문에서 본 것처럼 리비아 대사관 폭격에 관한 이야기에 할애되었어야 한다. 그러나 만약 그 사건들이 동일한 국가의 동일한 뉴스 상황에서 발생한 것이라면 하나의 아이템에 여러 개의 이야기를 통합시키는 것이 가능하다. 이러한 뉴스 상황은 "레바논의 평화를 위한 노력의 어려움"이라고 말할 수 있다.

## 4. 뉴스 담화의 미시 구조

### (국지적) 의미론의 기본 개념

의미론적 거시 구조와 도식적 상부 구조의 관점에서 뉴스 담화의 전체적 구조를 분석하였으므로 우리는 이제 뉴스의 국지적 혹은 미시 구조에 대한 분석하려고 한다. 우리는 그 추상적인 전체 구조가 단어나 문장의 보다 구체적이고 국지적인 차원에서 실현되고 표현될 필요가 있다는 것을 반복적으로 관찰했다. 이러한 국지적 차원에서도 우리는 단어와 구, 절, 문장 형태와 같은 표면 구조에서 의미와 표현을 구분해야 한다. 명제, 전제, 국지적 응집성 등을 포함하는 몇 가지 기본 개념을 간단하게 논의한 후에 뉴스 담화의 보다 구체적인 특징들을 이야기할 것이다.

## 명제

형식적으로 말해서 국지적 의미론은 앞에서 논의한 거시 명제와 유사한 명제와 대상을 다룬다. 명제는 하나의 술어와 많은 논항으로 구성된다는 것을 상기하자. 이러한 논항은 x, y, z와 같은 변수나 a, b, c 같은 상수 혹은 Mary, Peter, 나의 늙은 고양이 등이 될 수 있다. 종합해서 말하면 명제는 다양한 종류의 연산자에 의하여 변형될 수 있는 것이다. 이러한 연산자는 명제로 명제를 만든다. 잘 알려진 연산자는 예를 들어 "…하는 것은 필요하다(가능하다)(it is necessary (possible) that)," "…하는 것은 의무적이다(허용된다)(it is obligatory (permitted) that)," "A는 …을 알다(믿다, 생각하다 등)(A knows (believes, thinks, etc.) that)," 혹은 "지금(과거, 미래)." 따라서 우리는 "아마 존은 메리가 그녀의 새 책을 피터에게 주어야만 할 것이라고 믿었을 것이다."라는 문장의 의미론적 구조를 다음과 같이 나타낼 수 있다. 가능 (과거 (존은 믿는다 (메리는 의무가 있다 (미래 (주다 (메리, 책, 피터))))))(Possible (Past (John believes that (Mary is obliged (Future (give (Mary, book, Peter))))))). 이러한 명제에서 다양한 논항은 다양한 의미론적 역할과 격을 갖는다. 즉, 존과 메리는 행동주(agent) 역할을 하고 피터는 수혜자(beneficiary) 역할을 하며 책은 목적어(object) 역할을 한다. 이러한 분석은 극단적으로 단순하고 불완전하지만 명제의 가능한 형식적 구조에 대한 느낌은 준다(예를 위하여 Keenan, 1975; Dowty, Wall, & Peters, 1981 참고). 게다가 자연 언어의 많은 의미 자질들은 아직 적절한 형식적 분석이 이루어지지 않아 우리는 이 부분에서 국지적 의미에 대한 형식적 설명을 시도하지 않을 것이다. 대신, 우리는 뉴스 담화의 분석에 적합한 기본 개념을 도입하고자 한다.

명제는 다양한 차원의 복잡한 것일 수 있다. 명제는 "f(a)"나 "이것은 고양이이다(This is a cat)"와 같이 논항을 하나만 요구할 수 있지만 자연 언어에서 명제는 예를 들어 "존은 메리를 사랑한다(John loves Mary)"와 같이 논항을 두 개 이상 포함하는 명제, "존은 메리를 사랑하고 피터도 메리를 사랑한다(John loves Mary and Peter loves her too)" 또는 "그녀가 현명해서 존은 메리를 사랑하고 피터도 그녀를 사랑한다(Because she is so smart, John loves Mary and Peter loves her too)" 등에서처럼 몇 개가 연결된 명제로 구성되어 대개는 훨씬 복잡하다. 즉, 명제는 논리곱(conjunction, and)이나 논리합(disjunction, or)에 의하여 대등하게 연결될 수 있고 …할 때(when), 왜냐하면(because), …에도 불구하고 (despite)와 같은 접속사에 의하여 종속적으로 연결될 수 있다. 명제 간의 이러한 관계는 또한 문장을 이루는 절의 구조에서도 나타날 수 있는데 우리는 단문, 중문, 복문 사이에서 비슷한 구분을 한다. 즉, 문장의 의미론과 통사론 사이에는 체계적 관계가 있다. 자연 언어에서 텍스트를 이루는 대부분의 문장들은 때때로 복잡한 구조를 이루며 다수의 명제를 표현한다.

## 명제의 배열

명백하게 우리는 담화의 의미를 설명하기 위하여 고립된 명제 이상의 것이 필요하다. 의미는 또한 순서대로 배열된 몇 개의 문장에 표현되는 다수의 명제로 구성될 수 있다. 따라서 어느 정도 동일한 의미가 다음과 같은 예에 표현될 수 있다.

1. 존은 메리를 사랑한다, 그녀가 현명해서[12](John loves Mary because she is smart.).
2. 존은 메리를 사랑한다. 그녀는 현명하다(John loves Mary. She is smart.).

내재된 의미의 실제 표현에 이러한 차이가 있는 데에는 몇 가지 이유가 있다. 첫 번째 예에서 화자는 복합 명제를 단언하며 문장의 뒷부분에 초점을 둘지도 모른다. 이 문장은 청자가 존이 메리를 사랑한다는 것을 이미 알고 있는 상황에서, 그리고 그 문장이 존이 메리를 사랑하는 이유를 구체화하려고 하는 경우에 표현될 수 있다. 두 번째 예는 두 개의 독립된 단순 명제의 단언을 표현한다. 이는 화자가 청자는 존의 메리를 향한 사랑이나 그가 그녀를 사랑하는 이유를 아직 알지 못한다고 가정하고 있다는 것을 의미한다. 이러한 두 가지 예 사이에는 화용적이고 인지적인 차이가 있다. 두 번째 예에서 각각의 문장에 표현된 명제 사이에 접속사가 필요하지 않다는 것에 주목하자. 청자는 두 번째 문장을 첫 번째 문장에 의하여 지시된 사실에 대한 가능한 설명으로 해석할 것이다. 이러한 추론은 사람들이 서로 사랑할 때 가질 수 있는 이유에 대한 청자의 세계 지식에 근거한다.

---

12) (옮긴이) 원문에 제시된 예문의 절 순서를 동일하게 하면 한국어 문장으로는 어색하게 되어 쉼표를 사용하였다.

## 국지적 응집성

두 번째 예 역시 국지적 응집성에 의하여 특징지어진다(van Dijk, 1977). 짧은 텍스트에서 문장은 임의의 목록이 아니다. 문장들은 어떻게든 서로 관계가 있다. 두 번째 문장에 있는 정보는 첫 번째 문장의 정보에 대한 설명으로 쓰일 수 있다. 이런 방식으로 다음 문장은 설명만 제공하는 것이 아니라 첫 번째 문장에 대한 추가, 수정, 대조, 대안 등이 될 수 있다. 이들은 기능적 응집성의 예이다(van Dijk, 1981b). 이것은 명제 B는 선행 명제 A와 관련하여 특정한 기능을 가진다는 것을 의미한다.

다른 유형의 국지적 응집성은 조건적이라고 알려져 있다. 이 경우에 응집성은 명제와 문장 사이의 관계에 근거하는 것이 아니라 명제나 문장에 의하여 지시되는 사실 사이의 관계에 근거한다. 따라서 메리가 현명하다는 명제나 정보가 존이 그녀를 사랑한다는 명제나 정보를 야기하는 것은 아니다. 그보다는 메리가 현명하다는 사실이 존이 그녀를 사랑한다는 사실을 야기하는 것이다. 명제들이 조건적으로 관련된 사실을 지시할 때 우리는 명제 간의 조건적 응집성에 대하여 말한다. 앞에서 우리가 왜 의미론이 의미에 관한 것만이 아니라 지시와도 관련된다고 강조했는지 이제는 명확해진다. 사실은 명제의 지시체인 것이다. 조건적 관계는 다른 정도의 강도(strength)에 관한 것일 수 있다. 예를 들어 인과 관계는 매우 강하며 경험적인 필연성을 수반한다. 그러나 종종 그 연결은 보다 약할 수 있으며 개연성이나 그저 가능성을 수반한다. 따라서 메리가 현명하다는 사실에는 (비록 그 조건이 존의 그녀에 대한 사랑에 필요조건일 수도 있지만, 이것은 존이 아무 현명한 여자를 사랑할 것이라고 말하는 것과 동일한 것은 아니다) 존의 그녀를 향한 사랑이 가능한 결과로서 이어질 수 있다. 다시 말해서 조건부는 전진과 후진의 두 가지 방향을 가지며 각 방향은 다른 정도의 강도를 지닐 수 있다. 우리는 어떤 사실의 필연적인(있음직한, 가능한) 결과를 가지며 역으로 우리는 어떤 사실의 필연적인(있음직한, 가능한) 조건을 가질 수 있다.

## 국지적 응집성을 통제하는 화제와 지식

일련의 명제 사이의 국지적 응집성은 그 순서를 지배하는 화제에 의하여 통제된다. 따라서 "존은 표를 샀다. 그는 그의 자리로 갔다."라는 문장의 배열은 "존은 영화관에 갔다"와 같은 화제가 주어질 때에만 의미가 있다. 이는 "존은 수영장에 갔다"와 같은 화제에서는 의미가 덜하다. "존은 수영장에 갔다"는 화제는 "그는 옷을 벗고 다이빙을 했다."와 같은 문장으로 이어질 때에는 괜찮지만 존의 영화관 방문에 관한 이야기에서는 이상하다. 다시 말하자면 명제는 명제들이 화제와 부합하는 경우에만 국지적으로 응집한다. 이는 명제는 일화 속에서 청자의 지식이나 신념과 일치하는 사실을 지시해야 한다는 것을 의미한다. 이러한 지식은 "영화관에 가기"와 "수영장에 가기" 스크립트에서 사건의 일반적인 순서에 대하여 사회적으로 공유되는 스크립트에 나타난다. 그러므로 정확하게 하기 위하여 우리는 국지적 응집성은 현재 화제 및 대화 상대의 지식이나 신념(예를 들어, 스크립트)에 대응하여 성립된다고 말해야 한다.

## 인지적 전략과 응집성의 주관성

신념은 화자와 청자에 따라 다를 수 있으므로 국지적 응집성 역시 주관적일 수 있다. 즉, 명제가 화자에게는 논리가 있으나 청자에게는 아닐 수 있는 것이다. 명백히 이것은 광대한 양의 사회적 정치적 지식과 신념이 기자에 의하여 가정되는 뉴스 담화의 분석에 있어서 결정적이다. 우리의 분석은 의미론이 미시적이고 거시적인 것이나 내재적 (의미)이고 외재적(지시)인 것뿐만 아니라 또한 단지 언어적인 것이 아닌 인지적인 것이라는 것을 보여 준다. 담화 응집성은 모든 단계에서 기술되어야 한다. 비록 이 장에서는 국지적 응집성의 추상적이고 구조적인 성질에 초점을 두지만 4장에서는 경험적으로 말해서 담화에는 응집성이 없으며 언어 사용자에 의하여 응집성이 부여된다는 것을 논증할 것이다. 응집성의 부여는 전략적이다. 즉, 사람들은 그들이 다음 문장의 첫 번째 단어를 들을 때 응집성을 구성하기 시작한다. 그리고 일련의 명제가 끝날 때까지 기다리지 않는다. 따라서 일련의 명제에 주어진 두 번째 예를 읽은 사람은 전략적으로 두 번째 문장의 "그녀(she)"는 두 번째 문장의 나머지를 아직 다 읽지 않았을 때에도 첫 번째 문장의 "메리(Mary)"와 동일한 사람을 가리킨다는 것을 전략적으로 가정할 수 있다. 지시적 동일성에 대한 이러한 추측은 때때로 틀릴 수 있다. "그녀(she)"는 존이 메리를 사랑하게 되었다는 것을 눈치챌 만큼 영리한 존의 부인을 지칭할 수도 있다. 따라서 문법적 모호함은 대개 텍스트와 맥락에 의하여 명확해진다.

함의(entailment),13) 전제(presupposition),14) 함축(implicitness)15)

　　우리가 문장과 일련의 문장을 해석할 때 필요한 지식과 신념의 양을 고려할 때 실제 담화는 흔히 말하는 빙산과 매우 유사하다. 즉, 담화 자체에 표현된 정보처럼 정보의 꼭대기만이 보이는 것이다. 대부분의 다른 정보는 개인적으로 혹은 사회적으로 공유되고 언어 사용자에 의하여 인지적으로 표현되어서 텍스트에 함축적으로 내재되어 있고 화자에 의하여 가정된다. 그러나 이 숨겨진 정보는 텍스트에 표시될 수 있다. 잘 알려진 것은 정관사 "그(the)"의 사용이다. 어떤 문장에 "그 소년"과 같은 표현이 담겨 있을 때 우리는 화자는, 예를 들어 이 소년은 "존"이라고 담화의 선행 문장에서 방금 소개되었기 때문에, 청자가 어떤 소년이 지칭되는지 알고 있다고 가정한다고 결론지을 수 있다. 이것이 항상 필연적인 것은 아니다. 식당에서의 사건에 관한 이야기에서 종업원은 단순히 식당에는 종업원이 있을 수 있다고 가정되기 때문에 "그 종업원"이라는 구에 의하여 직접 도입될 수 있다. 이는 보다 일반적으로는 "그 여왕"이나 "그 달"과 같이 유일

---

13) (옮긴이) 함의: 문장과 문장 사이의 의미 관계를 나타내는 용어. 어떤 문장 S1에서 다른 문장 S2를 사실적 지식에 의존하지 않고 오직 논리 형식이나 언어의 의미에 의해서 논리적으로 추론할 수 있을 때, 즉 S1이 참일 때 반드시 S2가 참이 되는 경우 'S1은 S2를 함의한다'라고 한다(언어학 사전, 한신, 1982).

14) (옮긴이) 전제란 그 문장이나 발화가 성립하기 위해서 반드시 가정되어야 하는 배경적인 내용을 말한다(한국어교육학 사전, 도서출판 하우, 2014).

15) (옮긴이) 함축이란 발화의 맥락을 고려할 때 화자가 의도한 것으로 볼 수 있는 의미를 말한다(한국어교육학 사전, 도서출판 하우, 2014). 김태자(2010: 11)에 따르면 함축은 함의와 대조되는 개념으로 실제로 말해진 것과 함축된 것의 구분이 필요하다. 함축은 관습적 함축(고정 함축)과 대화적 함축으로 분류한다(Grice, 1975). 관습적 함축은 발화에 나타나는 연결사 등의 단어인 '그래서, 그러면, 혹시, 어쩌면' 등과 같은 단어의 특수한 속성들이나 어미 등에 의해 일어나는 것이다. 대화적 함축은 정상적인 담화 상황에서 그 문장의 발화에 의해 암시되는 것으로 대화나 글에서도 함축을 가질 수 있다.

한 대상의 도입에서도 동일하게 작용한다.

이러한 개념은 담화 분석에서 매우 중요하며 이론적으로 보다 복잡하다. 의미론적 관점에서 문장 A의 전제 B는 A와 A가 아닌 것에 의하여 함의되는 명제이다(Petöfi & Franck, 1973; Kempson, 1975; Wilson, 1975). 따라서 "Shultz는 인도네시아에 있었다"라는 명제는 "나는 Shultz가 인도네시아에 있었다는 것을 알았다"라는 문장의 전제이다. 왜냐하면 그 전제는 그 문장과 "나는 Shultz가 인도네시아에 있었다는 것을 몰랐다"라는 부정문에 의하여 함축되기 때문이다. "알다"와 같은 서술어는 명백하게 목적어인 that-절을 전제로 보유하고 있다. 이와 유사하게 다른 말들도 특정한 전제를 안고 있다. 만약 우리가 "Shultz조차 인도네시아에 있었다"라고 말한다면 우리는 대개 우리가 Shultz가 인도네시아에 있을 거라고 예상하지 않았다는 것을 전제한다. 즉, 어떤 전제적 현상은 단어의 의미나 기타 문법적 표시에 밀접하게 묶여 있다. 인지적 관점에서 전제의 정의—화자가 청자가 알고 있다고 가정하는 명제의 집합—는 보다 쉽고 보다 보편적이다. 즉, 전제에는 텍스트를 이해하는 데 필요한 모든 관련된 지식(스크립트 등)이 포함될 수 있다. 그러나 또한 보다 구체적으로 말해서 한 문장을 해석하거나 하나의 응집성 관계를 성립시키는 데 필요한 명제는 거의 없다. 앞에서 예를 든 현명한 메리를 향한 존의 사랑에서 우리는 존에게 있어서 현명함은 한 여자를 사랑하는 좋은 이유일 수 있다고 가정해야 한다. 이 정보는 표현되어 있지는 않지만 만약 우리가 그러한 일련의 국지적 응집성을 이해하려고 한다면 전제되는 것이다.

전제는 함의를 수반하는데 이 역시 정의를 내리기 어려운 개념이다(Anderson & Belnap, 1975). 여기에서 함의는 의미론적 함언(implication)[16]과 동의어이다. 만약 A가 참일 때 모든 가능한 상황에서 B 역시 참이면 (또는 사실의 관점에서, A에 의하여 지시되는 그 사실이 그 경우일 때 B에 의하여 지시되는 그 사실 역시 그 경우라면) A는 의미론적으로 B를 함축한다. 여기에서 B의 의미는 A의 의미에 포함되어 있다. 즉, "Shultz는 국무 장관이다"에서 단순히 '국무 장관'은 '정치인' 개념을 포함하기 때문에 "Shultz는 정치인이다"를 함의하는 것이다. 이러한 형태의 개념적(혹은 필수적) 함언 외에도 우리가 앞에서 국지적 응집성 관계에서 보았듯이 더 약한 형태가 있을 수 있다. 예를 들어 "Shultz는 아세안 회담을 위해 인도네시아에 있었다"라는 문장은 Shultz, 국무 장관과 그들의 의무, 인도네시아, 아세안 국가들, 회담 등에 대한 우리의 지식을 바탕으로 많은 것을 함축한다. 따라서 그러한 지식과 신념의 집합과 관련하여 우리는 Shultz가 다른 정치인들과 대화를 나누었을 것이라고 추측할 수 있다. 그러므로 의미론적으로 함축되거나 함의된 명제는 한 집합의 전제된 지식이 주어졌을 때 우리가 다른 명제로부터 추론할 수 있는 모든 명제가 된다. 하나의 텍스트에서 텍스트의 정보에 의하여 함축되거나 전제되고 텍스트에 직접적으로 또는 완전하게 표현되지(구성되지) 않는 모든 명제는 텍스트의 함축적 정보라고 칭할 것이다.

우리는 명제 간의 관계는 조건적 응집성과 함축 관계에서 모두 강도(strength)가 다양할 수 있다는 것을 보았다. 따라서 어떤 경우에 우리는 단순히 그것들이 일반적으로 공유된 지식을 따르기 때문에 텍스트

---

16) (옮긴이) 한 명제가 다른 명제의 논리적 귀결일 때 이 두 명제 사이에 성립하는 관계를 가리키는 논리학 용어(다음백과). 함언(implication)은 논리적 내용 또는 의미론적 내용으로만 유도되는 추론을 말한다. 학자에 따라서는 넓은 의미의 함축에 넣기도 한다. Grice가 말하는 관습적 함축(conventional implicature)으로서의 함축의 부류에 해당한다고 볼 수 있다. 함언은 영어에서 주로 연결사 "if … then"이 들어 있는 두 문장의 결합에서 정의 혹은 부분 정의, 사실 조건의 반대, 또는 앞 문장의 조건이 참일 때만 유효한 조건 등을 따질 때 쓰이는 개념이다(김태자, 2010: 33).

에서 어떤 명제를 순조롭게 추론할 수 있다. 그러나 이것은 항상 그런 것은 아니다. 때때로 우리의 추론에는 보다 약하고 보다 주관적인 기준이 있기도 하다. 여기에서 우리는 암시, 연상 및 기타 우리가 텍스트에서 추론할 수 있는 것을 기술하는 데 사용되는 직관적 관념과 같은 개념의 영역으로 들어간다. 따라서 Shultz의 인도네시아 방문으로 그가 동티모르와 같은 현안을 논의할 것이라고 암시된다. 그러나 이는 확실히 그의 방문에 관한 정보로 인하여 함축된 것은 아니다. 외교적인 담화와 뉴스 담화에서 모두 텍스트에 명시적으로 표현되지 않은 정보를 암시하기 위하여 그러한 약한 함언(때로는 "함축"이라고 불림, Grice(1975))이 종종 사용된다. 이러한 추론은 물론 자의적이지 않다. 추론은 일반적인 스크립트나 공유된 정치적 지식에도 근거하지 않으며 그보다는 보다 구체적인 신념과 의견, 어떤 구체적인 상황에 대한 지식에 근거한다. 다시 말해 이를 통해 우리는 뉴스 담화의 이상적으로 적절한 추론을 분석할 도구를 갖게 되는 것이다. 그러한 경우에 우리는 이런 종류의 명제적 연결과 보다 강한 함언으로부터의 추론 그리고 함의를 구별하기 위하여 "암시하다"(A는 B를 암시한다) 혹은 "약하게 함축하다"라는 용어를 사용할 것이다.

## 국지적 의미론의 관련성

우리는 담화의 국지적 응집성에 관한 다양한 측면에 초점을 맞추었다. 이는 그렇게 함으로써 담화라는 보편적인 측면과 뉴스 담화라는 특수한 측면에 대하여 흥미로운 특징이 드러날 수 있기 때문이다. 응집성 역시 가정된 지식과 신념을 요구하기 때문에 텍스트의 명료함과 실제 이해는 화자나 필자의 이데올로기에 따라 달라질 수 있다.

이러한 지식과 신념은 대개 암묵적인데 정확하게는 지식과 신념이 사회적으로 공유되어야 하기 때문이다. 국지적 응집성을 살펴보면 명제와 명제 사이가 연결되어 화자/필자가 가지고 있는 무언의 가정과 신념이 명시적으로 드러나게 한다. 이는 우리에게 뉴스 담화의 이데올로기를 분석할 섬세한 도구를 제공한다. 의미론은 보다 구분된 학문이다. 그러나 우리는 언어학적 (의미) 의미론, 형식 의미론이나 논리(진리 함수) 의미론, 인지 의미론 등에서 받아들인 개념을 통합하려고 시도했다. 이들 의미론은 모두 응집성과 함축과 같은 흥미로운 담화 현상의 많은 양상을 설명하는 데 필요하며 매스 커뮤니케이션 연구에는 아직 잘 알려져 있지 않다. 우리는 담화의 국지적 응집성에 관한 가장 일반적인 윤곽만을 논의했을 뿐이다. 기술적인 복잡함과 형식은 생략되었다. 독자는 이러한 세부 사항을 위해 다양한 분야의 문헌을 살펴야 한다.

## 뉴스 담화의 국지적 응집성

국지적 담화 의미론의 원리에 따르면 뉴스에 표현된 명제는 아이템이나 단락의 화제 및 관련 세계 지식에 대하여 조건적 혹은 기능적으로 연결되어야 한다. 그러나 이러한 일반적인 원리에는 뉴스 담화라는 특수한 형식이 포함되어 있을 수 있다. 일상적인 이야기와 달리 뉴스는 대개 사건을 시간의 순서에 따라 나타내지 않는다. 뉴스는 일련의 사건이나 행위의 처음에서 시작하여 마지막에서 끝나지 않는다. 우리는 앞에서 뉴스는 적어도 전체적으로는 하향식으로 도식에 따라 관련성에 의존하여 정보를 실현한다는 것을 알게 되었다. 즉, 중요한 정보가 먼저 오는 것이다.

뉴스 담화에 대한 이 기본적인 제약 또한 국지적 구조의 결과이다. 예를 들어 이야기에 필수적인, 원인과 결과 혹은 관계가 있는 시간적 전후 관계 등의 조건 관계는 상세화의 기능적 관계에 의하여 대체될 수 있다. 전체적인 사건이나 행위에 대한 더 상위의 진술은 이어지는 문장에서 보다 명확하게 상세화될 수 있다. 또한 우리는 뉴스 담화에서 화제가 계속해서 나타나지 않을 수도 있다는 것을 보았다. 이는 화제가 전환되면 다음 명제가 항상 직접적으로 연결되지 않을 수도 있다는 것을 의미한다. 다른 말로 하자면 뉴스의 국지적 구조의 예상에 관한 이 첫 번째 설명에 근거하여 독자는 반드시 텍스트 전반에 걸쳐 조각들을 정리하고 그것들을 적절한 화제와 도식적 범주에 맞추어야 한다는 것이다.

이러한 가정을 명확하게 하고 추가적으로 설명하기 위하여 몇 가지 자의적인 예들을 검토해 보도록 하자.

예 1

파리의 밤과 Picasso 그리고 전쟁 전 몽파르나스 예술가 거주구의 다른 구성원들에 대한 연구로 유명한 사진가이자 조각가인 Brassaï(84세)가 니스에서 일요일에 죽었다고 그의 가족이 수요일에 말했다. 그는 심장 마비로 사망하였으며 수요일 아침에 몽파르나스 묘지에서 비공개 장례식을 하며 묻혔다.

(인터내셔널 헤럴드 트리뷴, 1984년 7월 12일, 1면)

먼저 뉴스 담화의 문장이 보다 복잡할 수 있다는 것에 주목하자. Brassaï의 죽음에 관한 이 뉴스 아이템의 첫 번째 (머리글) 문장과 단락은

"B.가 월요일에 니스에서 죽었다"라는 중심 명제에 덧붙어 문장의 끝 부분에 위치한 출처에 차례로 종속되는 몇 가지 명제를 표현한다(통사론적 특징은 나중에 논의될 것이다). 첫 번째 명제의 주요 참여자는 첫 번째, 말하자면 화제 위치에 있다. 그 문장은 그에 관한 것이다. 문장의 화제는 앞에서 논의한 바와 같이 담화의 화제와 다르다. 문장의 화제는, 예를 들어 바로 앞에서 언급한 것에 주의의 초점을 두는 기능, 문장의 경계를 넘어 정보를 분배하도록 지시하는 비슷한 개념이나 기억 속의 의미론적 정보에 대한 인지적 상태와 같은, 의미론적 단위의 특수한 기능을 가리킨다. 그러나 문장의 화제는 전체적인 담화의 화제로부터 그렇게 독립적이지는 않다. "Brassaï"는 또한 "BRASSAI, 84세, 사망(BRASSAI, 84, IS DEAD)"라는 헤드라인에 나타난 "Brassaï는 죽었다"는 담화 화제나 주제의 중심 논항이기 때문에 화제의 위치에 있다. 둘째로, 첫 번째 복문에는 머리글의 그의 죽음에 관한 정보 앞에서조차 다수의 서술적이거나 한정하는 명제가 중심, 화제 논항에 붙어 있다는 것에 주목하자. 중심 명제 (왼쪽에) 몇 개의 명제를 끼워 넣는 이러한 의미론적 유형은 뉴스 담화에서 매우 전형적이다. 만약 머리글 문장의 경우에서처럼 복문 하나가 텍스트의 거시 구조를 표현하는 것이라면 담화 참여자의 최소한의 신원이 제공되어야 한다. 그 참여자가 일반 독자층에 일반적으로 알려져 있지 않은 경우에 말이다.

따라서 국지적 응집성은 뒤이은 문장에 한정되는 것이 아니라 동일한 복문 내에서 이미 작용하고 있는 것이다. 머리글의 첫 번째 문장에서 기술절(descriptive clause)은 Brassaï가 사진가이자 조각가라는 정보를 상세화하는 기능의 명제를 표현한다. 서술절(declarative clause)과 복합 종속절(complex embedded clause) 사이의 관계는 내용 관계라고 할 수 있다. 다음 단락을 형성하는 그 다음 문장은 죽음의 원인과 죽음의 일반적인 결과(매장)에 대하여 상세한 내용을 제공한다. 이 예에서는 정보에는 몇 가지 기능이 동시에 있을 수 있다는 것을 보여 준다. 죽음의 원인은 한편으로는 조건적으로 죽음과 관련되지만 동시에 죽음의 종류를 상세화한다. 그러나 죽음의 원인은 첫 번째 단락에서 죽음에 관한 정보 후에 상세화된다. 우리는 앞에서 후행절의 정보가 (왜, 어떻게 같은 질문에 답하며) 설명 관계로 해석될 수도 있다는 것을 보았다. 이 두 번째 문장 역시 화제인 "그", 즉 담화 지시체의 공지시적 정체성(coreferential identity)의 관습적인 대명사 신호로 시작한다. 이 뉴스 아이템의 대부분의 단락은 사실상 그 예술가의 이름으로 시작한다. 그러나 부고에서 몇 개의 명제가 대개 시간 순으로 배열되며 그에 따라 그 예술가의 인생 역사를 나타낸다. 이러한 시간에 따른 배열 유형은 일상적인 이야기에서는 일반적이나 뉴스 보도에서는 전형적인 것은 아니다.

## 예 2

'프리토리아, 개혁을 향해 나아가다(PRETORIA EDGES TOWARDS REFORM)'라는 중심 헤드라인과 '피부색의 장애를 넘어선 성(SEX ACROSS THE COLOR BAR)'이라는 슈퍼헤드라인으로 『타임스(*The Times*)』(1984년 7월 12일)는 케이프타운의 통신원으로부터 받은 보고를 다음과 같이 출간하였다.

남아프리카 정부는 9월에 구성된 새로운 다인종 의회가 작동하자 바로 아파르트헤이트 기본법 두 개 조항—인종 간의 결혼과 성관계 금지—을 폐지하기 위한 길을 열었다.

F. W. de Klerk 내무 장관은 이곳의 현재 백인만으로 구성된 입법부에 정부는 초당파 특별위원회의 법령 심사 보고서를 확장하는 데 동의했다고 말했고 그에 따라 폐지 방안의 고려가 가능해졌다.

이 예는 각각 몇 개의 명제로 구성된 두 개의 복문으로 이루어졌다. 머리글의 가장 중요한 정보가 먼저 표현되고 그 법의 상세화, 주요 행위자(남아프리카 정부)의 주요 행위의 시간/조건, 새로운 의회 개시 시간의 상세화로 이어진다. 다음 문장은 새로운 논항/행위자인 장관 으로 시작하는데 그는 정부의 특정한 구성원이다. 그에게 부여된 술 어는 정부의 행위가 발표되는 방식을 구체화한 평서문이다. 내용 명 제는 정부가 어떻게 아파르트헤이트 법령의 개혁을 위한 "길을 여는 지"에 대하여 상술한다. 상세화는 한 집단의 한 구성원, 그리고 폐지를 위한 길을 여는 전반적인 행위의 세부 사항(결정, 방법, 목표)을 언급함 으로써 이루어진다. 즉, 행위의 상세화는 그러한 행위의 일반적인 조 건을 언급하는 것으로 구성될 수 있다. 위원회와 법령에 관한 추가적 인 세부 후에 이 기사의 마지막 문장은 다음과 같이 이어진다.

두 법령이 아파르트헤이트의 철학 전체와 그 장기적인 존속에 근본적임 에도 불구하고 폐지하는 것은 어떤 의미에서는 즉각적인 차이를 만들지 못할 것이다.

기사의 앞부분과 관련하여 이 문장의 응집성 연결고리는 통신원의 마지막 논평과 같이 그 기능에서 추론될 수 있다. 논평은 폐지 가능성 에 관한 결론을 드러낸다. 그리고 동시에 폐지의 결과를 가정하여 표현한다. 그러므로 여기에는 실제 조건/결과 관계는 없으며 단지 뉴스 사건의 결론으로 기능하는 예측이나 예상만이 있을 뿐이다. 한편, 이 결론은 더 이상은 구체화되지 않고 그 논의는 생략된 것으로 보인다. 또한 이 문장에서 양보를 나타내는 첫 번째 명제는 그 자체로 이전 정보에 대하여 일반화와 평가의 관계로 연결된다.

## 예 3

끝으로, USA 투데이(*USA Today*, 1984년 7월 12일)에서 가져온 짧은 뉴스 아이템을 체계적으로 분석해 보자. 원문 대신 명제의 목록 및 명제를 연결하는 국지적 응집성을 살피고자 한다.

**페르시아 만: 영국의 유조선에 발사된 미사일**

1. 해양 공무원들이 2를 말했다:
2. 목요일에 전투기 한 대가 중립 수역에 있는
   영국의 유조선에 미사일 두 발을 발사했다.    °내용(2,1)
3. (전투기는) 이란의 것으로 보였다.    °상세화(3,2)
4. 런던의 Lloyds는 5를 말했다:    °상세화(4,1)
5. 미사일 두 발은 모두 133,000톤의 영국    °내용(5,4)
   Renown호 앞쪽 선실에 명중했다.    °상세화(5,2)
6. 5로 작은 불이 일어났다:    &결과(6,5)
7. (그 불은) 재빨리 진화되었다.    &결과(7,6)
8. 선원 26명은 모두 무사했다.    &결과(8,6/5)
9. 피해는 경미했다.    &결과(8,6-5)
10. 워싱턴에서 Richard Murphy가 12를 말했다: °추가(10,1)
11. (Murphy는) 국무부 차관보이다.    °상세화(11,10)

12. 사우디아라비아에 대한 무기 공급은          °내용(12,10)

     걸프만의 석유 유동을 지키는           &원인

     미군 역할의 가능성을 줄였다.          &결과

이 예에서 우리는 표현된 명제 각각을 번호를 부여한 개별적인 행으로 제시하고 콜론으로 의존 관계를 나타내었다. 기능 관계는 '°'로 표시하고 조건 관계는 '&'로 표시하였다. 괄호 안의 행의 번호는 응집성 연결고리에 의하여 관련된 명제를 나타낸다. 우리는 먼저 일반적인 상세화 관계를 찾을 것이다. 그러한 관계는 전투기와 배를 확인하는 데 그리고 한 개인(Murphy)의 역할을 상세화하는 데 필요할 수 있다. 조건 관계는 기사의 일부에 보다 서사적인 정취를 제공한다. 조건 관계는 중심 사건의 세부 사건들을 연결하고 공격의 결과, 즉 화재와 경미한 부상과 피해를 설명한다. 이는 우리가 미사일 공격에 대하여 가지고 있는 세계 지식과 결부된다. 그러므로 부정문은 스크립트에서 파생한 그럴 듯한 예상과 모순되도록 구성되어야 한다. 많은 뉴스가 가지고 있는 담화적 성격은 취재원 및 그 주장에 대한 빈번한 참조에서 얻을 수 있다. 이들은 내용으로 평서문에 연결된다. 흥미롭게도 마지막 문장은 텍스트의 나머지 부분과 직접적으로 연관되지 않는다. 그 문장은 동일한 화제하에 포섭될 수 없으며 헤드라인에도 요약되지 않는다. 그 문장 전체와 나머지 텍스트 사이의 유일한 연결고리는 그 문장이 단순히 새로운 정보를 덧붙이고 있으므로 추가라고 칭할 수 있다. 내적 연결고리는 보다 더 가깝다. 즉, 그 위치(걸프만)가 선행 명제에서와 동일한 것이다. 뉴스 담화의 비슷한 전략은 앞의 예에 나타나 있다. 만일 A와 B 사이에 종종 행위자나 위치의 동일성과 같이 일치되는 부분이 있다면 화제 A에 관한 짧은 뉴스 아이템이 화제 B에 관한 더 긴 아이템에 결합될 수 있다. 우리가 명제 12를 하나의 복합 명제로 표현했지만 뉴스 담화에서 전형적으로 나타나는 많은 명사화는 사실 몇 개의 명제를 기저에 표현한다. 예를 들어 이 경우에는 원인－결과 관계가 명제에 내재되어 있다.

　뉴스 담화에서 국지적 응집성 연결고리에 대한 좀 더 체계적인 분석을 통해 우리는 뉴스 담화에서는 다양한 상세화 관계가 종종 사용된다고 잠정적으로 가정하며 이 부분을 결론짓는다. 이러한 상세화 관계는 앞서 상세화의 거시－미시 관계 분석에서 이미 연구되었다. 다시 말하면 여기에서 거시 화제를 국지적 세부 사항과 연결하는 수직의 연결은 이어지는 문장과 거기에 내재된 명제 사이의 국지적 상세화 연결에서 선형화가 이루어진다(Levelt, 1982). 구체적인 사건의 기술은 서사 양식의 조건적 응집성 연결을 따른다. 그리고 신문에서 일반적으로 나타나는 정보 인용은 다양한 내용 연결에서 그 표현을 찾을 수 있다.

## 뉴스 담화에서의 함축

　다른 담화 유형과 매우 비슷하게 뉴스는 많은 것을 말하지 않은 채로 둔다. 이러한 것들은 완전한 이해를 위하여 추론되거나 일반적이거나 보다 구체적인 당연한 정보로서 일반적으로 전제되어야 한다. 의미론적 함축, 전제, 암시, 연상의 몇 가지 유형이 기술되었다. 이들은 단일한 어휘 항목에서 추론될 수 있는데, 그 분석은 어휘 문체론의 분야로 가져오거나 명제와 명제의 배열에서 가지고 올 수 있다. 따라서 만약 USA 투데이(*USA Today*)가 1984년 7월 14일에서 16일 사이에 'Ferraro, 통일의 희망을 드높이다'라는 헤드라인하에 대통령 후보 Walter Mondale이 러닝메이트로 여성을 선택한 것을 언급하며 "그들 자신의 러닝메이트를 지명하기 위한—그리고 아마 떠나기 위한—여성 조직의 위협은 Mondale이 뉴욕 대표 Geraldine Ferraro를 러닝메이트로 선택하며 붕괴되었다"라고 썼다면 "⋯위협"이라고 명사화한 첫 번째 절의 사용은 실제 그러한 위협이 있었다는 것을 전제한다. 둘째로 "위협"이라는 술어를 선택한 것은 부정적인 함축을 갖는다. 그것은 위협적으로 요구되는 것에 응하지 않는 것은 결과적으로 위협받는 사람에 대한 부정적인 행위로 나타날 것이라는 것을 화용적으로 함축한다. 정보는 표현되고 발표되고 심지어 약속되기까지 하는데 이러한 것들은 덜 부정적인 연상을 일으킨다.

이와 유사하게 워싱턴의 타임스(The Times) 기자, Nicholas Ashford가 다른 대통령 후보인 Jesse Jackson에 대하여 "입을 함부로 놀린다는 명성에 걸맞게 사는 Jesse Jackson 신부는 유태인, 백인 여성, 언론, 및 민주당 대선 라이벌 Walter Mondale을 호되게 채찍질하였다"라고 쓸 때 그는 "명성"이라는 단정적 표현의 사용에 숨겨진 전제로 Jackson이 종종 입을 함부로 놀린다고 전제한다. 비슷한 예로 "채찍질하다"는 "비판하다"보다 더욱 부정적이며 더욱 폭력적이다. Jackson 역시 "흑인은 그들의 요구가 충족되지 않는다면 Mondale의 선거 운동을 적극적으로 지지하지 않을 것이라는 경고를 되풀이"하였다고 표현된다. 글래스고 대학 미디어 그룹(Glasgow University Media Group, 1976, 1980)은 파업에 대한 TV 뉴스에 사용된 언어 분석에서 파업은 일반적으로 폭력, 비타협적인 태도, 공격성 혹은 유사한 부정적인 관념으로 연상되는 술어와 연관된다고 밝혔다. Jackson과 여성 단체에 대하여 표현한 "위협", "경고", "말을 함부로 지껄인다는 명성", "채찍"은 동일한 유형의 기술에 부합할 것으로 보인다.

타임스(*The Times*, 1984년 7월 12일)의 Jackson을 인종차별주의자, 성
차별주의자, 반언론적으로 규정하는, "Jackson의 채찍이 유태인과 언
론, 여성, Mondale에게 떨어지다"라는 헤드라인의 동일한 아이템은
"흑인 대통령 후보"라는 구절을 사용한다. 이는 Mondale에게는 "백인
후보"라고 하지 않으면서 자신에게는 그러한 구절을 사용하는 언론에
대하여 "문화적 인종 차별"이라고 비판하는 Jackson이 평범하게 인용
되며 언급된다. 이러한 인용 방식은 '이는 그의 말이다'라는 것을 암시
하며 기자 자신은 그러한 표현에 거리를 두고자 할 때 통상적으로
사용된다. 입을 함부로 놀린다는 Jackson의 명성은 실제로는 인용되지
않는다.

이는 단지 특정한 의미론적 함축이나 연상을 갖는 어휘를 선택하는
것에 대한 임의의 예시일 뿐이다. 기사에서 Jackson에 대한 어휘의
선택이 우연적이지 않다는 것은 다음과 같은 그에게 부여된 표현 목
록 전체에서 추론될 수 있다.

채찍, 입을 함부로 놀리는, 호되게 채찍질하였다, 전당 대회는 평온한
사건이 되지는 않을 것이라고 밝혔다, 경고를 되풀이했다, 짜증, 유태인
지도자를 고소했다, 경멸적인 용어를 사용했다, 불만을 제기했다, 여성
비하, 언론을 집요하게 공격했다, 그의 가장 최근 비난

헤드라인에서 암시되었듯이 거시 차원과 미시 차원에서 모두 우리
는 Jackson이 긍정적으로 표현되지 않는 이 뉴스 아이템의 이러한
기술에서 명백하게 추론할 수 있다(언론에 나타난 소수 민족 집단에 관한
세부 사항과 사람들이 그들의 대화에서 소수자에 대한 미디어의 보도 스타일
을 사용하는 방법에 관하여 van Dijk, 1983a, 1984a, 1987a, 1987b, 1987d 참고).

함축과 전제는 절의 관계에서도 미묘하게 나타날 수 있다. 같은 타임스(*The Times*)의 기사에서 다음 복문을 살펴보자.

Jackson의 짜증은 Mondale이 다른 흑인 두 명, Tom Bradley 로스앤젤레스 시장과 Wilson Goode 필라델피아 시장을 인터뷰하고도 그를 러닝메이트로 적극적으로 고려하지 않은 사실에 기인하는 것으로 보인다.

흥미로운 접속사는 명제 간의 양보 관계를 나타내기 위하여 일반적으로 사용되는 "–고도(although)"이다. 이 경우 이 접속사의 사용은 문법적으로 혼란스러울 뿐만 아니라(이 접속사로 마지막 절은 주절에 연결되는 것이 아니라 선행 내포절에 연결된다) Jackson은 Mondale이 다른 흑인 두 명을 러닝메이트로 고려했다고 해서(즉, 인터뷰했다고 해서) 화를 낼 정당한 이유는 없다는 것을 암시한다. 이는 Jackson의 불만(과 그로 인한 "짜증")이 그가 대통령직 출마에서 많은 표를 얻었다는 측면이 아닌 그가 흑인이라는 측면에서만 평가된다는 것을 의미한다. 이 예에서 우리는 함축과 전제는 상당히 정교하고 간접적이라고 결론지을 수 있다. 게다가 그 분석 역시 상당한 분량의 정치적 사회적 배경지식을 요구한다. 간접성을 현저하게 사용하는 것은 이데올로기적 입장 표현으로 이어지며 그에 따라 그러한 이데올로기를 명시하는 능력이 분석하는 사람에게 요구된다.

부정적인 함축은 종종 정치적으로 혹은 사회적으로 규정된 그들 집단(them-groups)과 관련되는 반면 중립적이거나 긍정적인 함축은 우리 집단(we-groups)으로 생각되는 것의 행위와 관련되곤 한다. 즉, 타임스(*The Times*)와 헤럴드 트리뷴(*Herald Tribune*)은 모두 이스라엘에 의한 사이프러스에서 베이루트로 가는 유람선 납치를 "다른 루트로 보내다"와 "우회시키다"로 표현한다. 헤럴드 트리뷴(*Herald Tribune*)에서는 '해적 행위'라는 개념을 사용하여 레바논 사람에게 고소를 당했다. 이와 유사하게 배에 있던 사람들은 당국에 의한 일반적인 법적 절차를 암시하는 "구류되었다" 또는 "구금되었다"로 표현되었다. 한편, 납치된 두 사람은 이스라엘 당국에 의하여 "해상 테러리스트 공격"으로 고소되었다고 표현된다. 그리고 이스라엘 군대는 "습격"을 단행한다고 주기적으로 표현되는 반면 그들의 팔레스타인 적군은 "테러리스트 공격"으로 인정된다. 이러한 예는 기자의 관점과 이데올로기에 근거하여 어휘론적 의미론적 함축이 어떻게 평가에 관여할 수 있는지를 보여 준다.

## 5. 뉴스 담화 문체

### 맥락 표지로서 담화 문체

이 장을 시작할 때 우리는 문체란 정확한 용어로 정의하기 어려운 언어 사용의 한 특질이라고 시사하였다. 전통적으로 문체와 그 학문인 문체론은 개인적인 독특함과, 예를 들어 문학에서, 언어 사용의 미학과 밀접하게 연관된다(Chatman, 1971; Freeman, 1981). 문체에 대한 언어학적 접근은 보다 철저하다(Sebeok, 1960; Crystal & Davy, 1969; Enkvist, 1973; Hendricks, 1976; 개론으로 Sandell, 1977 참고). 그러나 문체에 대하여 적절하고 맥락적으로 정의된 개념은 1960년대 말에야 사회적 맥락에서 언어 사용의 변이에 대하여 사회 언어학적으로 주목하면서 발전되었다(Labov, 1972b; Scherer & Giles, 1979). 여기에서 문체는 화자의 사회적 성격과 발화 사건의 사회문화적 상황을 드러내는 표시나 표지로 규정된다. 따라서 나이, 성별, 지위, 계층, 인종적 배경 등역시 언어 사용의 변이를 결정하는 사회적 요소이다. 이러한 변이는주요하게는 음운론, 형태론, 통사론, 어휘와 같은 표면 구조에서 검토된다. 다양한 사회적 측면에 따라 언어 사용자는 다양한 소리 패턴,문장 패턴, 주어진 의미를 표현하기 위한 단어들을 이용할 수 있다.이와 유사하게, 의사소통의 맥락에는 화자의 측면과는 다소 독립적으로 문체론적인 제약이 있다. 법정이나 공개 강연에서 화자는 친구나가족과의 일상적인 대화에서보다 더 형식적인 문체를 사용하는 경향이 있다. 유사하게 구어보다는 문어가 더 형식적인 문체와 관련된다.

이것이 문체에 관한 것이다. 그러나 우리가 뉴스 담화의 문체에대한 간략한 설명을 시작하기 전에 몇 가지 명확하게 해야 할 것이있다. 먼저, 언어 변이의 핵심적인 개념에는 몇 가지 해설이 필요하다.변이는 어떤 것이 사실상 변화할 수 있다는 것을 전제한다. 그러나우리가 어떤 음소를 다양한 방식으로 발음하고 다양한 통사적 패턴을사용할 때 그러한 변이는 자의적인 것이 아니라 주어진 범위 내에서발생하는 것이다. 문체 변이는 선택이나 결정과 같은 개념을 수반하는 것으로 보인다. 주어진 변형의 가능한 선택은 대안이 있을 때에만주어진 문체 특징으로 이어진다. 다음으로, 문체는 암묵적으로 비교를 전제로 한다. 한 사람, 하나의 의사소통 맥락, 하나의 사회 혹은집단의 한 측면에서 보이는 특정한 문체는 다른 상황이나 다른 사람들과 비교될 때에만 특유하다고 말할 수 있다. 언어 사용에 대한 표준적인 연구에서는 한 쪽에는 중립적인 문체가 있고(혹은 문체가 없고)다른 한 쪽에는 이 문체의 변이가 있다는 관점이 종종 견지된다. 이러한 관점은 이제 쇠퇴하였고 지금은 모든 언어 사용은 문체를 통해 인식되며 문체에 대한 대부분의 기술은 암묵적으로 비교의 관점을 갖는다는 것이 사실로 남아 있다. 예를 들어 만약 우리가 법적 담화의 상세한 특성에 대하여 말하려고 한다면 적어도 그 법적 전문 용어와 통사적 특징을 비법률적인 담화 유형에서 비슷한 의미가 표현될 수 있는 방식과 암묵적으로 비교하게 되는 것이다(Danet, 1980, 1984).

둘째로, 우리는 정확하게 어떤 것이 변이하는지를 알아야 한다. 변이는 대개 소리, 단어, 문장 패턴과 같은 언어학적 표면 구조에 관련된다. 만약 문체론적으로 변이가 의미론적 차원에 관련된다면 그것은 문체의 특징으로 이어지는 것이 아니라 단순히 다른 의미로 이어질 것이다. 그러므로 문체의 암묵적인 특성은 어떤 것은 좁은 의미에서 변이하지 않으며 언어적 발화에서 어떤 것은 일정하며 비교를 허용한다는 가정이다. 사실 앞에서 우리가 지적하였듯이 표면 구조는 다르게 나타날 수 있지만 내재하는 의미나 지시는 일정하게 유지되어야 한다. 따라서 문체는 "동일한 것을 다른 방식으로 말하기"라는 유명한 구절로 표현되는 것처럼 보인다. 이는 기본적으로 옳지만 문체의 불변성에 대한 보다 광범위한 정의를 내릴 여지가 있다. 우리는 문체를 그 또는 그녀가 가능한 화제에서 어떤 선택을 할 때 한 개인의 말투가 가진 전형적이라거나 특징적인 성격이라고 말할 수 있다. 만약 남성은 정형화된 틀에 따라 비형식적인 대화에서 여성에 비하여 자동차, 컴퓨터, 세금, 정치, 여성에 대하여 더 자주 말하는 경향이 있다면 그러한 주제의 선택은 "주제의 유형(thematic style)"이라고 불릴 수 있는 것의 예가 될 것이다. 그렇다면 문체의 측면은 주어진 상황에서 가능한 화제의 집합에서 선택이라는 개념에서 찾을 수 있을 것이다. 그렇다면 변하지 않는 것은 의미론적인 것이 아니라 화용적이거나 텍스트적이거나 맥락적인 것이다. 주어진 범위에서 가능한 화제는 특정한 담화 유형(대화)과 (예를 들어 파티 같은) 특정한 맥락이나 상황에 전형적이다. 그렇다면 그 상황에서 어떤 구체적인 화제를 선택하는 것은 남성적 흥미의 사회적인 측면을 드러내는 표지일 수 있다. 이와 유사하게 예를 들어 요청과 같은 특정한 화행을 수행할 때 발화의 의미 역시 정중한 의미의 함축을 수반하며 다양해질 수 있다. 그러한 경우에 변하지 않는 것은 화용론적이다. 즉, 동일한 상황에서는 동일한 화행이 수행되는 것이다. 이러한 예에서 알 수 있듯이 문체라는 개념의 사용에도 어떤 가능한 변이가 있다는 것은 명확하다. 문체의 개념은 사회적 맥락의 표지가 아니라 일종의 언어학적 지문인 한 개인이나 한 집단의 특성 같은 경우에서 찾을 수 있다. 그러므로 일반적인 의미에서 문체는 담화의 특징적이고 변화하는 구조적 특성의 총집합이며 주어진 의미나 화용, 상황의 불변하는 공통점에 대한 화자의 개인적이고 사회적인 맥락의 표시이다.

따라서 문체가 언어 사용의 어떤 개인적인 특징을 드러내는 표지이며 화자의 인지적이거나 행복이나 분노와 같은 감정적인 상태를 표현하는 것에 반하여 이 논의는 문체의 사회적인 측면에 관심을 둔다. 즉, 문체적 변이란 사회적이고 문화적인 집단의 체계적인 표지이자 하나의 담화가 그 집단의 구성원인 화자에게 특징적인 것이거나 규범적으로 적절한 것으로 보인다는 표시이다. 우리는 그러한 문체적 변이에 초점을 둔다. 물론 언어학적 선택지가 엄격하게 결정론적인 것은 아니지만 이러한 사회적 측면은 문체 역시 여러 대안 중에서 완전히 자유롭게 선택한 결과는 아니라는 것을 시사한다. 하나의 사회적 방언을 사용하는 화자들은 종종 선택이 없거나 다양한 음운론적 가능성 중에서 의식적인 선택은 고사하고 사실상 선택을 하지 않는다. 따라서 사회적 방언으로서의 문체는 미리 규정된 의미에서의 문체가 아니라 주어진 언어의 사회적 방언의 변이이다. 이와 유사하게 특정한 법률적 문체는 법정에서 적절할 수 있으나 그러한 경우에도 선택은 거의 없다. 즉, 상황은 특정한 형태의 언어 사용을 요구한다. 이러한 경우 특정한 담화 장르와 특정한 사회적 맥락이 있으며 문체와 관련된 측면은 비법률적 담화나 상황에 관하여 단지 문법적 특성이나 차이에서 규정된다. 따라서 사회적 문체를 비교하는 관점에서는 다양한 상황에서 다양한 사회적 집단의 사람들은 같은 것을 다른 방식으로 말할 것이라고 말한다.

문체에 대한 명백하게 다른 개념들이 있으므로 우리는 앞으로 문체를 다양한 기술적 요소로 구체화할 것이다. 따라서 개인적 문체는 한 개인의 다양한 상황을 관통하는 언어 사용(담화)의 문체론적 특징이다. 임시 혹은 일시적인 문체는 한 상황에서 한 개인의 담화에서 드러나는 특성이다. 집단적 문체는 한 사회 집단의 대부분의 구성원이 지닌 상황 의존적인 문체이다. 맥락적 문체는 (법정, 교실 등과 같은) 구체적인 사회적 맥락 유형과 관련되는 언어 사용의 특징이다. 기능적 문체는 하나의 사회적 상황에서 화자인 사회 구성원들이 주어진 기능적 역할(의장, 의사, 환자 등)을 수행할 때 나타나는 언어의 특징이다. 매체의 문체는 특정한 의사소통 매체(문어, 활자, 구어)와 관련되는 언어적 특징이다. 사회적 방언으로서의 문체는 특정한 사회문화 집단이나 공동체의 언어 변이를 말한다. 담화 유형에 따른 문체는 특정한 담화 장르(대화 혹은 일상적인 이야기, 법률, 공개 연설)와 관련된 특정한 문체론적 특징이다. 이러한 다양한 문체는 결합될 수 있다. 법정이나 경매에서의 경우 혹은 의사를 만날 때와 같은 사회적 맥락에서는 특수한 담화 유형이 요구될 수 있다. 그리고 기능적 문체는 종종 주어진 사회적 맥락과 밀접하게 연관되며 사실상 대화 참여자의 언어 행위를 통해 규정된다.

## 뉴스의 문체에 대한 일반적 제약

언론에서 보이는 뉴스 보도의 문체는 여타 문체와 마찬가지로 의사소통 맥락에 의하여 통제된다. 문어 담화의 한 유형으로서 뉴스는 단순논리적이거나 문어 혹은 활자화된 텍스트의 일반적인 제약을 충족해야 한다. 의사소통의 상대인 독자들은 단지 간접적으로 그리고 암묵적으로 뉴스 담화에 참여한다. 설명서나 교재의 경우가 그러하듯 독자들은 거론되지 않는다. 인용이나 때때로 특집 기사나 사설을 제외하면 뉴스에는 "당신"은 없다. 구체적인 약속이나 위협, 고발과 같이 독자를 거론하는 화행은 없다. 만약 그러한 일이 발생한다면 그것은 제삼자에 대한 것이다. 따라서 문체의 측면에서 우리는 보통의 암묵적인 독자를 향한 거리를 예상할 수 있다.

뉴스는 글로 쓰인 대중적 담화이다. 개인적인 편지나 특수한 목적의 출판물과 달리 뉴스의 독자는 거대한 집단이며 때로는 유사한 정치적 혹은 이데올로기적 충성으로 규정되기도 하지만 보다 개인적인 차원에서는 대체로 획일적이다. 이는 모든 유형의 매스 미디어 담화에 적용된다. 이는 사회적으로 그리고 인지적으로 방대한 양의 일반적으로 공유되는 지식, 믿음, 규범, 가치 등이 전제된다는 것을 의미한다. 그러한 당연하게 받아들여지는 정보가 없다면 뉴스는 잘 이해되지 않을 것이다. 더욱 구체적으로는 뉴스에서 정기적으로 업데이트하는 방대한 정치적 데이터베이스로 형성되는 암묵적인 전제가 그러하다.

셋째로, 뉴스 담화는 또한 하나의 단일한 개인에 의하여 제작되고 표현되는 것이 아니라 공적이든 사적이든 제도화된 기관에 의한 것이므로 개인과 관계가 없다. 즉, "당신"의 일반적인 부재뿐만 아니라 실제 개인인 "나"도 없는 것이다. 그렇다면 뉴스 기사는 개인적인 경험에 대한 이야기가 아니며 일반적으로는 사적인 믿음과 견해를 표현하지 않는다. 지배적인 뉴스 이데올로기에 따르면 뉴스 기사는 사실에 대하여 개인과 관계없이 진술하는 경향이 있다. "나"는 사실에 대한 중재자로서 공정한 관찰자로서만 존재할 수 있다. 만일 뉴스 기사가 승인되면 이름은 개인적 표현을 나타내는 표지로서가 아니라 기관의 견해에 대한 부차적인 표시로서 나타난다(Lindegren-Lerman, 1983). 물론 신문 간에 그리고 신문의 유형, 국가, 문화 간에는 문체의 차이가 있다. 예를 들어 네덜란드에서는 최근까지 시사교양지에서 뉴스 기사가 나온 (도시, 국가, 해외, 예술 등) 데스크를 표시하지 않으면 그 기사를 승인하지 않았다. 특집 기사와 논평 기사는, 특히 태도가 관련될 때에는, 보다 개인적일 수 있다. 이는 그러한 기사들이 칼럼이나 편집장에게 보내는 편지, 목격자 제보처럼 순전히 개인적이라는 것을 함축하지는 않는다. 일상적 업무와 그것에 내재된 이데올로기에 따르면 신문 기자의 제도화된 목소리는 개인적이지 않다는 것에 주목해야 한다. 즉, 객관성(impersonality)은 규범적인 성취이지 기술적인 성취는 아니다. 드러나는 표시들은 단지 객관성과 공정성(impartiality)을 의미하는 것이다. 명백한 것은 내재된 믿음과 태도는 그렇게 쉽게 감추어지지 않으며 텍스트에 화제의 선택, 화제의 상세화, 관련성 위계, 도식 범주의 사용, 사실을 기술하기 위하여 선택하는 단어와 같은 문체 등과 같은 많은 간접적인 방식으로 나타날 수 있다는 점이다. 미국의 대선 후보 Jesse Jackson에 대한 타임스(The Times)의 기사를 간단하게 분석한 것에서 "나는 그렇게 생각한다" 혹은 "내 생각에는"과 같은 명시적인 표시가 없어도 뉴스 행위자에 대한 평가적인 기술의 예는 발견된다.

넷째로, 뉴스의 문체는 뉴스 담화의 화제에 의하여 통제된다. 이러한 화제는 국내 정치, 국제 정치, 군사, 사회생활, 폭력, 재앙, 스포츠, 예술, 과학, 인물 동정 등과 같은 주요 범주에 속한다. 화제는 자명하게 국지적 의미를 통제하고 그에 따라 가능한 단어의 의미와 통사적 선택을 통제한다. 동일한 것을 기술하는 데 개인과 신문에 따른 차이가 있을 때에도 화제의 범주와 가능한 어휘의 변이는 미리 정해진다. 그러나 일반적으로 팝 콘서트에 대한 보도의 문체는 정치 지도자들의 국제 정상회담에 관한 보도의 문체에 비하여 덜 형식적이다.

다섯째, 뉴스의 문체는 형식적 의사소통 문체의 일반적인 특징을 보이는데 이는 부분적으로 언론의 매스 미디어 담화가 갖는 객관적이고 제도적인 성격에 의하여 설명된다. 이것은 일상적인 구어적 표현과 구어 문체, 특정한 어휘의 사용역은 부적합하고 인용될 때에만 인정된다는 것을 의미한다. 사실상 우리가 앞에서 보았듯이 기자가 객관성, 견해, 관점, 형식성에 관한 제약을 피하는 데 있어서 인용은 강력한 전략이다. 따라서 구어적 표현은 뉴스 행위자를 인용하는 부호 안에서 혹은 인용된 표현으로 나타난다. 형식적인 문체는 빈번한 삽입과 전문어, 특수 용어 및 일반적으로 신문의 주요 뉴스 행위자들인 엘리트의 언어와 같이 정선된 어휘의 사용역과 함께 길고 복잡한 문장과 관련된다. 정치와 사회적 관계의 언어는 그러한 어휘의 뉴스 사용역에 중요한 자료이며 다른 담화 유형과 달리 새로운 발전을 말하거나 예전 일을 고찰하는 새로운 방법을 말하기 위한 신조어, 신어로 가득하다.

끝으로, 앞에서 비형식적으로 기술한 특징들은 이미 뉴스 생산 과정의 많은 측면에 대하여 설명하지만 우리는 또한 뉴스 생산에 관련된 보다 직접적인 문체론적 특징들을 찾아야 한다. 마감 시간은 빠른 글쓰기와 편집을 요구한다. 그리고 너무 많은 문법적 오류를 피하기 위하여 문체의 부적절성이나 의미론적 난센스, 통사론과 어휘화 등을 격식화해야 한다. 우리는 고정된 문장 패턴, 뉴스 사건에서 되풀이되는 특징을 기술하는 데 자주 사용될 수 있는 전략적으로 유효한 도식을 예상할 수 있다. 저널리즘 교재는 이러한 뉴스 문법의 일부를 규범적인 용어로 가르친다(Metz, 1979; Baker, 1981). 교재에서는 신입 기자에게 효과적인 헤드라인과 머리글 문장에 대하여 말한다. 그리고 지면의 제약이 있는데 이로 인해 간결한 문체가 요구된다. 반복을 피하기 위하여 문장은 관계절에 담긴 많은 정보로 가득 채운다. 완전 명제는 단순하게 요약되어 명사화되는데 이는 또한 전제와 실제 뉴스의 선행 사건에 대한 간략한 배경 자료 대부분을 담는 데 사용될 수도 있다.

우리는 뉴스 담화의 문체에 대한 일반적인 제약 몇 가지를 검토하였다. 활자화된 매체, 공적인 매스 미디어로서의 성격, 제도적인 객관성, 형식성, 화제 선정, 생산 수요 등은 언론 뉴스의 독특한 문체로 파악되는 복잡한 문체론적 특징으로 쉽게 이어진다. 인쇄와 배치상의 특성 또한 문체와 연관된다. 끝으로 가독성과 이해 가능성의 추정에서 오는 피드백 제약이 있다. 기자는 평균적인 독자가 이해할 것이라고 추정되는 것을 항상 고려하는데 이러한 추정은 기자의 문체에 영향을 미친다. 그러나 이러한 피드백은 좀처럼 직접적이지 않다. 뉴스 생산자는 중간 계층의 독자들에 대한 자신의 직관적인 믿음에 따라서 쓴다. 가독성에 대한 실험적인 결과는 판매 수치보다 대체로 덜 중요하게 여겨진다. 그 분야에 밀접한 참여자와 뉴스 생산자가 쓰는 의사소통의 문체는 경제적 시장 요인의 간접적인 방법을 제외하고는 독자로부터 피드백이 거의 없는 것이다. 그러므로 TV의 간단한 뉴스의 문체조차 일부 시청자에 의해서만 이해되는 것처럼 보이는 것은 놀랍지 않으며 우리는 이것이 신문 기사의 경우에는 더욱 심할 것이라고 예상할 수 있다. 텍스트 이해의 심리학적 측면의 결과에 관한 피드백도 없다. 오히려 기자는 그들의 작품에 대한 어떤 학술적 조사에서도 통찰을 얻는 것을 원하지 않는 경향이 있다고 암시하는 인상적인 증거가 있다. 따라서 편집과 문체 수정은 대개 직관적인 통찰과 직업적인 일과, 그리고 종종 매일의 일과를 효과적으로 성취하기에 충분한 정도의 상식에 근거한다.

## 뉴스의 통사론

이미 설명하였듯이 뉴스 담화 문장의 통사론은 매우 복잡할 수 있다. 하나의 절로 구성된 문장이 매우 드물다. 대부분의 문장은 여러 개의 내포절과 명사화로 복잡하며 따라서 여러 개의 명제가 포함된다. 몇 가지 예를 검토해 보자.

Walter F. Mondale은 Ronald Reagan 대통령의 임기 기록에 대한 날카로운 공격으로 총선 캠페인을 시작하며 거칠게 강행하는 경제 정책과 해외로는 강하지만 회유적인 자세로 전념하는 "새로운 현실주의" 대통령을 약속하였다. 민주당 전당대회를 마감하며 Mondale은 그의 수락 연설에서 1980년 민주당을 패배로 이끈 실수를 인정하며 그의 정치 이력을 특징짓는 자유주의적 논조의 일부를 없앴고 가을 캠페인을 공화당의 기록과 미래에 대한 투표로 만들려고 하였다.

(헤럴드 트리뷴, 1984년 7월 21~22일, 1쪽; 워싱턴 포스트 서비스)

1984년 민주당 전당대회에 관한 헤럴드 트리뷴(*Herald Tribune*)의 이 서두 두 문장은 복잡할 뿐만 아니라 이 뉴스 기사의 첫 두 단락과 일치한다. 머리글의 첫 번째 문장은 복합적인 통합 구조인데 여기에는 첫째로 명사화(공격)가 내포되어 있고 둘째로 관계절(…에 전념하는)이 내포되어 있다. 이 요약문은 다음의 네 가지 다른 화제를 포함하는데 각각 Mondale이 이 캠페인을 시작했다는 것, 그가 Reagan을 공격했다는 것, 그가 "새로운 현실주의"를 약속했다는 것, 그의 정책은 "거칠" 수 있다는 것이다. 첫 번째 문장 내용을 상세화하며 새로운 화제를 시작하는 두 번째 문장은 더욱 복잡하다. 다시, 두 개의 주절을 연결하는 접속사가 있다. 첫 번째 절에는 두 개의 중요한 명사구에 부가된 관계절이 있고 두 번째 주절에는 시간 부사절 혹은 암시적으로 양보를 나타내는 부사절("…를 인정하며")이 내포되어 있다. 또한 명사구 자체가 매우 복잡하다는 것에 주목해야 한다. 각각의 표제 명사는 (총선) 캠페인, (Reagan, 대통령, 임기) 기록, (거칠게 강행하는, 경제) 정책, (해외로는, 강하지만, 회유적인) 자세 등과 같이 여러 번 수식된다. 이러한 방식으로 하나의 문장으로 최소한 열 개의 명제를 표현할 수 있다. 4장에서 보겠지만 이는 오히려 단기 기억의 즉각적인 처리에 심한 인지적 부담이 된다. 그러므로 그러한 문장을 완전하게 이해하는 것은 다분히 어렵다. 두 번째 문장도 비슷하게 복잡하다. 의미론적으로 우리는 수락 연설로 마무리된 전당대회, Mondale의 정치 이력에 대한 평가, 과거의 실수 거론, 가을 캠페인의 목적 발표 등과 같은 실제 사건이 언급되고 있음을 안다. 도식적으로 이것은 중심 사건, 평가, 역사 등의 상부 구조적 뉴스 범주의 여러 조각이 단 하나의 문장에 표현된다는 것을 의미한다. 즉, 우리는 머리글 문장의 통사론이 통사적으로 잘 구성되고 이해될 수 있도록 기사를 요약하고 그에 따라 중심 화제를 드러내기,

몇 가지 도식적 범주를 나타내기, 이러한 정보를 조직하기 등과 같은 몇 가지 역할을 한다고 본다. 뉴스의 문장들은 긴 전치사구와 관계절로 귀결되며 종종 나아가 명사화로 응축된다.

같은 날 같은 신문의 Mondale의 러닝메이트 Geraldine Ferraro의 연설에 관한 뉴스 기사(로스앤젤레스 타임스(*Los Angeles Times*)에서 발췌) 역시 다음과 같이 복문으로 시작한다.

Geraldine A. Ferraro 하원의원은 그녀가 민주당 부통령 후보로 지명된 것은 11월 Ronald Reagan 대통령의 패배를 향한, 그리고 모든 미국인에게 더 위대한 기회를 의미하는 역사적인 걸음임을 선언하였다. (…) 이탈리아 인 이민자의 딸인 Ferraro(48) 씨는 Reagan 행정부가 "만약 네가 열심히 일하고 규칙에 따른다면 너는 미국의 축복을 나누어 가질 수 있다"는 미국 인 어린이에게 하는 전통적인 약속을 훼손했다고 비난했다.

다시 우리는 복문 두 개를 볼 수 있는데 첫 번째 복문은 하나의 주절과 다수의 내포절, 명사화("지명된 것", "…임을", "패배") 및 복잡한 전치사구(toward the defeat of Reagan in November, 11월 Reagan의 패배를 향한)로 이루어졌다. 지명된 것으로 명사화된 절은 선행 사건 범주를 요약하는 기능을 할 수 있는데 Ferraro가 지명되었다는 것이 전제된 것이다. 두 번째 문장 역시 전형적인데 뉴스 행위자의 현재 행위를 더 상세화하기 전에 나이 혹은 출신 배경(여기에서는 민족적 배경)과 같은 뉴스 행위자에 관한 추가적인 정보를 제공하는 동격의 일반적인 비제한적 관계절을 채용한다. 이와 유사하게, 인용된 내용의 상세화 는 현재 문장 구조에 통합될 수 있다. 그러한 문장은 같은 시간 캘리포 니아에서 발생한 무자비한 살인에 대한 인물 동정 이야기의 시작에서 볼 수 있듯이 정치적 사건에만 한정되는 것은 아니다.

맥도날드 식당에서 21명을 죽인 총잡이, [JOH]의 미망인은 그녀가 최근 그녀의 남편이 "목소리를 듣기 시작했고 그곳에 있지 않은 사람들에게 말하는 것 같았다"라며 공개적으로 사과하였다.

(헤럴드 트리뷴, 1984년 7월 21~22일)

이 문장은 최근 사건의 요약이자 신원에 관한 수식이 있는 화제가 되는 명사구로 시작하는 주절과 복문을 인용절로 안고 있는 평서문으로 이루어져 있다(신문에는 성명이 제공되어 있지만 우리는 책에서 그의 가족의 이름이기도 한 대량 학살범의 이름이 반복되는 것을 원하지 않아 단지 그 총잡이의 머리글자만을 제공한다. 뉴스의 중요한 특질이 훼손되지 않는 한 원본을 편집함으로써 범죄 보도에서 나타나는 사생활에 대한 존중의 결여가 그 뉴스의 분석에서도 반복되지 않도록 한다).

우리가 측정하고 있는 일종의 문장 복잡도는 시사교양지나 영어에 한정되는 것은 아니다. Gemayel 암살 보도에 관한 사례 연구에서(van Dijk, 1984b, 1987b) 우리는 제1 세계와 제3 세계 신문 모두에서 문장의 평균 길이는 약 25개의 단어이고 복잡도는 대략 (각각의 주절에 2.5개의 내포절이 내포되는) 2.5인 것을 발견하였다. 앞에서 분석한 Walter Mondale과 민주당 전당대회에 관한 헤럴드 트리뷴(*Herald Tribune*)의 문장은 훨씬 더 길며(단어 38개와 51개) 비슷한 정도의 복잡도를 지니고 있다. 따라서 문장 복잡도는 언론에서 보도되는 뉴스의 보편적인 특징으로 나타난다. TV 뉴스에 나타나는 문장은 실질적으로 비교적 짧다(예를 들어 Findahl & Höijer, 1984 참고). 다른 언어에 나타나는 복잡한 머리글 문장에 대한 느낌을 알기 위하여 같은 전당대회에 관한 이탈리아의 꼬리에레 델라 세라(*Corriere della Sera*, 1984년 7월 20일)의 1면 보도를 택하여 영어로 직역하였다.

첫 번째 투표에서 (Gary Hart에게 1201표, Jesse Jackson에게 466표, 나머지 후보에게 분산된 68표와 대비하여 2191표를 얻어) 쉽게 "지명"된 후 Walter Mondale은 즉각 Reagan에 대한 공격을 시작했고 샌프란시스코 전당대회 끝에 수락 연설을 하며 백악관을 향한 그의 선거 운동의 조직과 주제에 대하여 말하였다.

이 머리글 문장의 전체적인 구조는 영어 신문의 문장 구조와 닮았다. 두 개의 주절이 있는데 첫 번째 주절은 괄호 안의 긴 삽입구를 가진 시간 부사절에 후행하며 동일한 명사화(공격)가 내포되어 있고 두 번째 주절 역시 긴 전치사구("… 끝에")와 복잡한 명사구를 포함한다. 대중 신문에는 종종 비슷한 통사 구조가 사용되지만 민주당 전당대회 종료에 관한 유에스에이 투데이(*USA Today*)의 보도에서 읽을 수 있는 것과 같이 항상 그러한 것은 아니다.

Walter Mondale 전 부통령과 그의 역사를 만드는 러닝메이트 Geraldine Ferraro는 목요일에 "미래를 위한 투쟁"이라는 공약과 함께 후보 지명을 수락한 후 금요일에 1984년 대선 캠페인을 시작하였다.

(유에스에이 투데이, 국제판, 1984년 7월 21~23일, 1면)

이 문장에는 비록 단지 하나의 주절이 있지만 이 절에는 또한 선행 사건을 나타내는 시간 부사절이 내포되어 있으며 복잡한 명사구와 선언문이 담긴 복잡한 전치사구가 있다. 형용사 "역사를 만드는

(history-making)"은 전당대회에 관한 많은 보도에서 보이는데 의미론적 내용의 일상적인 구절로서 뉴스에서 전형적으로 사용된다.

이와 같이 뉴스에 사용된 문장을 통사론적으로 간단히 분석한 것을 요약하면 종종 다음과 같은 구조식으로 나타난다.

S 〈 NP (N(Srel) & N(Srel), VP (NP(Srel), PrepP(Rel)) 〉 & S ◇.

즉, 문장은 복잡할 수 있고(대등절, 종속절 등 여러 개의 문장(S)으로 구성) 각 문장은 (각각의 표제 명사에 종종 하나 이상의) 관계절이 부가된 복잡한 명사구와/혹은 복잡한 전치사구를 포함할 수 있다. 관계절은 명사화 혹은 전치사구, 형용사, 그 외 수식어로 대체될 수 있다. 물론 이는 우리가 뉴스 담화에서 찾을 수 있는 구조 중 한 예시일 뿐이며 여러 변이가 가능하다. 이 공식은 우리가 뉴스의 문장에서 찾을 수 있는 통사적 복잡성에 대한 인상을 제공하는 정도의 의미를 지닌다. 우리는 앞에서 보편적으로는 형식적인 담화와 대화가 갖는 전반적인 제약, 그리고 특수하게는 뉴스 생산 과정에 나타나는 전반적인 제약으로 인한 복잡성에 대하여 설명하였다. 비교적 간단한 보도는 텍스트를 가능한 한 짧게 하고 사건 사이를 연결하고 선행 사건과 배경을 통합하고 새로운 행위자를 확인할 수 있도록 하는 방대한 양의 정보를 문장에 담아야 한다. 특히 머리글의 문장은 전체 기사의 요약이어야 한다. 뉴스 기사의 끝으로 가면서 우리는 이따금 길고 복잡한 문장들 사이에서 비교적 짧은 문장을 보기도 한다.

## 어순의 역할과 통사론적 기능

문장의 통사론에는 그 전반적인 복잡성 외에 더 많은 것이 있지만 이 분석에서는 어순, (수동태, 분열문, 관계절의 사용과 같은) 특수 구조 및 문장 구성의 다른 중요한 특질의 세부에 대하여 논하지 않을 것이다. 어순과 관련하여 명사구는 종종 문장의 화제로 기능하는데 그것은 담화의 화제 논항이기도 하다. 즉, 앞에서 분석한 보도의 최상위 거시 명제의 일부인 Mondale과 같은 뉴스의 행위자는 종종 텍스트 전반에 걸쳐 문장의 화제로 나타날 것이다. 이는 일반적인 온라인상의 국지적 응집성에 기여하고 거시 구조적 통제의 결과가 되며 텍스트의 관련성 구조를 나타낸다. 따라서 Mondale은 뉴스 사건과 뉴스 스토리의 주요 행위자로서 표지를 갖는다. Ferraro가 전당대회와 캠페인에서 정치적 역할을 주도함에도 불구하고 그녀는 문장 구조에서 대개 두 번째 위치에서 언급된다. 이러한 방식으로 뉴스의 통사론적 구조는 Ferraro의 부통령직으로서의 공식적 역할에 대한 해석이 대통령직 후보인 Mondale의 뒤에 위치하도록 신호를 줄 수 있다. 그러나 이는 또한 특히 정치에서 여성의 위치를 남성의 뒤에 배치하는 식의 일상적인 성차별적 태도를 나타내는 것일 수도 있다. 뉴스에서 여성을 이런 식으로 삭제하는 것에 관한 상당한 증거가 있다(Tuchman, Kaplan, Daniels, & Benét, 1980; Downing, 1980). 그러한 분석에서 통사론적 분석은 간접적이지만, 정교하고 그에 따라 종종 신뢰할 만한 증거를 제공한다. 비슷한 결과가 런던의 서인도 제도 축제를 다루는 언론 보도에 대하여 통사론적으로 분석한 Fowler 외(1979)에서 나타난다. 1장에서 제시하였듯이 저자들은 능동문과 수동문의 사용과 뉴스 행위자가 문장에서 행동주나 주어의 자리에 오는 것은 이들 뉴스 행위자에 대한 신문의 암묵적인 입장에 관한 많은 것을 드러낸다는 것을 발견하였다. 만약 경찰과 같은 공권력이 부정적인 행위의 행동주라면 그들은 행동주 자리에 덜 나타나는 경향이 있다. 그리고 그들은 수동문의 전치사구("경찰에 의하여")에서 덜 두드러지게 되거나 행동주가 없는 문장 구조에서 암시적으로 남는다("많은 시위자들이 부상당했다"). 언론에 비치는 소수자와 불법 거주자에 관한 우리의 연구(van Dijk, 1987b)에서 우리는 그러한 통사론적 신호가 뉴스 담화에 사실상 적절하다는 것을 밝혔다.

## 뉴스의 어휘론적 문체

단어의 선택은 담화의 유형에 대하여 대체로 통사적 패턴보다 관련성이 더 높다. 어휘론적 문체는 문체론적 연구에서 중심이 되며 의미론적 내용 분석에 관련성을 형성한다. 특정 단어의 선택은 형식성의 정도, 대화 참여자 사이의 관계, 그룹 기반 담화인지 제도적으로 통합된 담화인지, 그리고 특히 화자의 태도와 그에 연결되는 화자의 이데올로기에 대하여 신호를 줄 수 있다. 동일한 사람을 가리키기 위하여 신문이 테러리스트를 선택할지 아니면 자유를 위해 싸우는 투사를 선택할지는 공유된 단어의 의미에 포함된 함축적이지만 연상되는 가치의 간접적인 표현과 관련되는 의미론의 문제가 아니다. 뉴스 미디어에 나타나는 이데올로기에 기반한 어휘적 변이의 이러한 표준적 예시 외에도 그와 같이 견해가 통제되는 어휘 선택은 많은 것들이 보다 교묘하고 무궁무진하다.

그 외에도 어휘 선택은 사회 정치적 이데올로기에서 비롯된 것은 아니지만 직업적 사용역의 일부는 앞 절의 예시에서 전형적으로 역사적인을 사용한 것과 같이 특정 사건의 성격을 드러내곤 한다. 끝으로 어휘론적 문체는 예를 들어 삼가는 말과 같은 수사학적 전략에 의하여 조정될 수 있다. 완화(mitigation)는 특히 중요한 뉴스 행위자의 부정적인 행위를 묘사할 때 사용되는 일반적인 절차이며 명예 훼손 혐의를 피하기 위해서도 사용된다. 예를 들어 '논쟁적인'이라는 전형적인 용어는 일반적으로 기자나 기타 중요한 준거 집단에서 부정적으로 인식되는 사람의 특성을 나타내는 데 사용된다. 관점은 이러한 경우에 매우 중요하다. 어떤 기자에게 "거칠다"거나 "강한" 행위나 정책이 다른 기자들에게는 "공격적"이거나 "모욕적"일 수 있다. 앞에서 예로 든 Jesse Jackson의 Mondale 비판에 관한 타임스(*The Times*)의 보도 등에서 공격적인 이미지와 일치하는 일련의 어휘 항목이 나타났다.

## 6. 뉴스 담화의 수사학

### 담화의 수사학과 그 효과

문체와 마찬가지로 담화의 수사학은 우리가 어떻게 말하느냐와 관련된다. 그러나 뉴스의 문체가 뉴스의 대중적이고 매스 미디어적, 형식적인 성격에서 파생되는 다양한 맥락적 요소에 의한 제약이 큰 반면 뉴스에 수사학적 구조를 적용하는 것은 의사소통의 목적 및 의도된 효과에 달려 있다. 문체론적 선택은 특정 상황이나 전제된 이데올로기적 바탕에 따른 담화의 종류를 나타낸다. 수사학에 대한 요구는 이러한 방식으로 맥락에 의하여 좌우되지 않는다. 그것은 메시지를 보다 효과적으로 하고자 하는 경우에만 자유롭게 관여한다. 미학적 기능으로 쓰이는 담화에는 운(rhyme), 특수한 어조, 운율 구조, 두운 및 기타 음성 패턴 등으로 나타나는 방식으로 표면 구조가 구성된다. 이는 대구법과 같은 통사적 패턴의 사용, 비교나 비유, 반어법, 축소 등과 같은 의미론적 기능의 사용에도 동일하게 적용된다. 그러나 미학적 기능은 설득적인 목적에 사용되기도 한다. 인지 의미론적 차원에서 우리는 사람들이 우리가 어떤 사건이나 상황에 대하여 말하는 것을 이해하기를 바란다. 즉, 우리는 메시지가 전달되기를 원하는 것이다. 우리는 이것이 독자나 청자가 화자/필자가 의도한 대로 텍스트적 표상과 상황 모형을 구축한다고 예상하는 것을 의미한다는 것을 예전에 확인하였다. 화용론적으로, 우리는 또한 우리가 어떤 기저의 의미를 표현함으로써 수행하는 화행과 유사한 어떤 것이 작용한다는 것을 말하려고 한다. 우리는 우리의 대화 상대가 우리가 말하는 것이 주장이나 요청, 위협 등의 의도를 갖는다는 것을 이해하기를 원한다.

지금까지는 좋다. 그러나 설령 청자나 독자가 우리가 의도한 것을 의미론적으로든 화용론적으로든 완벽하게 잘 이해했다고 해도 이는 의사소통 의도의 절반에 해당할 뿐이다. 또한 우리는 그 혹은 그녀가 우리가 말하는 것을 받아들이기를, 즉 우리의 주장을 믿고 요청된 행위를 하고 우리의 명령을 실행하기를 원한다. 전통적인 화용론 전문 용어로, 우리의 화행은 언표내적 기능(illocutionary functions)과 발화효과(perlocutionary effects)를 지녀야 한다. 수사학이나 화법 연구의 관점에서 이는 우리가 설득의 절차에 관련되어 있다는 것을 의미한다.

## 뉴스의 유효성: 사실성의 제안

설득은 뉴스 담화의 매우 구체적인 목적이자 기능이다. 언론에 실리는 광고와 달리 뉴스는 본질적으로 특정 기업이나 기관의 상품이나 서비스를 홍보하는 데 목적을 두지 않는다. 물론 경제학적으로 뉴스 역시 홍보와 판매가 필요한 시장 상품이다. 이데올로기적으로 뉴스는 사회 엘리트 집단의 지배적인 믿음과 의견을 암묵적으로 활성화시킨 다. 그러나 화용론적으로 이는 (약속이나 위협과 같은) 화자의 행위나 (고발에서와 같이) 독자의 행위에 관계되는 거시적 화행의 유형과 본질 적으로 다르다. 오히려 우리의 일상적인 뉴스의 대부분은 단언 화행의 예가 된다. 이러한 화행을 적절하게 하기 위하여 저자는 청자/독자가 아직 알지 못하지만 알게 되기를 원하는 명제를 나타내야 한다. 따라서 실제에서 그런 의도를 견지하는 발화나 설득이 진실이거나 최소한 가능한 진실로 이해되고 수용되는 방식으로 의미를 구성한다. 언론의 뉴스에서 이루어지는 화행과 같이 단언적 화행을 수행하는 수사학적 구조는 텍스트에서 단언하는 명제에 규정되는 독자의 믿음을 강화할 수 있어야 한다. 그러므로 이 경우에 설득이 견해나 태도의 변화를 수반할 필요는 없다. 단언적 설득은 설득의 과정에 기본적이다. 다른 사람의 말에 대한 최소한의 믿음 없이 우리가 그러한 믿음에 근거하여 의견을 바꿀 것이라고 기대하기는 어렵다. 우리는 우리가 애초에 핵폐 기물이 사람들과 환경에 위험하다고 믿지 않는 이상 쉽게 새로운 원자 력 발전소에 반대하며 시위행진을 하도록 설득되지 않는다.

지식과 신념 명제를 받아들이는 것은 복잡한 과정이다. 이는 우리 가 이미 가지고 있는 다른 지식 및 신념과 일치하지는 않더라도 어떤 최소한의 일관성을 가질 것을 전제로 한다. 우리의 선험적 도식, 규범, 태도에서 상위를 차지하는 화제성 명제는 특히 새로 도입되는 명제와 모순되지 않아야 한다. 만약 모순된다면 우리는 새로운 명제를 받아 들이는 것에 더하여 우리의 기본적 신념을 바꾸어야 한다. 이것이

쉽지 않다는 것을 우리는 알고 있으며 이는 실험 연구에서도 확인된다. 우리는 적당한 이유와 근거 없이 수년간의 이해와 경험, 행동을 통해 쌓아 온 근본적인 신념을 버리지 않는다. 설득적인 면이 있는 말과 텍스트에는 종종 논쟁이 수반된다. 명시적 논쟁이든 암묵적 논쟁이든 논쟁은 화자가 단언하는 명제를 수용할지 고려할 때 우리가 수행하는 인지적 작업에 영향을 미치게 된다. 수사학의 내용 측면을 간단하게 상기해 보자. 다만 논쟁적 구조와 그 구성 및 인지적 관련성은 별도의 취급이 필요하다.

수사학 역시 형식적 측면이 있는데 이는 우리가 명제나 논쟁을 구성하는 방법이나 방식을 규정한다. 설득 과정의 내용이나 구성 요소가 다소 독립적이라면 이러한 형식적 측면은 (1) 기억에 있는 텍스트 정보를 표상하고 (2) 이 정보를 보다 잘 조직하고 (3) 그 인출과 사용의 가능성을 높이고 끝으로 (4) 의도된 신념과 견해의 변화에 영향을 미치는 데 도움이 될 수 있다.

두 측면은 모두 뉴스 담화에 유효하다. 뉴스 담화에는 독자가 세상에 대하여 이미 가지고 있는 규범과 모순 없이 부가될 수 있는 명제가 표현되어야 한다. 그리고 동시에 그러한 명제가 기억에 남도록 해야 한다. 뉴스 담화는 보통 두 번째 측면을 따라 작동하지 않는다. 우리는 일반적인 뉴스 아이템에서 장식적인 소리 패턴이나 복잡한 통사적 패턴, 인위적인 비유를 기대하지 않는 것이다. 그것들은 고작해야 특별한 배경이나 사설 등에 한정된다. 일간 보도에서는 세련되고 독창적이고 창의적인 글쓰기를 할 시간이 없다. 그보다는 전적으로 위계 구조, 배열, 도식 구조, 지면 배정(헤드라인, 머리글, 면적, 빈도 등)과 같은 뉴스의 다양한 연관 구조(relevance structure)를 통해 중요한 내용을 강조한다. 이런 의미에서 거대한 헤드라인은 수사학적 감탄사과 과장법에 수반되는 특정 발음 기관과 비슷하다. 다시 말하면 뉴스의 수사학에서 형식 측면은 미학적으로 기능적인 담화의 경우와 달리 본질적으로 음운론이나 형태론, 통사론의 문법적 차원에 바탕을 두지 않는다(Roeh, 1982; Roeh & Feldman, 1984 참고). 뉴스에서 수사학은 뉴스의 특징을 강화하는 다양한 관련성이나 중요성에 의하여 특정 내용을 증거로 제시하려는 목표에 따라 설계된다.

## 설득적인 내용의 특성

내용이 주목받고 이해되고 표현되고 기억되어 결국 믿어지고 통합되려면 더욱 조직화되어야 할 필요가 있다. 만약 명제가 참인 것으로 혹은 타당한 것으로 받아들여진다면 거기에는 반드시 명제의 진실과 타당성이 드러나도록 하는 특별한 수단이 있는 것이다. 뉴스 담화에는 단언의 설득 과정을 활성화하는 몇 가지 표준 전략이 있다 (Tuchman, 1972 또한 참고할 것).

(A) 사건의 사실성을 강조하라. 예를 들어 다음의 방법을 사용한다.
  1. 진행 중인 사건에 관한 직접적인 기술
  2. 가까운 목격자에게서 획득한 증거의 사용
  3. 다른 믿을 만한 취재원(권위자, 존경받는 사람, 전문가)에서 획득한 증거의 사용
  4. 사람, 시간, 사건 등에 관한 숫자와 같은 정밀함과 정확성을 나타내는 표시
  5. 특히 견해가 포함된 경우 취재원을 직접 인용

(B) 사실에 관한 강력한 관계 구조를 설계하라. 예를 들어 다음의 방법을 사용한다.

1. 조건이나 원인이 되는 선행 사건을 언급하고 실제 결과를 기술하거나 가능한 결과를 예측
2. 새로운 것일 때에도 비교적 익숙하게 만들어 주는 잘 알려진 상황 모형에 사실을 맞춤
3. 그 스크립트에 속하는 잘 알려진 스크립트와 개념 사용
4. 사실을 이를테면 서사와 같은 잘 알려진 특정 구조에 맞추어 조직화

(C) 태도와 감정 측면의 정보를 제공하라.

1. 사실은 강력한 감정을 수반하거나 일으킬 때 더 잘 표현되고 기억된다(다만 지나치게 강한 감정이 수반되면 사실을 무시하고 은폐하여 불신할 수 있다).
2. 사건의 진실성은 사건에 대하여 다른 배경이나 이데올로기를 지닌 사람들의 견해가 인용될 때 강화된다. 그러나 일반적으로는 이데올로기가 비슷한 사람들의 견해가 일차적으로 주목받는다.

이러한 수사학적 조건의 일부는 인지 심리학과 사회 심리학에서 잘 알려져 있다(van Dijk & Kintsch, 1983; Bower, 1980; Roloff & Miller, 1980; Schulz, 1976). 이들은 부분적으로는 뉴스 생산에 내재된 뉴스 가치 체계에서 파생된다. 부정적인 것, 선정적인 것, 섹스, 폭력 등에 대한 태도는 시사교양지에서조차 (좀 더 미묘하긴 하지만) 감정의 수사학을 따르는데 우리 역시 사고, 재난, 재해, 범죄에 대한 보도를 통해 이를 알고 있다. 이러한 종류의 사건은 혹독한 사실을 보도하는데 이는 목격자가 있고 (피해자의) 정확한 숫자가 필요하고 서사 구조를

따라 보도되기도 하며 (관계자와 참가자 양쪽 모두의) 견해를 반영하기도 하고 많은 직접 인용을 허용하며 (어떻게 그리고 왜 그것이 발생할 수 있었는지) 원인과 결과를 강조한다. 간략하게 말하여 이것들은 효과적인 정보 처리 과정의 기본적인 인지적·감정적 조건을 충족시킨다. 이러한 사건들은 서구 사회에 속하는 대부분의 사람들이 뉴스로 소비하는 것들의 대부분을 구성한다. 영국에서 가장 많이 소비되는 신문인(Merrill, 1983) 타블로이드지는 이런 뉴스를 사실상 독점적으로 보도하는데 판매 부수가 소위 시사교양지라고 말하는 신문의 거의 10배에 달한다(Spiegl, 1983). 타블로이드지의 수사학은 많은 사람들에게 매우 효과적인 것으로 보인다.

사실 (B)에 대하여 강력한 관계 구조를 형성하는 데 관련되는 조건들은 정통성과 이데올로기적 일치만큼이나 그러한 뉴스의 가치 조건에서 익숙하다. 뉴스에서 예외적인 것과 예상되는 것은 사건을 부각시켜서 보다 기억에 잘 남도록 한다. 그러나 여전히 이러한 일탈성은 이해할 수 있는 범주 내에 속하는 것이어야 한다. 우리가 사는 지역의 도로나 슈퍼마켓, 이웃, 마을의 화재와 같은 사고는 일탈적이거나 부정적이거나 예상을 벗어나는, 우리에게 사헬 지역의 굶주림보다 훨씬 재미있는 중대한 사건이다. 이런 사고는 또한 우리가 그것을 잘 알려진 모형에 맞출 수 있기 때문에 더 잘 이해된다. 때때로 우리는 매우 구체적으로 사건과 그 결과를 상상할 수 있다. 먼 지역의 기아 사태는 윤리적으로 그 사건이 훨씬 중대할 때조차도 이런 조건을 충족하지 않는다. 다시 말해서 뉴스는 완전히 예측 가능하지 않더라도 우리의 모형에 들어맞는 사건을 보도할 때 더욱 설득적이다.

그러나 어떤 뉴스 아이템이나 정보를 더욱 받아들일 만한 것으로 만드는 이러한 다양한 수사학적 조건은 뉴스로서 가치를 지니는 뉴스 사건의 관심, 초점 및 선택에 영향을 미친다. 뉴스의 실제 수사학은 사건 (A)의 사실적 특징을 강조하는 데 관련되는 조건에 있는 것으로 보인다. 주어진 특정 사건에 대하여 이러한 수사학적 특징을 사용함으로써 그 사건에 대한 정보를 보다 타당하고 수용 가능하게 만든다.

## 직접 기술과 목격자의 보고

진실에 대한 기본적이고 전통적인 조건 중 하나는 직접 관찰하는 것이다. 즉, "나는 그것을 내 눈으로 보았다"는 표현은 궁극적으로 진실성을 보장한다. 그래서 신문사들은 재무 예산의 한도 내에서 그들의 통신원이나 기자에게서 일차적인 증거를 수집하려고 하고 이미 수십 명의 다른 기자들이 있는 장소임에도 특사를 파견하기도 한다. 직관한 것을 기술하는 것과 기자가 사건에 근접해 있는 것은 기술의 진실성과 그에 따른 뉴스의 타당성에 대한 수사학적 보증이 된다.

이와 유사하게 인터뷰에서 볼 수 있는 목격자의 보고는 기자가 직접 관찰하지 않은 경우 필수적인 대체로 사용되기도 한다. 물론 모든 목격자가 자격을 갖춘 것은 아니지만 사람들이 자신의 눈으로 본 것에 대하여 보고한 것은 소문보다 더 진실에 가까운 것으로 받아들여진다. 그러나 목격자가 틀린 증언을 할 수도 있다는 것은 거의 중요하지 않다(Loftus, 1979). 뉴스의 수사학에서 문제가 되는 것은 실제 진실이 아니라 진실이라고 착각하는 것이다. 직접 보도와 목격자의 인터뷰를 광범위하게 사용하는 것은 유명한 언론이다. 그리고 만약 평범한 사람들이 참여자인데 인터뷰를 받는다면 이는 마치 평범한 독자가 스스로 그 사건을 본 것과 같다. 눈앞의 사건에 대한 기술은 또한 매우 모형 의존적이며 구체적이어서 사건에 대하여 좀 더 거리를 두고 추상적으로 도식에 근거하여 표현한 것과 달리 상상이 가능하다. 우리는 그런 모형에 더 가까운 사건이 더 많이 신뢰되고 기억된다는 것을 이미 확인하였다.

## 취재원과 인용

그럼에도 불구하고 대부분의 뉴스는 직접적인 관찰이나 목격자에 의한 설명이 허락되지 않는 사건에 관한 것이다. 기자들은 다른 매체나 통신사 혹은 다른 보도에서 사건을 얻는다. 사건의 사실성은 다양한 방식으로 평가되어야 하며 사용되는 수사학적 전략은 취재원을 정교하게 사용하고 인용하는 것이다. 일차적인 취재원은 (목격자로서) 사실을 설명하고 여론을 형성하는 것에 모두 직접 관련이 있는 참여자들이다. 그러나 모든 취재원이 동일하게 믿을 만한 것은 아니다 (Hovland, Janis & Kelley, 1953; Cronkhite & Liska, 1980). 취재원에는 위계가 있고 그와 관련하여 신뢰성의 정도가 나뉜다. (뉴스 행위자로서) 엘리트가 제공하는 정보는 뉴스로서의 가치가 더 있다고 여겨질 뿐만 아니라 관찰자로서 그리고 여론을 형성하는 사람으로서 더 신뢰할 만하다고 여겨진다. 파업에 관한 보도에서 기업의 관리자와 노동조합의 간부는 파업 중인 개개인에 비하여 더 자주 취재원으로서 인용될 것이다(Glasgow University Media Group, 1976, 1980). 이와 유사하게 대부분의 사회적 갈등에서 높은 지위에 있는 정치인이나 전문가, 경찰관과 같은 권위자들은 사실에 대하여 설명하고 평가하도록 요구받는다 (Maddux & Rogers, 1980). 그러한 경우에 장관은 취재원으로서 국회위원보다 상위에 있다. 진실성과 신뢰도와 관련한 수사학적 위계에서 사회적 위계는 재생산되는 것으로 보인다.

이와 유사하게 인용이나 준인용은 기자에 의한 사건 기술보다 더 진실에 가깝고 더 신뢰할 만하다. 인용은 뉴스 보도를 더욱 생생하게 할 뿐만 아니라 실제로 말해지는 것의 직접적인 표시이며 그에 따라 발화 행위가 진실해 보이도록 한다. 참여자가 화자로 등장하면 뉴스 사건의 인간적이고 극적인 측면이 모두 전달된다. 그 경우에 뉴스 행위자는 그들의 역할을 수행하거나 반복하며 실제 행위자로 표현된다. 끝으로 인용은 중상이나 모욕으로부터 기자를 보호하며 여기에서 진실성에 대한 수사학적 환상은 사회적·법적 상관관계를 표현의 정확성에서 찾는다(Tuchman, 1972). 인용이 맥락상 완전히 정확하지 않다면 그것은 적절하지 않다. 인용은 반드시 진실해야 하며 그에 따라 수사학적 기능과 효과를 갖는다.

## 숫자

끝으로, 뉴스 담화의 수사학에서는 정밀한 숫자에 내재된 정확성을 통하여 진실성을 강력하게 드러낸다. 이는 뉴스 담화에 참여자의 수, 그들의 나이, 사건이 발생한 날짜와 시간, 위치 설명, 기구와 소품(무게, 크기)에 대한 수치상의 설명 등 많은 종류의 숫자 표현이 가득한 이유 중 하나이다. 시위에 관한 보도에서 권위자(경찰)와 시위 조직책 사이에 종종 논란의 여지가 있는 시위 참가자의 숫자에 대한 추산이 없다고 상상해 보자. 사고나 재난에 관한 보도에서 희생자의 수가 밝혀지지 않는다고 상상해 보자. 이러한 숫자 놀음보다 더 확실하게 진실성을 드러내는 수사학적 책략은 거의 없다. van Dijk(1981b)에서는 국내 및 국제 뉴스를 대상으로 한 사례 연구를 통해 이를 설명한 바 있다. 다시 말해서 중요한 것은 숫자의 정확성 문제가 아니라 숫자가 제공된다는 사실이다. 수치는 동일한 취재원을 사용할 때조차도 뉴스 미디어에 따라 매우 다르게 나타날 수 있으며 정확하지 않은 경우에도 그것이 후속 뉴스에서 정정되는 경우는 거의 없다. 이는 대개 정확성과 그에 따른 진실성을 드러내는 표시로서 의미가 있는 것이다.

## 예시 1: 무고한 징역 16년

일반적인 뉴스 아이템의 수사학적 측면에 주목하여 구체적인 예를 분석하여 요점을 간단하게 설명해 보도록 하자. van Dijk(1987b)에서는 뉴스의 문체론적·수사학적 특징의 사용에 관한 보다 체계적이고 통계적인 데이터를 제공한다. 이러한 구체적인 사례 연구는 동일한 사건에 관한 신문과 뉴스 아이템을 더 잘 비교할 수 있어 기술에서 나타나는 변이와 공식이 분명해진다. 여기에서는 1984년 7월 21일 타임스(*The Times*)의 1면에 게재된 '16년 만에 석방된 남성(Man set after 16 years)'라는 헤드라인의 기사를 예로 들 것이다. 이 헤드라인에서 가장 명확하게 보이는 수사학적 특징은 이 남성이 저지르지 않은 범죄로 인하여(혹은 적어도 재판에서 제시된 믿을 수 없는 증거로 인하여) 교도소에서 보낸 햇수이다. 이러한 숫자와 관련된 수사학은 텍스트에서 계속 이어진다.

1. 항소 법원에 이와 같은 11건의 소송.
2. 판사가 항소를 받아들인 첫 번째 소송.
3. 이번 주 초에 기각된 다른 두 건.
4. 1969년에 선고.

5. 84세의 나이 든 여성을 살해.

6. 남성은 "어떤 금액의 돈도 내가 잃은 것을 돌려주지 않을 테지만"이라 며 손해 배상 소송을 청구하려고 한다.

7. 배상액은 77,000파운드이다.

8. 남성은 150,000파운드까지 기대할 수 있다.

9. 이번이 그 남성의 두 번째 항소이다.

10. 첫 번째 항소는 1970년이었다.

11. 남성은 37세이다.

12. 그는 1968년에 체포되었다.

13. 8건의 항소가 대기 중이다.

14. 과학자는 1977년에 정직 처리되었다.

15. 과학자는 1981년에 강제로 은퇴하였다.

16. 옴부즈맨은 1,500건을 검토하였다.

17. 그 중 사람들이 범죄를 부인한 129건.

18. 16건의 사건이 항소 법원에 회부되었다.

19. 2건은 소송이 재개되기를 원하지 않았다.

20. 3건은 추적이 불가능하다.

21. 소송 2건이 이번 달에 심리가 이루어질 것이다.

22. 6건은 이번 가을에 심리가 이루어질 것이다.

23. 그 소송에는 1970년에 종신형을 받은 남성이 포함된다.

# 16년 만에 석방된 남성

John Witherow 기자

내무부의 Alan Clift 법의학 박사가 제시한 증거로 살인죄로 종신형을 선고받은 한 남성이 거의 16년을 교도소에서 복무한 후에 어제 석방되었다.

Clift 박사의 개입으로 내무부 장관에 의하여 항소 법원에 회부된 11건 중 하나인 그 소송은 판사가 항소를 받아들인 첫 번째 소송이다. 다른 두 건은 이번 주에 기각된 것으로 전해진다.

1969년에 84세 여성을 강간하고 살해한 죄로 선고를 받은 조경사 Geoffrey Mycock은 법정에서 자유를 선고받고 걸으며 "어떤 금액의 돈도 내가 잃은 것을 돌려주지 않을 테지만" 보상을 요구하려고 한다고 말했다.

억울한 옥살이에 대한 보상액은 77,000파운드이지만 어제 법조계 소식통에서는 Mycock는 150,000파운드까지 받을 수 있다는 예상을 밝혔다.

이것은 항상 무죄를 주장하던 Mycock의 유죄 판결에 대한 두 번째 항소였다. 1970년 그의 첫 번째 항소에서 지금은 은퇴한 경찰관이 재판에서 거짓 증언을 한 것이 증명되었다.

그러나 항소심 판사는 Clift 박사의 과학적 증거가 너무 강력하여 유죄 판결이 유지되어야 한다고 결정하였다.

어제 Lane 대법원장은 Glidewell 고등법원 판사와 Roger Ormrod 법관과 앉아 "밤이 낮을 따르는 것과 같이 이 법원은 유죄 판결이 확실하고 충분한지에 대하여 합리적으로 불안하다는 결론에 도달하였다"고 말했다.

국왕은 Desmond Fennell 변호사가 함께한 항소에 반대하지 않는다며 Clift 박사의 증거에 대한 신뢰가 항소에 반대하기에는 확실하지 않은 것 같다고 말했다.

체셔 매이클즈필드 출신의 Mycock(37세)은 Adeline Bracegirdle 살인죄로 1968년에 체포된 후 얼굴에 긁힌 상처들이 생긴 것으로 보였다.

Mymock의 옷에서 발견된 섬유와 살해 현장에서 채취한 섬유에 대한 과학적 증거가 소송에서 상당히 중요하게 입증되었지만 그의 일과 그가 도달한 결론을 별개로 증명하는 것은 불가능했다.

Geoffrey Mycock, 보상을 요구하다.

뒷면 6단에 계속됨

**법원, 16년 만에 재소자를 석방하다**

1면에서 이어짐

Mycock은 부두에서 파도와 함께 자유를 승인받고 이어서 "나는 Clift 박사의 증거와 경찰의 증거에 대하여 분개한다. 이 나이 든 여성에게 저질러진 범죄에 책임을 질 길이 없다. 살인자는 여전히 자유로운 것 같다."라고 말했다.

항소 법원에는 Clift 박사가 제공한 증거와 관련된 8건의 항소가 대기 중이다. 그는 1977년에 내무부에서 정직 처리되었다가 스코틀랜드 최고 민사 법원(Scottish Court of Appeal)에서 그가 "과학자로서뿐만 아니라 증인으로서도 신용을 잃었다"라고 결론지은 후 1981년에 강제로 은퇴하였다.

올해 초 옴부즈맨은 Clift 박사가 정직을 받은 후에 그의 업무에 대한 조사가 지연되는 것에 대하여 내무부를 비판하였다. 재심리에서는 Clift 박사가 자료를 조사한 사건 1,500건과 사람들이 범죄를 부정한 후에 유죄로 선고된 소송 사건 129건을 검토하였다.

16건은 내무부 장관에 의하여 항소 법원에 회부되었다. 2건은 소송이 재개되기를 원하지 않았고 3건은 추적이 불가능하였다.

추가로 2건이 이번 달에 심리가 이루어질 것이고 6건은 가을에 이루어질 것이다. 1970년에 살인죄로 종신형을 받은 남성을 포함하여 관련된 사람들이 석방되었다. 유죄 판결에는 강간, 절도, 중상해, 과실치사 등이 포함되었다.

타임스, 1984년 7월 21일

이 간단한 기사에서 우리는 수량, 액수, 날짜 및 유사한 수치 데이터 23개를 찾았다. 이러한 모든 수치는 실제로 흥미롭거나 적절한 것은 아니지만 그것을 사용함으로써 보도의 정확성 및 기자가 데이터에 직접 접근한 것 같은 느낌을 준다.

이 기사에서 찾을 수 있는 다른 수사학적 장치는 무엇인가? 첫째, 우리는 항소심과 결백한 남성의 해방에 관련된 많은 인용을 찾을 수 있다. 그 남성의 말은 물론 그 자체만으로 감성적인 호소가 되어 수사학적으로 효과적일 뿐만 아니라 피해자의 견해에 직접적으로 접근할 수 있게 한다. 그 무고한 남성은 온전히 보상받을 수 없을 뿐 아니라 그 판결은 진범이 여전히 자유롭다는 것을 암시한다. 법조계 소식통에 대한 몇몇 언급으로 그 남성이 받았을지도 모를 피해에 대하여 신뢰할 수 있게 된다(이것은 그저 희생자에 대한 공허한 희망이 아니다). 현재의 판결에 대한 정당성은 Lane 대법원장의 직접 인용된 말에 내포되어 있다. 앞서 피고인에게서 발견된 "긁힌 상처들"과 "섬유"에 대한 기술적인 세부 사항은 이야기를 (단순히 법적인 문제가 아니라) 더욱 구체적으로 만들고 그러한 세부 사항은 예를 들어 불충분한 증거에 대한 일반적인 진술보다 수사학적으로 더욱 효과적이다. 이러한 소송을 준비하는 데에는 항소심 판사 외에도 옴부즈맨의 권위가 행사된다.

이 뉴스 기사는 보통의 일상적인, 인간적 흥미를 유발하는 범죄 보도 중 하나이다. 그러나 무고한 남성이 16년간 투옥된 것은 충격적이며 믿을 수 없는 일이다. 이는 이 이야기가 다수의 수사학적 장치, 즉 엄청난 양의 놀라운 숫자와 함께 표현될 수 있으며 또 그래야만 한다는 것을 의미한다. 이밖에도 우리는 희생자의 감정적 반응과 호소가 담긴 직접 인용 및 관련된 최고위 관직자의 견해를 드러내는 (비유적이지만) 다채로운 진술을 찾을 수 있다. 끝으로 예전 사건에 관한 구체적인 기술적 세부 사항이 있다. 무고하게 선고되어 수년간 징역을 산 것은 가장 흥미로운 일탈로서 수사학적 관점에서 이해할 만하며 주목할 만하다. 한 사람이 무고하게 한 달 가량 투옥된 것은 언론에서 이렇게까지 흥미를 일으키지 않을 것이다. 또한 그 문제에 있어서 무죄 판결이나 잘못된 증거, 당국의 거짓말 등 구조적인 문제도 흥미를 일으키지 않을 것이다. 다시 말하자면 한 결백한 남성이 감옥에서 16년을 보낸 것은 그 자체로 법적 절차에 있어서 일탈에 대한 과장법이자 수사학적 과장이다. 그 뉴스는 그 소송에 대한 이러한 수사학적 가능성을 활용하고 헤드라인과 다른 숫자들의 거의 모방적인 과장에 의하여 이러한 측면을 증거로 삼는다.

## 예시 2: 폴란드의 정치범 660명, 석방되다

데일리 텔레그래프(*Daily Telegraph*) 1984년 7월 23일자에서 발췌한 다른 예시는 (이 신문에서는 완전히 그렇게 쓴 것은 아니지만 확실히 매우 암시적으로 "공산당 통치 40주년"이라고 표현한) 폴란드 독립 40주년을 맞아 폴란드의 정치범에게 내려진 특별 사면에 대하여 다룬다. 먼저 숫자의 사용을 검토해 보자. 가장 중요하게는, 660명의 정치범이 35,000명의 다른 (비정치적) 수감자들과 함께 석방되었다고 말하고 있다. 물론 보수적 서구 언론에서는 정치범이 가장 중요하다. 그러므로 기사의 말미에도 언급되어 있지만 660이라는 수치는 35,000이라는 수치에 비하여 훨씬 많은 주목을 받는다. 동일한 엄연한 사실(석방된 수감자의 숫자)에 대하여 이렇게 다르게 주목하는 것은 대부분의 서구 뉴스 미디어에서 동유럽과 특히 폴란드의 상황을 서구적 이해관계의 관점에서 표현하는 일반적인 경향으로 이해할 수 있다. 공산주의에 반대하는 모든 이해관계도 이것에 포함된다. 따라서 가톨릭교회나 폴란드 자유 노조 연대(Solidarity) 지도자 Lech Walesa와 같은, 공산주의 정권에 대한 어떤 반대자도 주요 뉴스 행위자로, 그게 아니라면 좋은 취지에서 영웅으로 각별한 주목을 받는다.

---

## 대폴란드 제재, 종식될 수 있다

**특별 사면, 유럽 경제 공동체와 미국에 환영받다**

폴란드 정부가 연대 운동의 주요 인사를 포함한 정치범 660명을 특별 사면한다고 주말에 발표함에 따라 유럽 경제 공동체와 미국이 폴란드에 대한 경제 제재를 해제하기 시작할 가능성이 있다.

오늘 브뤼셀에서 Geoffrey Howe 경(卿)과 다른 유럽 경제 공동체 수상들은 무역과 금융 원조에 대한 제한을 완화하는 것에 대하여 논의할 것이다. 미국은 곧 폴란드 항공 운항에 대한 규제를 해제할 것으로 예상된다.

특별 사면이 서방 국가에서 환영받아 왔지만 폴란드의 교회와 자유 노조 연대는 조심스럽게 반응했다고 본지의 바르샤바 통신원이 전했다. 석방된 수감자들은 범죄를 되풀이하여 다시 구속될 수 있고 다른 구속의 대상이 될지도 모른다고 한다.

사설 논평 14쪽

### 바르샤바의 경보

Robin Gedye, 바르샤바

특별 사면으로 석방되기로 한 폴란드의 정치범 660명 중 한 명이 오늘 첫 번째로 교도소를 떠난다. 그러나 토요일에 발표된 특별 사면에 가톨릭교회 지도자와 서방 국가 당국, 금지된 자유 노조 지도자 Lech Walesa는 신중하게 낙관하며 환영하고 있다.

그들은 석방된 사람들이 앞으로 30일간 개인적인 자유가 축소되거나 정치적 제약하에 놓이게 될 조건에 동의하도록 강요받지 않을 것을 확실히 하기를 원한다.

특별 사면은 정치범과 형사범 모두에게 있어 2년 내에 범죄를 되풀이한다면 철회될 수 있다.

---

이는 폴란드의 공산당 통치 40주년을 기념하는 공식 축전과 때를 맞춘 것이다.

1944년에 해방된 소비에트 군대는 폴란드의 나치 침략자와 여전히 싸우는 한편 루블린 시에 공산주의 정부를 취임시켰다.

## 하위 공무원의 참석

폴란드에 이웃한 동구권 국가들이 어제 사건과 폴란드의 최근 기록에 대한 생각의 의미는 행사에 하위 공무원이 참석한 것에 나타나 있다.

소련 정부는 Brezhnev 전 소비에트 지도자가 폴란드 독립 30주년 축하 행사에 참석한 것을 고려하여 Nikolai Tikhonov 수상을 어제 행사에 보내는 것이 적합하다고 생각했다.

헝가리, 불가리아, 체코슬로바키아, 루마니아, 동독은 모두 하위 공무원과 당 관계자들이 대표로 참석했다.

외교관들은 이것이 특별 사면과, 보다 일반적으로는, 그 실패가 폴란드 자유 노조의 출현으로 이어진 공산당의 지도력에 대한 의구심을 나타낸다고 믿었다.

거리의 폴란드인들 사이의 감정은 "기다리고 보자"라는 것인데 이는 지난 2년 반 동안의 경험을 통해 갖게 된 회의론에 의한 것이다.

한 고위 성직자는 Cardinal Glemp 폴란드 대주교가 "특별 사면을 기꺼이 수용"했지만 교회는 여전히 자유 노조의 복귀를 국가와 국민 사이의 화해를 위한 전제 조건으로 여긴다고 밝혔다.

Walesa 폴란드 대통령은 특별 사면은 "사회적 합의를 향한 위대한 발걸음이 될 수 있다"고 말하며 그러나 만약 석방된 사람들의 정치적 활동이 강제로 제한된다면 이를 완전히 받아들이게 되지는 않을 것이라고 덧붙였다.

그는 특별 사면에는 또한 6월 8일 반역죄로 기소된, 체포 전까지 자유 노조의 비밀 지도자였던 Bogdan Lis가 포함되어야 할 것이라고 말했다. 반역죄는 특별 사면이 적용되는 범죄가 아니다.

Walesa는 연대 11인방이라고 알려진 노조 지도자 7명과 자유 노조 고문 4명을 그들의 석방과 관련하여 접촉하는 데 주저하지 않을 것이라고 말했다.

뒷면 6단에 계속됨

물론, 그러한 묘사에는 정당한 이유가 있을 것이다. 억압적인 국가
기구에 대항하는 저항은 명백히 영웅적이다. 그러나 중요한 점은 노
조 간부나 파업 가담자, 평화 운동가, 시위 가담자들과 같은, 서방
국가 내의 동일한 종류의 반대자들이 동일한 언론에서 차별적으로
다루어진다는 것이다(Halloran, et al., 1970). 그들이 믿을 만하고 중요한
대변인으로 인용되고 언급되어야 하는 유일한 언론일 것이라거나 그
들의 의견만이 당국의 의견보다 더 상세하게 인용될 것이라는 것은
아니다. 코션 인 바르샤바(CAUTION IN WARSAW)지의 기사에서는
그 반대가 진실이다. 머리글에 언급된 반응에는 (1) 가톨릭교회 지도
자, (2) 서방 국가 당국, (3) Lech Walesa 등이 포함된다. 그들은 또한

견해가 직접적으로 언급되거나 인용되는 유일한 뉴스 행위자로 외교관(묵시적으로, 서방 국가의 외교관)과 거리의 폴란드인, 고위 성직자, 그리고 물론 Lech Walesa을 포함한다. 그러므로 특별 사면에 관한 객관적인 사실은 서구 보수 언론의 특징인 이데올로기적 틀에 내재되어 있다. 수사학적으로 이러한 내재는 중요하다. 특별 사면이라는 개념과 관련된 스크립트는 긍정적인 의미를 함축한다. 특별 사면의 행동주(agent)는 폴란드 정부이고 특히 수혜자는 정치범이기 때문에 태도에 있어서 일관성이 없을 수 있다. 경멸받는 그들 집단이 긍정적인 행위와 관련되어서는 안 되기 때문이다. 따라서 특별 사면 뉴스 자체는 축소되고 기껏해야 신중하고 여전히 발생할지 모를 것에 관한 부정적인 예측을 수반하는 의견에 종속된다. 이와 유사하게 다른 동유럽 정부들이 폴란드 독립기념일에 하위 공무원을 참석시켜 특별 사면에 항의하는 모습을 보였던 것은 상당히 폭넓게 주목받았다. 그러므로 그 설명은 공산주의와 특별 사면이 양립할 수 없다는 것을 (공산주의 국가의 행동에서 추론을 통하여) 암시함으로써 일관성을 확립한다. 정치범을 석방함으로써 사회적 갈등을 해소하고자 한 폴란드 정부의 결정에 만족한다고 발표한 당국이나 취재원은 인용되지 않았다. 폴란드 정부에 긍정적으로 해석될 수 있는 단편적인 인용에는 항상 "그러나"와 부정적인 결론과 전망이 이어진다.

이 간단한 분석은 앞서 설명한 무고한 사람이 수감된 것을 다룬 기사와는 다른 수사적 구성을 보여 준다. 숫자들이 언급되며(660과 35,000), 이들은 매우 다른 방식으로 사용된다. 더 큰 숫자는 대개 더 부각되는데 여기에서는 축소되어 나타난다. 다른 숫자들은 다소 덜 부각된다. 예외에는 Brezhnev가 참석했던(현재 소련에서 하위 공무원을 참석시킨 것에 대한 수사학적 대조를 의미하는) 30주년 축하 행사에 대한 역사적 회상으로 이어지는 "공산당 통치 40주년"과 (자유 노조 연대의 행동 이후) 지난 2년 반 및 다른 작은 세부 사항들이 포함된다. 수사학적 관점에서 더 중요한 것은 믿을 만한, 즉 이데올로기적으로 밀접하다고 여겨지는 관찰자나 참여자에 대한 언급과 인용이다. 그리고 끝으로, 공산주의와 선처 사이의 태도에서 나타나는 모순은 반대쪽을 제안하는 상황의 그러한 측면에 초점을 두어 수사학적으로 강조되어야 한다. 따라서 유보, 경계, 경고, 부정적인 예상, 잔존하는 불평등에 대한 특별한 강조, 여전한 서구로부터의 제재, 다른 공산주의 국가로부터의 부정적인 반응 등에 대하여 광범위하게 주목한다. 다시 말하면 이 기사는 본질적으로 특별 사면 스크립트가 아니라 반공주의적 태도 도식을 통해 읽어야 한다(Carbonell, 1979에서 그러한 도식의 구조와 내용에 관한 세부 사항 참고).

## 맺음말

방법론적으로 뉴스의 수사학은 일반적인 수사적 표현에 한정되지 않는다고 결론지을 수 있다. 그보다는 진실성이나 개연성, 타당성, 정확성, 신뢰성을 강화하는 전략적 장치가 사용된다. 우리는 이러한 것들을 두 개의 예시를 통해 여전히 약식이긴 하지만 다소 보다 세부적으로 설명하였다. 이러한 장치에는 숫자의 두드러진 사용, 취재원의 엄선된 사용, 관련성 관계에 따른 일정한 수정(양립 불가능한 명제는 축소되거나 완전히 무시된다), 사건을 기술하는 데 있어서 이데올로기적으로 일관된 관점, 특정 스크립트나 태도 도식, 확실하고 공식적이며 잘 알려지고 특히 신뢰할 만한 사람과 기관의 엄선 및 사용, 면밀하고 구체적인 세부 사항의 기술, 목격자나 직접적인 참여자의 말 인용,

감정에 대한 언급 또는 호소 등이 포함된다. 이것은 수사학적 분석이
뉴스 담화의 의미론적·이데올로기적 분석에서 완전히 독립적일 수
없다는 것을 의미한다. 우리가 앞에서 제시했듯이 수사학적 활용은
사실상 모든 차원의 담화 분석을 수반한다.

# 제3장 뉴스 생산

## 1. 담화 처리 과정과 사회 인지로서의 뉴스 생산

### 과정으로서의 뉴스

뉴스 담화는 우리가 앞에서 말한 것처럼 그 다양한 구조적 관점에서만 특징지어져서는 안 된다. 뉴스 담화는 또한 복잡한 의사소통 과정의 일부로 생각되어야 한다. 3장과 4장은 뉴스의 과정 차원에 초점을 둔다. 과정과 구조는 통합되어 있으며 뉴스 담화의 상호의존적인 특질이다. 생산 과정은 취재원 텍스트 구조가 가진 기능이지만 기자가 작성하는 뉴스 텍스트의 기초가 되는 구조적 계획에도 의존한다. 이와 비슷하게 읽기와 이해하기, 신념의 형성 및 사용의 과정은 독자가 뉴스 텍스트에 부여하는 구조에 의하여 규정된다. 그러므로

3장과 4장의 주요 목적 중 하나는 생산과 이해의 과정이 다양한 종류의 뉴스 담화 구조와 서로 맞물린다는 것을 보여 주는 것이다.

이 장에서는 뉴스 생산 과정을 다루고 뉴스 텍스트를 제작하는 데 수반되는 각각의 단계와 측면을 분석한다. 분석은 지금까지 뉴스 제작 연구, 즉 인지 과정이 수반되는 연구에서 등한시해 왔던 생산의 중요한 차원에 초점을 두는 데 한정한다. 지난 10년간 사회학적 관점이나 경제학적 관점에서 제작 과정을 다루는 몇몇 연구가 출판되었다 (Roshco, 1975; Gans, 1979; Tuchman, 1978a; Fishman, 1980). 이러한 거시 사회학적이며 미시 사회학적 접근은 1장에서 논의되었다(예를 들어 Siebert, Peterson & Schramm, 1957; McQuail, 1983 참고). 우리는 이러한 연구에서 관련이 있는 결과를 우리의 분석에 통합하려고 한다. 뉴스 생산은 명백하게 다양한 저널리스트들과 다양한 사회 구성원들 간의 저널리즘적 활동과 상호작용을 수반한다. 뉴스 편집실에서의 혹은 기자들이 보도하는 동안의 직업적인 일상은 뉴스 제작의 제도적인 성격과 기자들이 갖는 집단적인 특성이 그래 왔던 것처럼(Tunstall, 1971; Hirsch, 1977; Johnstone, Slawski & Bowman, 1976; Hardt, 1979) 폭넓은 주목을 받아 왔다(Gans, 1979; Fishman, 1980). 그리고 끝으로, 뉴스의 생산에 내재되어 있는 사회적으로 공유되는 뉴스의 가치, 이데올로기, 기자들의 활동 목적 등은 최근의 몇몇 학술 논문에서 연구되었다 (Sigelman, 1973; Gans, 1979; Tuchman, 1978a; Golding & Elliott, 1979). 그러한 접근은 여전히 완전하지 않지만 우리는 본질적으로 뉴스 생산의 다양한 사회적 측면을 다루고자 하는 것이 아니다.

대부분의 연구는 뉴스 생산이 무엇에 관한 것인지, 즉 뉴스 텍스트 자체의 생산과 쓰기 과정에 대하여 면밀히 분석하는 데 실패했다. 그러한 실제 쓰기 과정에 대하여 우리가 아는 것은 저널리스트 교육을 위한 표준적 교본에서 나온다. 거기에서는 우리에게 헤드라인은 어떻게 작성되어야 하는지와 훌륭한 머리글은 어떠해야 하는지에 대하여 말한다. 다양한 화제에 관한 괜찮은 이야기를 주먹구구식으로 제공한다. 혹은 어떤 종류의 정보가 언제 어디에서 누구로부터 수집되어야 하는지, 그리고 그러한 정보는 어떻게 뉴스 기사에 포함되어야 하는지에 대하여 나열한다(Dennis & Ismach, 1981; Garst & Bernstein, 1982; Baker, 1981; Metz, 1979). 그런 직관적이고 규범적인 규칙은 중요하지만 분석의 형식으로는 적합하지 않다. 그런 규칙은 경험적인 데이터이며 그 자체가 분석이 필요하다.

## 뉴스 생산과 취재원 텍스트 처리

이 장의 핵심 주제는 뉴스 생산은 본질적으로 텍스트 처리의 관점에서 분석되어야 한다는 것이다. 이는 자명한 것처럼 보이지만 사회 과학에서는 명백한 것이 학술적 탐구에서는 무시되는 경향이 종종 있다. "텍스트 처리"라는 말은 뉴스 텍스트가 처리되고 있다는, 즉 다양한 단계와 측면에서 작성되고 있다는 것만을 의미하지는 않는다. 이는 또한 뉴스 텍스트를 작성하는 데 사용되는 대부분의 정보가 보고서, 성명, 인터뷰, 회의, 기자 회견, 여타 미디어 메시지, 보도 자료, 의회 토론, 재판, 경찰 문서 등과 같은 담화 형태로 온다는 것을 의미한다. 사실 우리는 1장에서 이미 뉴스 사건이 기자에게 직접 관찰되는 것은 아니라는 것을 보았다. 사건은 대개 이미 작성되고 해설된 담화를 통해, 가장 두드러지게는 통신사를 통해 알려진다. 그리고 또한 우리가 방금 언급한 담화 장르의 많은 것들은 종종 그 자체로 뉴스 사건이 된다. 성명이나 기자 회견, 예를 들어 수상이나 대통령 혹은 여타 지도적인 정치인과 같은 중요한 뉴스 행위자의 인터뷰는 단순히 공론(空論)이 아니다. 그들의 담화는 그 자체로 보장을 받는다(예를 들어 Hulteng & Nelson, 1971; Gormley, 1975; Lang & Engel-Lang, 1982 참고). 뉴스 담화 생산의 핵심에 있는 것은 여러 가지 입력 텍스트와 진술을 처리하는 것이다.

## 뉴스 수집 상황과의 조우 및 그 해석

이 장의 중심 주제를 설정함으로써 앞으로의 분석을 위한 보다 구체적인 다양한 질문들이 마련될 수 있다. 이러한 다양한 입력 텍스트 혹은 취재원 텍스트의 성질은 무엇인가? 저널리스트는 그것을 어떻게 듣고 읽으며 그것들은 어떻게 이해되고 어떻게 인지적으로 나타나는가? 그러한 취재원 텍스트에서 어떤 정보가 주목받거나 선택되거나 요약되거나 그렇지 않으면 뉴스 텍스트의 생산 과정에 사용 가능하도록 처리되는가? 이는 어떻게 이루어지는가? 인터뷰나 전화 통화, 기자 회견, 혹은 기자가 가능한 취재원 및 뉴스 행위자를 마주치게 되는 비슷한 상황과 같은, 그러한 취재원 텍스트가 유용해지는 많은 언어적 상호작용 유형에는 누가 관여하는가? 그러한 상황을 마주칠 때의 다양한 규칙과 제약은 무엇인가? 그리고 어떤 상황에서 그러한 조우가 이루어지는가? 이들 중 소수의 의문만이 제기되어 왔고 그보다 더욱 적은 답이 뉴스 생산의 미시 사회학적 연구에서 이루어져 왔다. 필요한 것은 뉴스 생산의 이러한 중심적인 측면의 담화 처리 차원을 분석할 수 있는 관점이다.

그러한 접근에서 취재원 텍스트와 뉴스 텍스트 간의 상세한 비교는 확실히 중요하고 필수적인 부분이지만 그럼에도 이 접근은 충분하지 않다. 이는 여전히 지나치게 구조주의적이고 지나치게 정적이다. 우리는 아직 어떻게 한 세트의 취재원 텍스트가 여러 버전의 최종적인 뉴스 텍스트로 변형되는지 알지 못하는 것 같다. 이와 유사하게 우리는 인터뷰나 기자 회견과 같은 다양한 뉴스 수집 상황을 접하는 것에 대하여 그 상세한 성격을 설명하려고 시도할 수 있다. 그러나 한편으로는 이는 단지 인터뷰와 기자 회견에서의 상호작용과 상황 구조에 대한 중요한 통찰로 이어질 뿐이다. 말로 이루어지는 뉴스 상황의 조우에 대하여 그러한 활동이 어떻게 계획되고 실행되고 통제되는지 또 특히 관여하는 기자들에게 어떻게 이해되고 기억되는지를 보다 구조적인 접근을 통하여 완전히 명확하게 하는 것은 불가능하다. 핵심적인 부분, 즉 상호작용과 생산 과정에 대한 인지적인 설명은 여전히 부족하다. 이는 저널리스트와 뉴스 공급업자의 활동과 사회적 조우에 대한 인지적 분석에서 사실이며 실제 뉴스 작성 과정과 저널리스트의 의사 결정을 이해하는 데 있어서 사실이다. 이러한 인지적 관점에서만 우리는 저널리스트가 뉴스 수집 상황을 조우하는 것과 뉴스 편집실에서 이루어지는 뉴스 제작 활동에 대하여 얼마나 정확하게 이해하는지를 명확히 할 수 있다. 인지적 분석만이 취재원 텍스트의 이해, 표현, 요약의 과정이 어떻게 이루어지는지 그리고 이 정보가 뉴스 텍스트 생산의 과정에 어떻게 사용되는지를 정확하게 보여 준다.

이 분석에는 두 가지 중요한 목적이 있는데 하나는 취재원 텍스트와 이야기가 뉴스 담화로 전환되는 것에 대하여 설명하는 것이고 다른 하나는 이러한 절차에 대하여 인지 이론적 관점에서 정리하는 것이다. 많은 사회 과학자와 매스 커뮤니케이션 학자에게 있어 이러한 접근은 매우 지엽적이거나 미시적이거나 심리학적이다. 또한 제도적 통제나 직업적 활동의 조직, 뉴스 생산 업무에서의 사회적 윤리와 이데올로기 같은 매스 커뮤니케이션의 큰 쟁점의 측면에서는 오히려 유효하지 않은 것으로 생각될 수 있다. 그러나 이런 목적은 근시안적일 것이며 편협한 단일 학문적 성향을 드러낼 것이다. 우리는 거시 사회학적이고 경제학적인 측면이 뉴스와 신문 생산의 중요한 내재적 요소라는 것을 확실히 강조하였다. 우리는 또한 미시적 현상들은 그것들 전체를 거시적으로 포괄하지 않고는 완전히 이해할 수 없다는 것을 충분히 알고 있다. 그러나 우리는 그 역(逆)도 동일하게 진실이라고 생각한다. 뉴스 생산의 많은 활동에서 제도적 통제나 경제적 힘, 전문 조직, 저널리즘적 일상과 가치 등이 실제 사회 법령에 대한 상세한 분석 없이 어떻게 작동하는지 정확하게 보여 주는 것은 불가능하다. 사회학에서 1960년 이후의 연구는 사회 현상에 대한 그러한 미시적 접근이 타당하다는 것을 충분히 보여 주었다(Schwartz & Jacobs, 1979). 그 연구는 또한 예를 들어 일상적인 대화나 그 외 언어적 상황의 조우를 분석할 때 사회적 상호작용의 담화 및 인지적 특징에 초점을 두고 있다(Sudnow, 1972; Schenkein, 1978). 본질적으로 사회적인 구조보다는 사회 구성원의 규칙과 표현, 즉 사회를 분석하는 그들의 인지적 방식이 사람들이 사회적 행위와 상호작용을 이해하고 계획하고 실행하는 방식에 대하여 기본적인 통찰을 제공한다. 예를 들어 민족학에서 주창된 그러한 접근의 일부는 Tuchman(1978a) 등(Molotch & Lester, 1974; Lester, 1980)에서 뉴스 생산에 적용되었다. 그러나 두 가지 기본적인 측면, 이름하여 뉴스 작성의 담화적 특징과 뉴스 수집 상황을 조우한 저널리스트의 텍스트 이해와 생산의 인지적 과정이 더 깊이 탐구되어야 한다. 다시 말하자면 결과론적 미시 사회학에서는 담화 분석적, 심리학적 외연을 반드시 포함해야 하는 것이다. 뉴스 텍스트, 뉴스 가치, 이데올로기, 뉴스 상호작용 등에 대하여 직관적으로 특징짓는 것은 충분하지 않다. 우리는 그런 저널리즘적 해석의 저변에서 실제로 어떤 일이 일어나는지 조사해야 한다.

언어학자나 심리학자에게 있어 비록 그들은 서로의 접근에 의문을 품겠지만 그러한 암시는 명백해 보일 수 있다. 언어학자는 뉴스 담화 자체의 문법적 구조나 텍스트 구조에 초점을 둘 것이며 그것을 위하여 뉴스의 가장 중심적이고 가장 구체적인 표상, 즉 뉴스 텍스트를 연구한다고 주장할 것이다. 반면, 심리학자는 맥락이 결여된 구조의 유효성에 의문을 제기하며 뉴스의 생산과 이해는 순전히 인지적 표상에 의하여 결정된다는 사실을 강조할 것이다. 뉴스 기사의 의미는 객관적으로 텍스트에 있다기보다 독자에 의한 재구성에 기인하며 기억 처리와 표상의 관점에 의하여 분명해진다. 즉, 우리의 접근은 연구의 두 방향을 통합하며 담화 구조적 분석 및 인지적 분석 없이는 뉴스에 관한 충분한 설명이 불가능하다.

끝으로, 언어학자와 심리학자는 모두 그들의 연구를 뉴스 생산의 성격으로 더욱 확장해야 한다는 것을 인식해야 한다. 분명히 뉴스는 고립된 개인에 의하여 생산되지 않는다. 그리고 이는 뉴스와 미디어의 이해 및 특히 사용에도 적용된다. 이 때문에 과정의 사회적 내재에 대한 기본적인 타당성은 앞서 이미 설명되었다. 뉴스 텍스트를 실제로 쓰고 뉴스 기사로 다시 쓰는 것뿐만 아니라 저널리스트의 활동과 상호작용 역시 필연적으로 사회적이다. 결과적으로 취재원 텍스트를 뉴스 텍스트로 변환하는 것에 대한 분석은 사회적 맥락 내에서 사회 인지의 관점으로 설명되어야 한다. 저널리스트들은 사회 구성원으로서 뉴스가 되는 상황을 조우하고 뉴스 기사를 작성한다. 이 사실은 또한 그들의 지식이나 신념, 태도, 목적, 계획, 이데올로기 등에 영향을 미치며 이러한 것들은 모두 또한 전문적 집단 혹은 보다 광범위한 사회적 집단에 의하여 부분적으로 공유된다. 우리는 앞서 담화 이해와 생산의 각 단계에 화자의 사회적 지위 혹은 언어로 이루어지는 상호작용 과정의 성격과 맥락을 직접 나타낼 수 있는 텍스트의 특징이 포함된다고 보여 준 바 있다. 뉴스 문체의 형식적인 성격이나 특정 문체의 설득적이고 태도적인 함의는 문법이나 개인적인 이해와 표현에 관한 인지 기억 모형의 관점으로만 설명할 수 없다. 이해의 과정이나 결과, 뉴스 담화가 독자와 대중에 미치는 여타 영향 등에 대하여도 동일하게 언급할 수 있는데 이는 다음 장에서 설명할 것이다.

뉴스 생산의 분석에 진정한 학제적 접근이 필요하다는 이러한 주장에는 인지적 설명에는 사회 인지가 포함되어야 한다는 함의가 담겨 있다. 이러한 방식으로만 우리는 인지 과정을 사회적 맥락, 즉 사회 구성원, 집단, 조직의 사회적 실천, 그리고 계급, 권력, 이데올로기와 관계 지을 수 있다. 텍스트 구조는 사회 인지를 통해서만 사회적 맥락의 이러한 특징과 연결될 수 있다. 다시 말해 한편으로는 뉴스 담화 구조 간에 직접적인 고리는 없지만 다른 한편으로는 많은 미시 사회학적 혹은 거시 사회학적 측면이 있는 것이다. 이해와 사회적 영향 및 기능의 모든 과정은 개별 집단 구성원 및 전체 집단이 가진 사회 인지에 의하여 통제된다. 당연히 우리의 설명은 개인주의적이지 않으며 집합적이지도 않다. 반면 이는 통합을 의미하며 언어와 인식 사이, 인지와 사회 사이, 뉴스 생산에 관한 미시적 설명과 거시적 설명 사이의 연결을 의미한다.

## 이 장에 대한 계획

먼저 인지 모형을 간단하게 소개한 후 그것의 중요한 사회적 측면의 관점에서 모형을 설명할 것이다. 그리고 이와 같이 담화 처리 과정의 사회 인지와 결합된 이론의 결과를 뉴스 생산의 이론적 틀에 적용할 것이다. 끝으로, 우리는 암스테르담 대학교에서 수행한, 뉴스 생산 과정에 관한 경험적 연구의 결과를 기록할 것이다. 뉴스 처리 과정에 관한 사회 인지 모형은 뉴스의 생산과 이해에 모두 부분적으로 적용되기 때문에 우리는 다음 장에서 인지적 처리 과정에 관한 개론 부분을 반복하지 않을 것이다. 그러므로 이 장의 많은 부분은 다음 장에서 제공될 틀의 전제가 될 것이다. 그럼에도 뉴스 이해의 인지 과정에 관한 어떤 이론적이고 경험적인 연구가 있으나 뉴스 생산에 관한 인지적 연구의 정보는 거의 없다는 것이 언급되어야 한다. 이것은 담화 생산(쓰기)에서도 보편적인 사실이다. 우리의 제안은 단순히 향후 추가적인 이론적 설명과 경험적 실험이 필요한 잠정적인 틀로서 계획된 것이다.

## 2. 담화의 인지적 처리 과정

### 인지적 텍스트 처리 모형의 발달

뉴스 생산의 기본적 특징 중 많은 것들이 담화 생산, 말하기, 쓰기의 특징을 일반적으로 공유한다. 이는 담화의 생산 및 이해의 기본적인 특징에도 동일하게 적용된다. 즉, 담화를 처리하는 다양한 방식에 수반되는 인지 과정은 대부분이 동일하거나 유사하다. 그러므로 여기에서는 인지 심리학과 인공 지능 분야에서 담화 처리 과정을 다룬 최근의 연구에서 제안된 기본적인 개념의 일부를 보여 줄 것이다. 그러면 이해와 생산을 구별하는 어떤 특징이 확인될 것이며 그에 따라 뉴스 생산 과정을 설명하는 데 사용될 것이다.

이론적 틀은 본질적으로 Walter Kintsch와 함께한 연구(Kintsch & van Dijk, 1978; van Dijk & Kintsch, 1978, 1983)에 근거한다. 우리의 초기 연구 및 심리학에서의 담화 처리 연구 등과 비교하면 우리의 현재 모형은 본질적으로 동적이며 과정 중심적인 이론(van Dijk & Kintsch, 1983)이다. 이 이론에서는 단순히 텍스트의 구조와 그것의 기억 표상에 초점을 두기보다 담화 생산과 이해의 전략적인 성격을 강조한다. 이 전략적 접근에서는 규칙과 표상에 대한 보다 유연한 설명이 가능해진다. 텍스트의 생산과 이해는 기본적으로 텍스트적이고 상황적인 정보의 효과적이고 맥락 의존적인 처리 과정에 맞게 조정된다.

담화의 심리학적 모형은 이야기의 이해와 재생산에 관한 Bartlett (1932)의 선구적인 연구로 거슬러 올라간다. 본질적으로 게슈탈트 심리학적인 관점에서 그는 텍스트 이해는 단순히 정보의 수동적인 접수가 아니라 능동적이고 재구성적인 과정이라는 것을 제안하였다. 텍스트에 관한 선행 경험과 지식이 조직되는 도식에 대한 그의 기본적인 개념은 간략하게 살펴볼 것이지만 후기 연구에 결정적인 영향을 미쳤다. 텍스트 재생산의 사회 심리학적 측면에 관한 그의 생각은 소문에 관한 연구에서 적용점을 찾았지만 불행하게도 통용 중인 인지 모형 중에서는 관심을 비교적 적게 받았다(Allport & Postman, 1947).

Bartlett의 생각과 실험이 마땅한 인정을 받고 더 깊은 상세화가 이루어지기 전까지 40년이 걸렸다. 언어 학습에 대한 행동주의적 접근에 지배되었던 1960년대 후반의 심리학과 언어학은 모두 언어 행동 연구에서 문법 규칙의 인지적 프로그래밍에 대한 인식으로 패러다임이 전환되었다. 이러한 전환은 Chomsky의 변형 생성 문법의 영향이기도 하다. 그러나 이 변화는 매우 맥락 독립적이며 언어 사용의 사회적 측면을 거의 완전히 무시하고 있었다. 게다가 이는 1장에서 설명한 것과 같이 담화에 전혀 주목하지 않았다. 1972년경에 텍스트 언어학, 사회 언어학, 인류학의 발달과 유사하게 심리학은 마침내 담화 자료의 처리 과정에 관심을 갖게 되었다. 심리학은 인공 지능이라는 새로운 학문과 함께 담화, 특히 지식의 사용과 획득 분야에서 경험적 연구에 공헌하였다(Freedle & Carroll, 1972; Charniak, 1972). 접속, 화제와 평언, 전제 및 담화 구조를 필요로 하는 유사한 현상과 같은 문장의 의미와 문장 관계에 주목하게 되었다(Bower, 1974; Kintsch, 1974; Clark & Clark, 1977). 우리는 그러한 선형적이거나 국지적인 이해 과정 외에 전반적인 응집성 이해와 화제의 할당을 설명하기 위해 거시 구조 역시 고려되어야 한다고 제안하였다(van Dijk, 1972, 1977, 1980a; Kintsch, 1974; Bower, 1974; Kintsch & van Dijk, 1978).

인공 지능에서 담화에 대한 관심은 지식 표상의 기본적인 문제에 초점을 두었다. 동화(children stories)의 이해에 관한 논문에서 Charniak (1972)은 동화 속의 간단한 문장을 이해한다는 것은 광대한 분량의 공유된 지식을 전제로 한다는 것을 보여 주었다. 이런 지식 구조에 대한 설명 없이는 일반적으로는 이해하기, 구체적으로는 텍스트 이해하기에서 작동하는 인지 절차를 설명하는 것이 불가능하다. 세계 지식은 이해의 과정에서 효과적으로 저장되고 조직되고 이용되어야 한다는 것이 인식되었다. 이는 지식이 적어도 부분적으로는 미리 포장된 형태, 즉 우리가 앞서 2장에서 논의한 틀이나 스크립트로 조직된다는 것을 의미한다(Norman & Rumelhart, 1975; Schank & Abelson, 1977; Schank, 1982). 이러한 틀이나 스크립트는 반세기 전에 이미 Bartlett에 의하여 제안된 도식의 보다 세련된 파생물이다. 이것들은 영화를 보러 간다거나 생일잔치를 하는 등 사회생활에서 발생하는 행위, 사건, 일화 등에 대하여 사람들이 가지고 있는 전형적이고 합의된 지식을 대표한다. 텍스트에서 그런 일화에 대한 정보의 많은 부분은 화자가 청자는 그것을 알고 있다고 가정하고 있기 때문에 대개 암묵적이다. 또한 독자나 청자는 이해하는 과정에서 그런 스크립트 정보를 활성화하고 적용하고 아마도 각색하고 바꿀 것이라고 가정된다. 스크립트나 지식과 신념으로 구성된 유사한 형태의 역할은 사람들이 기본적으로 어떻게 정보를 이해하거나 어떻게 질문에 답하거나 텍스트를 요약하는지를 설명하는 데 결정적이다. 이는 텍스트 자체가 그저 단편적일 때에도 독자는 어떻게 의미 있는 표상을 재구성할 수 있는지를 설명해 준다.

인공 지능에서는 많은 이런 연구가 추상적이고 형식적인 수준에 머물러 있으며 텍스트 이해에 관한 컴퓨터 시뮬레이션에서 중요하다는 것을 보여 준 반면 심리학에서는 스크립트가 인지 이론의 중심 성분이어야 한다는 것이 인정되었다(Bower, Black, & Turner, 1979). 그러나 기억 속의 지식 표상에 관한 정밀한 모형이 있다고 하더라도 우선 적절한 인지 모형으로 이해의 과정에 그러한 지식 클러스터가 사용되는 과정을 구체화해야 한다. 이러한 측면에서 컴퓨터 시뮬레이션은 어떤 일이 실제로 일어나고 있는지를 포착하지 못할 수도 있다. 예를 들어 언어 사용자가 하나의 일화에 대한 이야기를 읽을 때 그러한 일화에 대한 완전한 지식 스크립트를 활성화시킬 가능성은 거의 없다. 효과적인 이해에는 스크립트의 일부만이 필요할 것이다. 그러므로 언어 사용자는 스크립트나 다른 지식을 활성화하고 적용하는 데 손쉬운 전략을 이용한다(van Dijk & Kintsch, 1983).

지난 10년간 심리학과 인공 지능 분야에서 대단히 많은 책과 논문이 출간되었다. 다양한 언어 사용자를 위하여 많은 유형의 담화와 텍스트 구조를 대상으로 하는 실험이 수행되었으며 이해, 기억 표상 및 인출의 세부 사항이 다양한 목적하에 조사되었다. 이 연구의 세부를 여기에서 언급할 수는 없다. 최근의 연구 및 추가적인 참고 자료로 Graesser(1981), Just와 Carpenter(1977), Mandle, Stein, Trabasso(1984), Le Ny와 Kintsch(1982), Flammer와 Kintsch(1982), Sanford와 Garrod (1981), Otto와 White(1982), van Dijk(1982c)를 보라.

## 뉴스 담화 처리를 위한 틀

이 분야의 모든 연구를 검토하는 대신 우리는 담화 이해의 과정에 관한 중요한 발견 중 일부를 요약할 것인데 이것들이 뉴스 담화에도 적용될 것이기 때문이다(상세한 내용은 이 장에서 이론적 틀로 삼고 있는 van Dijk & Kintsch(1983)에서 볼 수 있다).

**해독**(decoding). 텍스트는 다른 정보 형태(행위, 사물, 사람, 상황)와 마찬가지로 감지되고 단기 기억(short-term memory, STM)에서 1차로 해독된다. 이 분석에는 형태와 구조의 범주화가 수반된다. 예를 들어 영어 단어는 인식되고 그래프나 소리 연속체로부터 분리된다. 물론 뉴스 텍스트 처리의 이러한 표면적인 측면은 뉴스의 형성과 표현에서 중요하고 최종적인 단계이지만(Clark & Clark, 1977) 이제부터 우리는 이것을 무시할 것이다.

**해석**. 해독 과정이 지속되는 동시에 부분적으로 해독된 기호열에 대하여는 해석 과정이 작동하기 시작한다. 단어의 의미는 단어나 단어의 조각(형태소)에 부여되고 절과 문장의 의미 구조는 어순, 통사 범주와 같은 표층 구조상의 현상과 관련하여 구성된다. 행위, 상호작용, 그러니까 여기에서는 화행과 의사소통의 해석에서 비슷한 과정이 작동된다. 해독과 해석에는 모두 전략적인 성격이 있다. 자연 언어에서 이러한 과정은 기본적으로 자연적으로 통제되지만 언어 사용자는 단어를 해독하고 단어와 절의 의미를 이해하는 데 효과적인 전략을 적용한다. 언어 사용자는 입력된 담화를 신속하고 그럴 듯하게 분석하고 해석하기 위하여 통사론적 정보와 의미론적 정보를 동시에 사용하거나 지식과 맥락 정보를 활성화시키기도 한다. 해석이란 의미를 텍스트에 부여하는 것뿐만 아니라 화용론적 기능(화행)이나 다른 맥락 기능을 표층 형태에 부여하는 것인데 예를 들면 맥락 유형이나 사회적 관계, 성별, 소속 집단 등이 드러나는 문체론적 특징을 해석할 때 등이 해당된다.

**구조화.** 이어서, 여전히 단기 기억에서는 부여된 해석에 대한 추가적인 구조화가 이루어진다. 말하자면 명제의 관점에서 단어의 의미는 절과 문장의 의미로 조직된다(상세한 내용은 2장에서 확인할 것). 다음으로, 명제는 연결되어 응집성의 쌍이 되고 연속체가 된다. 전략은 다시 여기에서 명제나 문장의 일부를 선행 명제나 문장에 연결하는 데 작동한다. 따라서 가령 문장의 가장 첫 단어나 구라고 해도 잠정적으로 선행 정보와 연결될 수 있는데 예를 들면 "그러나"나 "또한"과 같은 문두의 접속어나 "그녀"나 "그 여자"와 같은 대명사와 명사구가 있다.

**순환적 처리.** 구조적 텍스트 접근과 대조적으로 인지 이론은 단기 기억이 제한된 저장 공간과 처리 능력을 가지고 있다고 본다. 모든 단어와 절, 그러니까 긴 문장이나 연속된 문장 속의 모든 명제가 단기 기억 버퍼에 저장될 수 있는 것은 아니다. 새로운 정보를 수용하기 위한 공간이 확보되어야 한다. 따라서 언어 사용자는 당장의 국지적 이해에 더 이상 필요하지 않은 정보를 전략적으로 선택해야 한다. 이 정보는 장기 기억, 즉 들어오는 모든 해석된 정보를 기록하는 장기 기억의 일화 기억 부분에 저장된다.

**거시 구조**(macrostructure)**의 형성**. 국지적 이해의 이러한 주요 단계는 단기 기억에서 발생하는 처리의 절반만을 설명한다. 동시에 언어 사용자는 전체적으로 텍스트나 텍스트 일부를 규정하는 연속된 명제에서 화제(거시 명제)를 추론한다. 거시 구조의 형성은 이해의 다른 과정들처럼 하향식으로도 이루어지고 상향식으로도 이루어진다. 즉, 전략적 거시 운용은 텍스트로부터의 정보와 맥락으로부터의 정보에 모두 적용되지만 앞서 논의했듯이 이러한 운용 역시 활성화된 틀이나 스크립트의 정보가 필요한 것이다. 전체적 차원에서 현재의 거시 명제가 국지적 차원에서 발생하는 처리 과정을 통제하며 동시에 텍스트의 전체적인 응집성을 규정한다. 거시 구조는 다른 상위 수준의 텍스트 및 맥락 정보와 함께 단기 기억에서의 처리와 단기 기억과 장기 기억 간의 정보 흐름을 조절하는 특별한 통제 체계에 위치하고 있다고 추정된다.

**상부 구조**(superstructure)**의 형성**. 유사하게 전체적 구조, 예를 들어 서사나 뉴스의 도식과 같은 특정한 형태의 도식(상부 구조)은 단기 기억에서 텍스트나 텍스트의 일부에 할당될 수 있다. 이 과정에도 상향식과 하향식이 모두 있다. 도식은 종종 관습적이어서 처리 과정의 초기 단계에서 이미 활성화되고 적용되었을 수 있으며 그에 따라 거시 구조의 형성과 이어서 국지적 차원의 운용을 통제한다.

**일화 기억에서의 표상**. 앞서 설명한 다양한 운용의 결과로 일화 기억에 텍스트의 위계적인 표상이 이루어진다. 이러한 텍스트 표상은 (재현 (reinstatement) 과정을 통해) 언어 사용자가 텍스트에 있는 신정보를 구 정보에 연관시키도록 하여 표층 구조의 조각들("사태에 대하여 어떻게 말하고 썼는지")과 특히 텍스트 의미의 일부를 상기하거나 텍스트의 정보를 묻는 질문에 답하게 한다. 일반적으로는 상위 거시 구조(화제)가 가장 잘 기억되고 기본적으로 텍스트를 요약하는 데 사용되는 정보가 조직되어 있다. 특별한 상황에서는 세부적인 미시 정보 역시 예를 들어, 그 정보에 특수한 사적이거나 맥락적인 기능이 있을 때 혹은 다른 인지적이거나 정의적(情意的)인 표상과 특별한 관계가 있을 때 후행 사건에서 소환될 수 있다.

**상황 모형**. 그러나 담화 이해와 생산의 궁극적인 목적이 텍스트의 기억 표상 형성인 것은 아니다. 그보다 언어 사용자는 어떤 상황에서 실제 혹은 상상의 사건에 대한 정보를 전달하기 원한다. 이러한 정보는 말하자면 상황 모형에 인지적으로 표상되는 것이다(Johnson-Laird, 1983; van Dijk, 1985d, 1987c). 모형은 일화 기억에 저장되어 있으며 한 텍스트의 전반적인 지시물로 보일 수 있다. 그것이 언어 사용자가 생각하는 그 텍스트에 관한 것이다. 기존의 상황 모형을 통해 상호작용과 담화를 포함하는 선행 사건에서 축적된 우리의 경험이 구체화된다. 어느 정도 비슷한 상황을 표상하는 기존 모형은 텍스트를 해석하는 동안 활성화되고 업데이트될 것이다(Schank, 1982). 우리는 앞서 뉴스의 해석에서 독자는 동일한 상황에 대한 뉴스 기사를 해석할 때 종종 하나의 이슈나 일련의 사건에 관하여 주어진 상황 모형을 사용하고 업데이트한다고 설명한 바 있다. 틀이나 스크립트와 매우 유사하게 모형은 이해에 결정적인 역할을 한다. 모형은 사건이나 행위, 담화 등을 해석하는 동안 언어 사용자에 의하여 반드시 제공되어야 하는 누락된 구체적인 정보를 제공한다. 모형은 우리가 텍스트를 읽거나 쓸 때 그러한 경우라고 상상한 것을 표상한다. 모형은 구조적으로 배경(시간과 장소), 상황, 참여자, 행위 등과 같이 고정된 범주로 구성된 도식에 의하여 조직된다. 각 범주는 가능한 수식어로 한정된다. 이러한 기본적인 범주는 또한 상황을 묘사하는 데 사용되므로 문장과 이야기의 의미론에도 등장한다.

**학습: 지식과 신념 형성**. 모형은 일화적이고 사적인 성격을 가지고 있다. 그러나 텍스트의 정보가 사회적으로 적절하려면 일화 기억에서의 텍스트 표상과 모형에서 보다 보편적인 추론이 도출되어야 한다. 추론은 장기 기억에서 틀이나 스크립트, 혹은 유사한 관습적(그러니까 사회적이고 공유된) 지식으로 추상화되거나 탈맥락화되고 일반화될 수 있다. 이 보편적 정보는 대체로 "의미 기억"이라고 불리는 곳에 있는데 "사회적 기억"이라는 용어가 그 저장소의 많은 정보가 단순히 의미론적이지는 않기 때문에 더 적합할 수 있기는 하다. 우리는 이야기나 뉴스 보도, 행위, 사진, 자연 경관 등에 관한 보편적인 지식과 같은 보다 형식적인 종류의 보편적 정보도 가지고 있기 때문이다.

**주관성**. 앞에서 설명한 과정이 상당히 보편적인 성격을 가지고 있고 텍스트 해석의 관련 부분이 다른 것들과 공유되기도 하지만 해석과 표상의 과정에는 주관적인 측면 역시 있다는 것이 강조되어야 한다. 전략은 언어 사용자의 다양한 개성에 따라 다양한 방식으로 적용될 수 있다. 개인 모형은 다양한 생애 경험으로 인해 다양할 수 있으며 따라서 다양한 방식으로 처리 과정을 통제할 수 있다. 하나의 상황에 대한 다양한 지식과 신념으로 인해 다양한 언어 사용자는 하나의 텍스트에서 서로 다른 정보에 주목하고 다양한 국지적 의미와 특히 다양한 전체적 의미를 부여할 수 있다. 다음 절에서는 언어 사용자 집단이 사회 구성원으로서 다양한 견해와 태도, 이데올로기를 가질 수 있고 이러한 것들이 해석 과정, 텍스트 표상의 구조, 일화 기억 모형 등에도 영향을 준다는 것을 설명할 것이다. 다시 말하면 담화 이해란 한편으로는 본질적으로 개인적 모형과 목적에 관련되면서 다른 한편으로는 사회적으로 공유하는 목표, 틀, 스크립트, 태도, 이데올로기 등에 관련되는 것이다.

이는 담화 처리에서 중요한 단계 혹은 국면이다. 많은 세부 사항과 기술적인 것들은 생략되었다. 이 시점에서 우리는 단지 인지적 틀의 중심적인 이론적 개념을 소개하려는 것뿐이다. 원칙적으로 틀은 (우리가 그 표상에 초점을 두었던) 이해와 생산에 모두 적용된다.

## 담화 생산

생산 과정은 정보의 입력으로 시작할 필요는 없으나 그 출발점은 상황 모형에서 찾을 수 있다. 사람들은 어떤 특정 사건이 그 경우가 된다는 것을(혹은 되기를) 안다(혹은 원한다). 그리고 그들은 의사소통의 틀 내에서 사건의 모형이 청자에게 전달되도록 예를 들어 단언하기나 요청하기와 같은 화행을 수행하려고 계획한다. 국지적 차원에서 생산 과정을 통제하는 적절한 거시 구조가 모형에서 도출된다. 이어서, 예를 들면 하나의 이야기 속에서 참여자들의 연속적인 행위와 같은, 모형의 각 국면에 해당하는 의미가 구체화된다. 그리고 끝으로, 이러한 의미는 통사적 형식으로 조직되고 적절한 단어 표현과 문장 어조를 통해 표현된다. 해석에서와 마찬가지로 생산의 다양한 과정은 전략적이다. 즉, 생산 단계의 순서는 다양할 수 있다. 정보는 다른 차원과 취재원으로 동시에 사용될 수 있으며 과정 전체는 효과적인 의미 구성과 화자가 청자에게 전달하기 원하는 모형에 맞추어 조정된다. 물론 자발화(spontaneous speech)에서 거시 구조의 형식에 맞추어 계획하고 상부 구조를 조직하는 것은 다양한 형식의 글로 된 의사소통에서보다 더 가까운 범위에서 이루어지며 더 임시방편적이다. 여기에서 우리는 먼저 텍스트의 일반적인 윤곽(완전한 거시 구조)을 구성하고 그런 후에야 국지적 의미로 세부를 채울 수 있다. 그러나 현실에서 이 과정은 보다 유연하게 이루어진다. 의사소통 상황의 부분적 제약이나 저자의 제한적 기억이 생산 과정을 덜 정돈되게 할 수 있다.

여기에서 설명한 원리는 또한 뉴스 담화의 이해와 생산에도 적용된다. 그러나 뉴스 담화에는 특정한 의사소통적이고 사회적인 맥락뿐만 아니라 고유의 특징적 구조가 있기 때문에 인지 처리 과정에 대하여 더욱 특별한 분석이 요구된다. 뉴스 기사를 작성하는 데에는 다른 지식과 절차가 수반되며 연애편지나 설명서, 강의에서의 쓰기와는 다른 틀이나 스크립트 혹은 태도가 전제된다. 그러나 불행하게도 담화 생산에서 장르 차이와 같은 것에 관한 이론적·실험적 증거는 거의 없다. 대부분의 연구는 교육적 차원의 쓰기 과정에 관여한다(de Beaugrande, 1984).

# 3. 담화 처리 과정과 사회 인지

앞서 제공한 담화 처리 과정에 관한 설명은 개인의 담화 이해와 생산에 관한 어느 정도 적절한 그림을 보여 준다. 그러나 언어 사용의 중요한 사회적 측면을 고려하는 데에는 실패하였다. 이러한 사회적 측면은 몇몇 가정에 내재되어 있을 뿐이다.

1. 수반되는 인지 원리에는 일반적인 성격이 있다. 그러니까 그 원리는 모든 언어 사용자에 의하여 공유된다. 이는 사회적 상호작용의 중요한 조건, 즉 상호 이해 능력이 어떤 기본 수준에서 보장된다는 것을 말한다.
2. 지각과 상호작용에서 행위자나 관찰자는 유사한 경험을 가지고 그에 따라 적어도 부분적으로 유사한 모형을 가진다. 이는 그러한 경험에 대한 유사한 기억과 의사소통으로 이어지며 미래의 행위와 상호작용에서 유사한 모형의 사용으로 이어진다.
3. 이 공유된 부분적인 이해는 특히 매스 미디어에서와 같은 공적 담화에서 획득된다. 이는 큰 집단의 사람들이 동일한 상황에 대하여 동일한 모형을 갖도록 한다. 이러한 모형은 새로운 사건에 관한 의사소통에 입력되어 다시 사용될 수 있다.
4. 대부분의 담화는 사회적 맥락에서 해석된다. 이는 그 담화가 이 사회적 맥락에 대한 유사한 해석과 함께 해석된다는 것을 의미한다. 모형은 텍스트 상황뿐만 아니라 의사소통 상황 자체에 대하여도 구성된다. 게다가 그러한 해석은 그 의사소통 사건에 참여한 사회 구성원이나 집단에 의하여 공유되기도 한다.
5. 학습에는 모형의 탈맥락화와 추상화, 관습적이거나 전형적인 지식의 형성, 틀이나 집단에서 형성된 신념이 수반된다. 이 과정은 특히 보다

보편적이고 사회적인 사용을 위한 정보를 준비하는 데 맞추어 조정된다.

6. 그러므로 기억은 인지적으로 사회적 요구를 충족시키기 위하여 설계된다. 기억은 정보를 포함하며 사회적 의사소통 역시 포함한다. 사람들의 삶에서 담화를 통한 지식과 신념의 획득은 사회화, 사람 간 및 집단 간의 지각, 상호작용 등의 맥락에서 연속적으로 발생한다. 따라서 우리는 인간의 정보 처리에 관한 소수의 보편적인 원리와 별개로 인지란 본질적으로 사회적이라고 결론지을 수 있다.

이러한 가정은 충분하지 않는다. 언어 사용과 의사소통의 사회적 성격, 그리고 해석 규칙과 지식 표상에 대하여 파생된 사회적 성격을 강조하는 것은 지나치게 표면적이다. 우리는 사회적 측면이 정확히 어디에서 어떻게 담화 처리 과정에 연관되는지를 지적함으로써 이러한 주장을 구체화하였다. 그러나 그러한 과정과 표상의 공유된 성격을 제외하고는 그러한 설명에는 사회적인 것이 거의 없다. 사회 구성원은 단지 의사소통하는 개인으로서만 나타난다. 행위와 상호작용의 목적, 우정이나 권력 같은 특정한 사회적 관계, 사회 집단과 그들의 특성, 제도적 제약 등이 담화 생산과 이해의 각 단계에서 전제되는 경우에도 명시적으로 분명하게 설명된 적은 없다.

따라서 가장 중요하게 부가해야 할 것은 견해, 태도, 이데올로기 등과 같은 특정한 형식의 사회 인지를 도입하는 것이다. 이는 지식이나 신념뿐만 아니라 사회 집단이나 문화를 규정한다. 그리고 그 집단과 문화에 의하여 특징적으로 공유되는 규범과 가치를 전제로 한다. 그렇기 때문에 담화 이해에서 사람들은 텍스트의 의미를 이해하고 상황 모형을 구성하는 것에 덧붙여 더 많은 것을 한다고 가정된다. 사람들은 또한 텍스트나 화자 혹은 상황에 대하여 어떤 견해를 형성한다. 이러한 견해는 단순히 평가적 명제라고 규정된다. 예를 들어 "뭐뭐하는 것은 좋다(나쁘다, 맛있다, 위험하다 등)." 혹은 그저 "X는 좋다(나쁘다 등)." 등과 같다. 견해는 구체적이고 개인적일 수 있으며 따라서 기억에서 임시적인 상황 모형의 일부가 될 수 있다. 즉, 견해는 우리가 경험하는 것의 일부이다. 그러나 지식, 신념과 마찬가지로 견해 역시 "원자력 발전소는 위험하다"거나 "언론은 자유로워야 한다"는 등과 같이 보다 일반적인 견해의 예화일 수 있다. 그리고 지식과 마찬가지로 그런 일반적인 견해는 예를 들어 핵에너지, 낙태, 민족 통합, 미국의 외교 정책 등과 같은 복잡한 태도 구조나 도식으로 구성될 수 있다(Abelson, 1976; Carbonell, 1979; van Dijk, 1982c; 1987a).

인지가 형성하는 일반적인 견해와 태도는 본질적으로 사회적이다. 즉, 인지는 개인적이지 않고 공유되며 사회적으로 관련된 문제에 대하여 한 집단의 목표와 관심, 가치, 규범을 규정한다. 그러한 인지는 개인들이 모인 집단들에 임의로 배포되는 것이 아니라 사회적으로 체계화된 사회 구성원들의 조직을 규정하는 것이다. 사회적 기능이나 역할, 위치, 계급, 성별, 나이, 민족 공동체는 그 집단을, 그러니까 그 집단 구성원의 사회 인지를 규정한다. 이는 사회적 관습으로 규정된 담화에서 태도의 사용에도 적용된다. 텍스트의 의미는 모형에서 도출된다. 그리고 만약 공유된 태도에서 비롯된 사회적 견해가 그 모형에 포함되어 있다면 이는 의사소통에서 전달되는 의미와 모형에서도 드러날 것이다. 이것은 사실 애초에 미디어를 통해서 그리고 다른 사회 구성원과의 비공식적인 의사소통을 통해서 집단 모형과 태도가 형성되고 공유되고 확인되는 통로다. 다양한 사회적 관습 중에서 집단 내에서 발생하고 집단 간에 발생하는, 담화를 통한 의사소통은 집단적 정의, 일관성, 공통의 목표와 관심, 혹은 사회 집단을 규정하는 다양한 중요한 특징 등을 형성하고 재생산하고 확인하는 핵심적인 방법이다.

사회 심리학에서는 점차적으로 인지의 이러한 사회적 성격을 인식하게 되었다. 개인적 지각, 집단적 지각, 태도의 형성, 의사소통, 상호작용 등과 같은 학문 분과의 전통적인 주제가 "사회 인지"라는 일반적 개념하에 인지 용어를 명시적으로 사용하며 다시 공식화되었다(Wyer & Carlston, 1979; Higgins, Herman, & Zanna, 1981; Forgas, 1981; 개론과 조사는 Fiske & Taylor, 1984 참고). 앞서 언급한 다양한 유형의 사회적 상호작용에 수반되는 처리 과정을 나타내기 위하여 도식, 문제 해결, 발견적 학습 및 기타 다양한 기억 처리 과정과 조직화 형상 등과 같은 개념을 인지 심리학에서 도입하였다. 임의로 규정된 성격적 특성 대신에 개인 도식(person schema)의 개념을 설명하는 것이 제안되었다(Markus, 1977). 개인 도식은 다른 사람들에 대한 지각, 해석, 평가에 사용되며 다른 사람에 대하여 실제 직접적인 관찰에 근거하지 않고도 추론을 가능하게 하는 정보를 제공하기도 한다. 이는 집단 도식(group schemata)에도 동일하게 적용된다. 집단의 구성원은 자신이 소속된 집단에 대한 자기 도식(self-schema)과 다른 사회 집단이나 민족 집단에 대한 도식을 갖는다. 이는 또한 집단의 고정 관념과 편견이 표현될 수 있는 방식이다. 이러한 도식은 집단에서 공유하는 규범, 가치, 목적, 흥미 등에 관한 것뿐만 아니라 그 집단에서 기본적으로 구별하는 특성(외모, 사회적 지위 등)에 관한 보편적인 정보라고 생각될 수 있다. 개인과 집단 도식에 의하여 사회 구성원들이 다른 사회 구성원의 행위를 어떻게 지각하고 해석하는지 그리고 그 정보는 어떻게 저장되는지에 대해서도 설명된다. 이에 따라 다양한 유형의 편견이 설명될 수 있다(상세한 내용과 자료 및 최근의 다양한 연구 방향은 Hamilton, 1981 참고).

이러한 다양한 접근에 의하여 인지에 대하여 더욱 풍부하고 보다 사회적인 설명이 제공된다. 그러나 최근 사회 심리학은 많은 부분에서 인지적 경향성으로 그 원리에서 사회학적으로 내재된 타당한 것들을 무시해 왔다는 것이 강조되어야 한다. 고정 관념과 편견의 형성 및 표상 같은 많은 전형적인 집단 기반의 처리 과정이 적용될 수 있음에도 불구하고 중요한 사회적 요소들이 여전히 빠져 있다는 것은 명백하다. 여성과 흑인은 그들이 다른 집단(남성, 백인)에 대하여 구별되는 집단을 형성하고 있다고 해서 단순히 편견의 대상이 되지는 않는다. 이러한 사회 인지는 그 대신 통치의 조건, 사회 경제적 관심과 특권, 권력과 착취, 제도적 정립과 제정 등에 대한 인지적 표상에 내재되어 있다. 이런 방식으로 그리고 사회적 관습을 통해 앞서 설명한 사회 인지는 사회의 관계, 구조 및 형성에 연결될 수 있다. 이런 연결을 보다 명시적으로 하기 위한 뚜렷한 첫 번째 단계는 사회 관습의 조건에 관한, 즉 관련된 관심, 목적, 제도에 관한 구체적인 인지를 도입하는 것이다. 다음으로, 통합된 사회적 표상, 사회적 상호작용과 맥락 내에서 규정되어야 한다. 행위는 사회적 신념, 태도, 이데올로기, 목적, 관심, 및 집단 구성원의 맥락적·제도적 제약의 관점에서 분석되어야 한다.

예를 들어 차별 행위는 내재된 편견의 관점(민족 집단 도식과 행동 계획에서 사용하는 전략), 집단 내에서 공유하는 규범과 가치, 보편적인 목적과 관심, 개인의 실제적인 목적과 관심, 상황에 대한 완전한 분석 등의 관점에서 명확하게 규정되어야 한다. 이는 그런 행위가 단지 개별적인 것(그러니까 우연한 것)이 아니라 그 집단에서 인지적으로 표상되고 처리되는 특징에 구조적으로 관련되는 이유이다. 그 반대 역시 참이다. 즉, 사회적 행위와 그 관심은 다시 내재된 조건을 구성하고 변화시키는 데 기여할 수 있다. 편견은 본질적으로 그것이 사회적 지배의 실행에 관련되고 유용하기 때문에 형성된다. 만약 우리의 일, 거주, 사회 복지 서비스를 소수 민족과 공유하는 것을 막고 싶다면 먼저 우리의 독자적인 우선권과 특권이나 그들이 그런 재화를 악용하는 것 혹은 평등한 사회적 참여를 방해할 수 있는 부정적인 특징에 관한 의견을 포함하여 민족적 편견 도식을 형성하는 것이 인지적으로나 사회적으로나 모두 효과적이다. 사회 인지, 그 응용에 있어서는 표상(도식)과 실제 전략은 이런 방식으로 사회적 필요, 규범, 목적, 한 집단의 관심 등에 의하여 세밀하게 조율된다.

사회 인지에 관한 이러한 논의는 담화와 의사소통, 그러니까 뉴스와 같은 대중적 담화에 핵심적인 도입이 된다. 따라서 담화 생산은 단지 모형이나 개인적 견해를 표현하고 전달하는 것이 아니다. 그보다 각 화자는 사회적 행위에 참여함으로써 한 집단의 구성원으로서 말하는 것이다. 그러나 (뉴스) 생산에 관한 사회 인지 이론을 구성하기 위하여 우리는 이러한 개론적 설명의 중요성을 이해해야 한다. 담화 생산에 내재된 사회적 성격은 화자가 집단 구성원으로서 전제하는 사회적 지식과 태도의 도식을 명백하게 보여 준다. 이와 유사하게 화자는 자신이 속한 집단의 규범, 가치, 관심, 역학 관계, 이데올로기 등을 재현한다. 이러한 것들은 의사소통을 통해 집단 내에서 재생산되고 확인되고 확산된다. 우리는 이제 중요한 사회적 처리 과정의 근거가 되는 인지적이고 상호작용적인 과정에 대한 이론적 모형의 윤곽을 파악하게 되었다.

## 4. 뉴스 생산 과정

뉴스 생산 과정 분석을 위한 이론적 토대는 이제 마련되었다. 이미 약술한 보편적 원리는 뉴스 처리에 적용된다. 우리는 이제 흥미롭고 구체적인 질문을 하려고 한다. 뉴스 생산에는 어떤 특별한 신념과 태도 도식, 어떤 모형, 어떤 전략이 수반되는가? 뉴스 제작자들은 뉴스 생산의 사회적 맥락을 어떻게 표상하고 재생산하는가? 그리고 인지적 과정으로서의 뉴스 생산은 어떻게 의사소통적 상호작용 형태에 따른 이 사회적 맥락의 형성에 내재되는가? 뉴스 생산의 기본적인 단계에 수반되는 생산의 다양한 측면에 대하여 논의해 보자.

### 뉴스 사건으로서의 사건 해석

대부분의 뉴스는 종종 그 자체로도 뉴스 사건이 될 수 있는 취재원 텍스트와 진술 같은 다른 담화에 근거한다고 주장되어 왔다. 그러나 먼저 van Dijk(1987b)에서 논의된 암스테르담의 불법 거주자 퇴거와 시위의 경우에서처럼 사건을 보다 직접적으로 인지하는 상황을 상상해 보자. 뉴스 생산에 관한 많은 논의에서 떠오르는 한 가지 중심적인 문제는 뉴스 사건으로서 사건을 초기에 인지하고 평가하는 것이다. 이러한 과정은 대개 저널리스트의 뉴스 가치 체계에 의하여 통제된다고 가정된다. 만약 사건 하나가 뉴스 가치에 명시된 기준에 부합한다면 그 사건은 더 많은 주의를 끌게 되고 저널리스트에 의하여 잠재적인 뉴스 사건으로 선택되는 가능성이 더 높아진다. 이러한 가정은 기본적으로는 옳지만 또한 매우 일반적이고 모호하다. 우리는 이 과정이 어떻게 이루어지는지 정확하게 알지 못한다. 또한 전통적으로 뉴스의 편견이라고 불리는 것은 무엇인지 그리고 뉴스 담화와 그것의 현실에 대한 재구성적 관계 사이의 관련성은 검토되어야 하는지에 대하여 보다 명시적인 분석이 필요하다(예를 들어 Park, 1940; Guback, 1968; Williams, 1975; Hofstetter, 1976; Schoenbach, 1977; Lange, 1980 참고).

이 인지적 틀은 텍스트나 사건 정보가 기억에서 어떻게 분석되고 해석되고 표상되는지를 설명한다. 이러한 과정은 또한 잠재적인 뉴스 사건으로서 사건 분석에도 유효하다. 따라서 하나의 분석된 사건은 일화 기억에 하나의 모형으로 표상된다. 모형에는 위계 구조 내에 조직된 지배적인 행위나 사건, 참여자, 시간과 장소, 상황, 관련 대상, 또는 행위 도구 등이 등장한다. 따라서 1980년대 초 암스테르담의 퇴거 사건을 다룬 언론 보도에 관한 우리의 연구(van Dijk, 1987b)는 그러한 사건이 가진 지배적인 행위, 즉 시위 또는 파괴, 불법 거주자, 경찰, 시 당국 같은 주요 참여자, 시간과 장소의 특성, 경찰차와 크레인, 가게 창문, 화염병 같은 사물을 보여 주었다. 관찰 중인 저널리스트가 그 상황에 대하여 부분적인 모형만을 갖게 되는 것은 명백하다. 이는 첫째, 모형에는 기자의 위치에 따른 관점이나 시점이 있어야 한다는 것을 의미한다. 경찰 본부의 경찰관 대기실에 있는 기자의 관점과 시위대 한 가운데 있는 기자의 관점은 다르다. 둘째, 모형은 불법 거주자, 경찰, 시위, 퇴거 등에 관한 개인적 견해와 감정에 의하여 구체화될 수 있다. 이러한 것들은 모형을 구성하는 데 영향을 줄 수 있다. 예를 들어 경찰의 행위에 관한 것보다 불법 거주자의 행위에 관하여 더 많은 세부 사항이 나타날 수 있다. 개인이나 집단은 시위자나 불량배로 보일 수 있으며 그리고 각 범주에서 다양한 집단 도식이 활성화되어 모형을 만드는 데 적용되어야 하는 등 다양한 범주화가 적용될 수 있다. 개인이나 집단의 행위가 집단 도식을 확정하거나 집단 도식과 일치할 때 더 많이 주목받게 된다는 것을 보여 주는 실험적 증거가 있다(Rothbart, Evans, & Fulero, 1979; Taylor, 1981; van Dijk, 1987a). 불량배는 창문을 부술 때 "전형적"으로 보인다. 불량배를 타격하는 경찰관은 불법 행위를 범하는 것으로 보이지 않고 합법적이고 예상되는 형태의 범죄를 통제하는 데 종사하는 것으로 보일 수 있다. 상황의 행위나 행위자에 대한 개인적인 평가에서 우리는 그 상황 모형에 사회적으로 공유된 견해가 삽입되어 있음을 알 수 있다. 이러한 구체적인 견해는 "창문을 부수는 것은 허용되지 않는다."와 같은 일반적인 견해에서 구체화된 것이다.

사건을 지각하고 해석한 결과는 관찰하는 기자의 기억에 구성된, 상황에 대한 주관적이지만 사회적으로 측정된 모형으로 나타난다. 이 과정은 다른 사회 구성원이 동일한 사건을 관찰한 것과 크게 다르지 않기 때문에 뉴스 생산 이론에 적합하지 않다. 뉴스를 수집하는 맥락은 특별한 목적, 즉 뉴스 담화에서 잠재적인 재생산의 견지에서 사건을 표상하는 것을 수반한다. 즉, 하나의 모형이 구성되어서 원칙적으로 담화 생산 과정의 기초로 사용될 수 있다. 이후에 사건과 세부 사항이 인출되고 나타날 필요가 있기 때문에 특별한 조건이 작동한다. 만약 사건이 복잡하다면 후에 모형의 재생산을 돕기 위하여 주석과 같은 외부적인 기억 보조가 필요할 수 있다. 주석에는 전체적인 사건에서 미시적인 요소(이름, 숫자)로 인하여 기억하기 어려운 세부 사항을 기록할 수 있다. 혹은 주석은 상황을 규정하고 보다 세부적인 구성 행위를 떠올리는 데 사용될 수 있는 전반적인 거시 행위와 관련된 것일 수 있다. 보편적인 모형과 도식에 관한 지식은 상황의 전형적인 세부를 채우는 데 사용될 수 있다. 그 경우에 구체화 오류의 가능성이 있다. 기술과 주석은 시위, 폭동, 주택 퇴거와 같은 모형의 종류를 규정하는 전반적인 패턴을 따른다.

이와 유사하게, 뉴스 기사에서 사건이 설명될 필요가 있을 수 있다는 것은 형성되고 표현된 모형의 구조와 내용에 추가적인 영향을 미친다. 만약 관례적으로 뉴스 기사에서 정확한 이름과 숫자가 요구된다면 이들은 그 모형에(혹은 외부 기억 모형인 주석에) 특별히 주목해야 한다. 그러지 않고서는 모형을 얻을 수 없을 것이다. 만약 뉴스 스토리에 소수의 행위자만 드러나야 한다면 관찰 과정을 감독하는 통제 체계에서 모형 참여자에 구체적으로 주목하고 참여자에 관한 정보를 선택하는 것으로 이어질 것이다. 이는 부정적이거나 위험하거나 폭력적이거나 극적이거나 흥미로운 행위를 선택할 때에도 동일하게 작용한다. 저널리스트의 일상적인 관찰에 내재하는 암묵적인 뉴스 가치 범주는 집중, 선택, 결정의 과정에 근거를 제공한다. 예를 들어 대규모 약탈은 대형 은행의 창문을 부수는 것보다 더 많은 주목을 받는다. 은행 창문을 부수는 것은 차에 흠집을 내는 것보다는 뉴스 가치가 있다. 모형에서 앞의 사건은 더 높은 위계로 표상되며 더 많은 세부를 지배하고 더 많은 의견을 낳는다. 그 결과는 첫 번째 사건이 더 잘 기억되는 것이고 따라서 뉴스 생산에 사용될 기회가 더 많은 것이다. 동시에, 모형에서 높은 위치에 있는 사건은 담화 생산 중에 전략적으로 사건을 정밀하게 읽어 냄으로써 거시 구조 형성을 활성화한다. 약탈과 은행 창문을 부수는 것은 뉴스 보도에서 주요 주제가 된다. 다시 말하면 잠재적인 뉴스 사건으로서의 사건의 해석은 그러한 해석(모형)이 사용될 수 있는 잠재적인 뉴스 담화에 의하여 결정되는데 또 그 반대이기도 하다. 뉴스 생산은 순환적인 것처럼 보인다. 사건과 텍스트는 서로 영향을 주고받는다. 엄격하게 말해서 후속 텍스트는 당연히 앞선 사건을 지각하는 데 영향을 주지 않는다. 그보다는 텍스트의 목적과 계획이 지각과 표상을 감독한다.

이는 하나의 주어진 사건의 다양한 측면을 지각하고 해석하는 데에만 적용되는 것이 아니라 보편적으로 가능한 뉴스 사건으로서의 사건을 주목하고 선택하는 데에도 적용된다. 대부분의 사건이 잠재적인 뉴스 사건으로서 요건을 갖추지 못한다는 것은 잘 알려져 있다. 이는 효과적인 관찰 필터가 있어야 한다는 것을 나타낸다. 이러한 필터나 그물(Tuchman, 1978a)로 큰 시위나 경찰의 행위를 선택하고 대부분의 개인적이거나 평범하거나 일상적이거나 작은 규모의 사건과 행위는 걸러낸다. 다시 말해서 뉴스 사건 필터를 규정하는 인지 범주에는 대중, 대중의 관심, 차이, 비일상, 규모, 부정적 결과, 유사 개념 등의 개념이 포함되어야 한다. 뉴스를 수집하는 동안 저널리스트는 이러한 필터나 뉴스 사건 도식을 통제 체계에 입력해야 한다. 그러면 현재의 상황은 이러한 도식의 하향식 통제하에 감식될 것이다. 다른 사건들은 사실 보일 수는 있지만 가능한 뉴스 사건으로서는 아니다.

이러한 설명은 기본적으로는 옳지만 저널리스트의 실천이 빠져 있다. 기자는 단순히 거리나 기관 혹은 가능한 뉴스 사건을 포착할 수 있는 장소에서 돌아다니는 것이 아니다. 적절한 수의 유효한 뉴스 사건을 찾을 수 있도록 효과적인 뉴스 수집 과정이 조직화되고 일상화되어야 한다는 것은 충분히 입증되었다(Gans, 1979; Tuchman, 1974, 1978a; Fishman, 1980; Lester, 1980). 예상하지 못한 것들도 반드시 통제되어야 한다. 도식 필터 범주에 더하여 뉴스 사건에는 시간, 장소, 행위자에 대하여 제약이 있어야 한다. 마감 제약과 일과의 주기성으로 인해 시간은 극히 중요하며 그렇기 때문에 구조, 과정과 같이 긴 시간이 걸리는 사건은 모두 배제되는 경향이 있다. 장소는 접근성이 요구되므로 공공장소와 기관이 선호된다. 행위자는 우리가 뉴스 행위자 도식이라고 칭하는 한 세트의 특별한 자격 요건 전체와 관련된다. 그러한 개인 도식(Markus, 1977)은 접근성(즉 공공성)이나 신분과 지위, 사회적 혹은 정치적 권력, 명성, 가시성, 매우 부정적이거나 극적인 사건에의 단순한 참여(범죄자, 피해자) 등을 포함한다. 저널리스트의 일과는 이러한 기준, 그러니까 정치권, 경찰과 법원, 기타 큰 기관에 대한 특종 기사의 대부분을 충족시킬 수 있도록 기회를 극대화하는 방식으로 조직되어 있다. 저널리스트의 일과를 체계화함으로써 저널리스트의 참여, 관찰, 인지적 모형화에 내재된 한계를 보강한다. 따라서 가능한 뉴스 상황의 수는 관리할 수 있는 비율로 현저히 축소하며 뉴스 사건, 행위, 행위자, 지역, 시간 부분에서도 그렇게 한다. 게다가 이미 알려진 상황은 새로운 모형을 구축하는 데 중요한 자료로 기능하고 그에 따라 새로운 사건의 해석이 쉬워진다. 다시 말하면 새로운 모형이 새로운 임의의 상황에 근거하여 형성되는 것은 아니라는 것이다. 그보다는 상황은 이미 알려진 보편적인 모형을 구체화하고 몇 가지 새로운 세부 사항만을 추가하면 되는 것으로 보인다. 이와 같이 기존 모형에 새로운 세부 사항을 추가하는 것은 많은 뉴스 생산 과정의 기초가 된다.

우리는 인지적·사회적 제약이 어떻게 작동하고 사건의 뉴스 사건으로서의 위치, 고립, 지각, 해석, 기억 표상에 있어서 어떻게 협조하는지 볼 것이다. 뉴스 생산에 관한 많은 연구에서 설명된 사회적 과정 외에 우리는 이제 뉴스 담화 모형의 정보로 쓰일 사건을 다루기 위하여 많은 인지적 과정이나 전략 또한 더할 수 있다. 이러한 인지적 과정의 일부는 뉴스 사건 도식, 뉴스 행위자 도식, 뉴스 상황 도식, 그러한 도식의 실제 사건으로 구체화되었던 이전 모형 등이다. 암스테르담의 불법 거주자에 대한 경찰의 행위는 이전의 퇴거 모형에 기초하여 쉽게 해석할 수 있는 새로운 예이다. 불법 거주자나 시위자는 모형 내에서 개인 도식과 집단 도식에 따라 범주화하기 쉽다. 그리고 끝으로, 기자는 사회적 사건에 대한 전형적이고 공유된 스크립트에 기초하여 퇴거나 시위를 이해하고 명료하게 보도할 수 있다. 일단 선택되면 잠재적인 뉴스 사건은 이러한 모형과 도식에 따라 해석되고 새로운 상황에 맞게 전략적으로 각색된다. 또한 해당 뉴스 담화의 목적 및 해당 기자의 계획에 따른 제약하에 해석되고 각색된다.

## 취재원 텍스트 처리

그러나 대부분의 뉴스는 뉴스 사건에 대한 직접적인 관찰을 바탕으로 하지 않는다. 대부분의 뉴스는 담화에서 그 정보가 파생된다. 이러한 경우에 중요한 정치가의 성명이나 중요한 보고서나 책의 출판과 같이 그 자체가 뉴스 사건인 담화와 의사소통적 사건의 뉴스 가치가 아니라 정보 내용으로만 사용될 담화를 구별해야 한다. 물론 그 중간적인 경우도 가능하다. 뉴스 사건으로서의 담화는 우리가 뉴스 사건에 대하여 일반적으로 설명한 것과 대체로 비슷한 방식으로 처리되어 다른 행위와 마찬가지로 접근, 관찰, 해석, 기억의 과정을 거친다. 그러나 그 담화 측면에는 처리 과정에 중요한 결과가 있다. 행위와 달리 뉴스 사건으로서의 담화 역시 상징적 내용을 가지고 있으며 이는 아마도 기자 회견과 같은 덜 흥미로운 의사소통적 사건에 비하여 더 많이 주목받을 것이다. 이는 기자가 이미 형성된 정보를 사용한다는 것을 의미한다. 기자는 상황 모형을 구성해야 할 뿐만 아니라 구체적인 의미, 위계(화제, 도식), 문체론적·수사학적 형태에 더하여 견해, 태도, 관점, 화자의 모형에 관한 다른 정보를 포함할 수 있는, 그 모형의 코드화된 버전을 이미 가지고 있는 것이다. 전달된 모형을 재구성하는 대신 기자는 원칙적으로 인용의 경우에서와 같이 취재원 담화를 그대로 사용할 수 있다. 그러나 대부분의 기자는 사실 뉴스 사건의 전체 담화를 기록하고 옮겨 쓰지 않는다. 기자들은 시간의 제약으로 단편만을 기록하거나(메모를 하거나) 요약을 제공한다.

그 자체로는 뉴스 사건이 아닌 취재원 텍스트에서도 사정은 동일하다. 일부가 선택되거나 그대로 쓰이거나 인용되거나 요약된다. 종종 통신사 특전(特電)의 경우에서처럼 만약 더 많은 취재원 텍스트가 가능해진다면 다양한 텍스트의 정보가 사용될 수 있다. 이에 더하여 정보는 인터뷰나 전화 통화, 자료부, 사료, 다른 미디어의 메시지 등으로부터 도출될 수 있다. 이는 정확히 어떻게 이루어지는가? 기자가 그러한 많은 다양한 자료를 근거로 하여 뉴스 텍스트를 쓸 수 있는 인지적·사회적 일과는 무엇인가? 몇 가지 중요한 전략을 검토해 보자.

**선택**. 복잡한 취재원 텍스트 처리의 가장 효과적인 전략은 선택하기이다. 그러나 선택은 그 자체로 종종 다른 많은 전략의 결과이기도 하다. 결국, 다른 것이 아닌 어떤 특정 취재원 텍스트나 취재원 텍스트의 일부를 사용하겠다는 결정에는 판단의 기준이 필요하다. 그리고 선택은 기자 회견이나 인터뷰와 같은 의사소통적 사건이나 이미 사용 가능한 상태의 취재원 텍스트에 적용될 수 있다. 연역적 선택이나 해석 및 평가에 근거한 선택은 사용 가능한 취재원 텍스트의 경우에 이루어질 수 있다. 연역적 선택은 취재원의 신뢰도 혹은 권위에 근거하여 이루어질 수 있다. 기자는 퇴거나 시위에 관한 경찰 보고 자료와 불법 거주자의 기자 회견 자료를 모두 가지고 있을 때 취재원 선택 기준에 근거하여 선험적으로 첫 번째 취재원을 선택할 가능성이 더 높다.

이러한 선택 과정은 관련성 구조 내의 위치와 최종적인 뉴스 아이템에 대한 관심의 정도에도 반영된다. 그리고 끝으로, 취재원 텍스트를 읽은 후의 선택과 평가는 그 내용이 가진 성격에 대한 견해를 전제로 이루어진다.

**재생산.** 일단 하나의 취재원 텍스트(혹은 그 일부)를 처리를 위한 정보의 기반으로 선택하면 원문에 충실하게 재생산하는 것이 의심할 바 없이 가장 쉬운 전략이다. 국제 뉴스 연구(van Dijk, 1984b, 1987b)에서 우리는 예를 들어 통신사 특전의 대부분이 가끔 문체만 약간 변형되어 그대로 즉시 뉴스 아이템에 사용된다는 것을 발견하였다. "뉴스 생산의 현장 연구" 부분에서 논의된 뉴스 생산에 관한 사례 연구에서 우리는 또한 특히 해외 뉴스 생산에서 통신사의 취재원 텍스트가 문자 그대로 수용되기도 한다는 것을 발견하였다. 원문 그대로 재생산하는 주된 이유는 시간의 부족, 다른 정보의 부족, 취재원 텍스트의 뉴스 품질 및 취재원에 대한 보편적 신뢰도 등 때문이다. 물론 재생산은 예를 들어 지면의 제약에 맞추어 부분적일 수 있다. 이때 대개의 경우 관련성이 떨어지는 단락은 삭제된다. 이 시점에서 재생산에는 선택과 요약이 수반된다.

**요약.** 다음으로 중요한 대량의 취재원 텍스트 정보 처리 전략은 요약하기이다. 담화 처리에 관한 심리학적 설명에서 요약하기는 거시 구조의 도출을 수반한다는 것을 알 수 있다. 요약문은 거시 구조의 부분적 표현이며 기자는 하나나 그 이상의 취재원 텍스트 중 가장 관련성이 크거나 중요한 것을 요약문에 나타낸다. 이론적으로 그리고 실험적으로 분석되어 온 요약하기 전략은 생략, 일반화, 구성이다. 생략은 하나의 전제로서 나머지 텍스트의 해석에 더 이상 사용되지 않는 국지적 정보에 적용된다. 비슷한 특징이 다른 행위자나 상황에 유효할 때 혹은 "폭도들은 많은 상점을 약탈하였다."에서와 같이 주어진 하나의 특징이 한 세트의 다른 구성원에도 적용될 수 있을 때 일반화는 이루어진다. 구성에서는 몇몇 부분적 행위나 사건이 하나의 전체적인 거시 행위나 거시 사건으로 결합되어야 한다. 일련의 다른 행위(경찰과 충돌, 시설 파괴 등)가 폭동이라는 일반적인 행위 범주에 포괄될 수 있다. 요약은 필연적으로 명백히 주관적이다. 요약은 어떤 정보가 가장 적절하거나 중요한지, 그리고 원본 텍스트 자체에는 표현될 필요가 없지만 어떤 종합적인 범주가 선택되어야 하는지에 관한 사적이며 전문적인 결정을 전제로 한다.

요약은 원본 텍스트와 뉴스 텍스트 처리의 모든 단계에서 필요하다. 기자 회견이나 인터뷰, 법원 재판, 긴 보고서 등에 관한 설명은 대개 요약을 통해 이루어진다. 뉴스 생산에 있어서 요약이 기자에게 다음과 같은 것을 가능하게 한다는 것을 우리가 알게 될 때 요약의 중요성은 명확해진다. 요약을 통해 (1) 긴 텍스트를 짧게 줄이고 (2) 취재원 텍스트 정보의 국지적 세부 사항을 거시 구조와 관련하여 이해하고 (3) 취재원 텍스트에서 가장 중요하거나 가장 관련성이 높은 정보를 정하고 (4) 공통 화제와 관련성에 있어서 다른 취재원 텍스트와 비교하고 (5) 적합한 머리글로서, 그러니까 뉴스 텍스트를 작성하는 데 있어서 기본적인 의미론적 통제의 실례로서 요약을 사용하고, 요약에서 헤드라인을 도출하고 (6) 뉴스 텍스트를 위한, 그리고 동료와 편집자와의 논의를 위한 계획이나 설계로서 요약을 사용한다. 일단 최초의 선택이 이루어지면 다수의 가능한 취재원 텍스트와 정보의 복잡성 속에서 요약하기는 효과적인 뉴스 생산과 통제를 위한 중요한

절차로서 기능한다. 정보의 복잡성을 줄일 수 있는 중요한 전략이
되는 것이다.

**국지적 전환**. 요약에 미시 구조의 거시 구조로의 전환이 수반된다면
뉴스 생산에도 다양한 종류의 국지적 전환이 요구되기도 한다. 삭제
(deletion)는 여기에서도 첫 번째 조치이자 전략적으로 유용한 조치로
서 작용한다. 그 조건은 내부적일 수도 있고 외부적일 수도 있다. 내부
적 기준에는 세부 사항의 상대적 관련성 혹은 저널리스트의 모형,
스크립트, 태도 및 (저널리스트가 가정하는) 독자의 모형, 스크립트, 태
도 등과 일치하지 않는 세부 사항에 관한 결정이 수반된다. 외부적
조건에는 공간적 제약이나, 다른 취재원에 기초한 중요하지만 논쟁의
여지가 있는 세부 사항 검증의 불가능성 등이 있다. 한편 첨가(addition)
는 다른 취재원 텍스트나 기자의 이전 모형과 일반적 지식에 적절한
세부 사항을 삽입할 것을 요구한다. 첨가는 종종 선행 사건이나 맥락,
역사적 배경에 관한 추가적인 정보를 제공하는 데 사용되며 설명과
내포의 기능을 갖는다. 다른 취재원 텍스트에서 적절한 새로운 정보,
예를 들어 정확한 숫자나 인용, 혹은 적당한 뉴스 담화를 위한 일반적
인 기준에 맞는 세부 사항 등을 삽입하여 첨가를 늘릴 수 있다. 치환
(permutation)은 취재원 텍스트에 뉴스 도식 구조가 없을 때의 뉴스
생산에서 종종 사용된다. 기본적으로 관련성 기준에 의하여 결정되며
중요한 정보는 앞으로(위로) 이동하거나 중요하지 않은 정보는 뒤로
(아래로) 이동할 수 있다. 또한 표준적인 뉴스 도식 구조가 고려되어야
한다. 따라서 중심 사건(Main Event)은 맥락(Context), 배경(Background),
구두 반응(Verbal Reaction), 논평(Comment)에 선행되어야 한다. 그리고
각각의 범주에 대하여 (요약에 나타난 거시 구조에 의하여 지정된 대로)

더 높은 층위의 정보가 먼저 나타나야 한다. 이러한 뉴스 텍스트의 제약으로 취재원 텍스트 데이터의 입력에는 많은 치환이 요구된다. 끝으로, 첨가와 유사하게 대치(substitution)에서는 동일한 사실에 대한 대안적 설명을 다른 취재원 텍스트에서 발췌하여 사용하는 것에 대한 가능성이 요구된다. 따라서 주어진 텍스트의 절이나 문장, 전체 단락은 다른 취재원 텍스트의 해당하는 부분으로 대치될 수 있는 것이다.

**문체론적·수사학적 (재)구성**. 앞에서 논의한 작업들은 대개 의미론적이다. 취재원 텍스트에 대한 많은 전환은 역시 문체론적이며 수사학적이다. 통신사 특전에서 "시위 참가자"라는 단어는 "게릴라"가 "자유 투사"로 바뀔 수 있는 것과 동일한 방식으로 "폭도"로 대치될 수 있다(van Dijk, 1984b, 1987b에서 세부 내용 참고). 원본 텍스트의 선택 및 적절한 변환과 별개로 문체의 변환은 동일한 사건에 대하여 쓸 때 개인이나 기관의 의견을 뉴스 텍스트에 삽입하는 가장 효과적인 방법이다. 그리고 과소법(understatement)이나 과장법, 비교법, 암시적 은유법 등의 사용을 통한 수사학적 재구성으로 기자는 이야기를 좀 더 효과적으로 구성할 수 있다. 이 지점에서는 더 이상 취재원 텍스트의 직접적인 전환이 아니라 사실상 제삼의 텍스트 생산이 이루어진다.

여기에서 언급되는 다양한 작업은 광범위한 인지적 틀을 필요로 한다. 텍스트는 단순하게 비교되거나 바로 그대로 사용된다. 취재원 텍스트에 대한 선택이나 재생산, 요약, 다른 전환 등의 모든 과정은 취재원 텍스트에 대한 이해를 전제로 한다. 따라서 기자는 기억 속의 취재원 텍스트에 대하여 적어도 텍스트의 일부라도 표상을 가지고 있는 것이다. 이와 유사하게 이해가 상황 모형의 활성화와 업데이트에 근거하여 이루어지는 것이라면 비교, 요약 및 다른 전환도 그러하다. 사실, 어떤 텍스트들이 동일한 사건에 관한 것이라는 판단은 해당 텍스트에 내재되어 있는 모형의 분석에 근거하여 이루어지는 것이다. 정보를 삭제하겠다는 판단은 어떤 세부 사항이 그 뉴스 텍스트를 이해하는 데, 즉 독자가 내재된 모형을 구축하는 데 관계가 없다는 평가에 근거하여 이루어진다. 다시 말하자면 뉴스 생산에서 이루어지는 모든 텍스트 전환은 본질적으로 모형 기반적이라는 것이다. 그리고 그러한 모형에는 구체화된 일반적인 견해나 태도뿐만 아니라 개인의 경험과 견해가 담겨 있다고 가정되기 때문에 취재원 텍스트의 뉴스 텍스트로의 전환에 주관적이거나 집단 기반적인(이데올로기적이고 직업적인) 규범과 가치가 어떻게 포함되어야 하는지 그리고 왜 포함되어야 하는지 명확해진다.

취재원 텍스트의 전환은 모형 기반적이며 계획과 목적에 따라 감독된다. 선택과 변환에 내재된 판단의 많은 부분은 내용과 구조라는 내적 제약에 의해서뿐만 아니라 뉴스 생산의 일과(마감일, 규모, 안건 등)에 대한 외적 제약에 의해서도 결정된다. 어떤 취재원 텍스트나 그 정보가 덜 중요하다거나 관련성이 적다는 판단은 독자적으로 내려지는 것이 아니라 뉴스 텍스트의 생산 과정과 관계되는 것이다. (기자나 편집장에 따르면) 이는 뉴스 텍스트에는 적용되지 않는다. 이와 유사하게 요약은 짧은 뉴스 텍스트가 복잡한 사건에 관하여 쓰일 수 있도록 정보를 줄이는 것뿐만 아니라 머리글, 헤드라인, 뉴스 텍스트 생산을 위한 일반적인 관리 계획을 만드는 것에도 관련된다. 바꾸어 말하면 의도된 뉴스 텍스트의 속성에는 생산의 전환 과정에 대한 피드백이 있는 것으로 보인다. 취재원 텍스트 처리 과정은 전반적인 텍스트 계획에 의하여 통제되는 인지적 작업이다. 취재원 텍스트는 가능한 구상이나 뉴스 기사의 세부 사항을 염두에 두고 듣거나 읽게 된다.

취재원 텍스트를 뉴스 텍스트로 전환하는 다양한 작업은 뉴스 텍스트 자체를 최종 버전으로 발전시키는 과정의 일과 거의 비슷하다. 그런 경우에 취재원 텍스트는 하나뿐이며 (만약 기자가 자신의 텍스트를 다시 작성하는 것이라면) 저자가 동일할 수 있다. 선택은 여기에서도 발생할 수 있다. 어떤 이야기는 결국 발행되지 않을 수도 있다. 대개는 지면 제약 때문에 전환 중에서 삭제가 가장 효과적인 것으로 보인다. 뉴스 기사의 전체적인 구조에 따라 가장 덜 중요한 세부 사항만이 담겨 있는 아이템의 뒷부분은 삭제될 수 있다. 문체의 변환은 가독성을 높이거나 원하지 않는 의견 추론을 피하거나 명예 훼손이 성립되기에는 모호한 혐의를 다루는 데 필수적이다. 최종 편집에는 취재원 텍스트 처리 이상으로 가정된 독자 모형의 영향이 있다. 이해력, 사전 지식 및 가정된 독자의 견해는 뉴스 아이템 초기 버전의 적절성을 판단하는 데 중요한 역할을 한다.

뉴스 수집의 과정과 제약 내에서 우리는 취재원 텍스트 처리의 중요성을 강조하였다. 일부 기본적인 작업은 취재원 텍스트에 근거하여 뉴스 생산에 적용되는 것으로 나타났다. 선택, 요약, 국지적 의미론적, 문체론적 전환이 중심적인 작업이다. 이들은 다음의 다섯 가지 주요 요소, (1) 상황에 대한 주관적인 모형, 즉 입력된 텍스트의 사건 해석, (2) 취재원 특성(신뢰도, 권위)에 관한 기자의 모형, (3) 뉴스 도식과 거시 구조를 포함하는 뉴스 텍스트 생산의 목적과 계획, (4) 독자의 모형, 그리고 끝으로 (5) 뉴스 수집 업무, 마감일, 상호작용 제약 등에 관한 보편적 지식과 특수한 지식을 포함하는 생산 맥락 모형 등에 의하여 인지적으로 통제된다. 이론적으로 취재원에 대한 신뢰와 텍스트 생산 계획을 포함하는 (2)번과 (3)번 요소는 뉴스 텍스트 작성자의 전반적인 맥락 모형의 일부이다. 우리는 이제 뉴스 텍스트 생산 전략에 관한 어떤 보편적인 원리를 가지고 있다. 세부 사항과 예시는 처리 과정이 포함된 보다 구체적인 사례 연구에서만 제공될 수 있는데 이는 "뉴스 생산의 현장 연구"에서 이야기될 것이다.

## 5. 뉴스 가치 재고

여기에서 그리고 뉴스 생산에 관한 다른 많은 연구에서 뉴스 가치의 개념은 종종 뉴스 아이템 선택, 발행 기회, 뉴스의 실제 공식화 등을 설명할 때 사용되었다(Breed, 1955, 1956; Galtung & Ruge, 1965; Gans, 1979; Tuchman, 1978a; Golding & Elliott, 1979). 이러한 뉴스 가치는 여기에서 상세하게 반복할 필요는 없다. 그러나 그 중 일부는 보다 체계적이고 명시적인 인지적 정의가 필요하다. 가치라는 개념의 사용은 사회 인지에서 뉴스 가치의 위치를 설명한다. 뉴스 가치는 전문가에 의하여(Lester, 1980), 그리고 간접적으로는 대중에 의하여 공유되는 뉴스 미디어의 사건이나 담화의 뉴스 가치성(newsworthiness)에 관한 가치이다(Atwood, 1970). 뉴스 가치는 선택, 주목, 이해, 표상, 소환 및 일반적으로는 뉴스 정보의 사용을 위한 인지적 기준을 제공한다.

일반적으로 뉴스 가치의 유형은 구분될 수 있다. 첫째, 그 뉴스 가치가 다른 시장 체계에서 뉴스 생산의 경제적 관점에서 형성된 것인가, 이익 추구형의 조직 내에서 형성된 것인가. 몇 가지 요소만 말하자면 판매 및 구독과 같은 제약, 뉴스 수집을 위한 예산, 광고의 양 등은 편집 공간에 대한 일반적인 제약을 결정한다. 강력한 뉴스 행위자(취재원)와 대중에 대한 신념과 견해는 화제와 쟁점에 관한 의제 및 이야기의 선택과 처리에 의하여 형성되거나 암시되는 견해의 이데올로기적 경향을 결정한다. 국내 뉴스와 특히 해외 뉴스는 해외 특파원, 통신사 구독 및 일정 수의 기자를 위한 예산과 그들이 취재할 수 있는 보도 영역에 달려 있다. 엄밀히 말해서 경제적 조건에서 파생된 제약은 가치가 아닌 물질적 요인이지만 그 제약들은 가치를 형성하고 확인하는 데 중요하게 작용한다. 예를 들어 광고, 판매, 구독에 의존하는 영리 목적의 신문사에게 있어서 사회적·정치적 이데올로기는 단순히 자유로운 것이 아니다. 중요성과 적절성에 대한 판단은 공간과 예산의 한계에 의하여 유사하게 제약된다.

뉴스 가치의 두 번째 범주는 뉴스 수집과 조직적 생산의 사회적 업무에 보다 밀접하게 연관되며 부분적으로 (경쟁적 가치와 같이 뉴스를 가능한 한 빠르게 그리고 신빙성 있게 전하거나 특종으로 다른 미디어를 이기려는 직업적 목표로 이끄는) 경제적 제약에 연결된다. 예를 들어 일일 마감으로 표시되는 신문의 주기성에 의하여 짧은 시간의 긴급 뉴스, 즉 시작과 끝이 분명한 사건의 순간에 대한 전반적인 선호도가 결정되는 것이다. 이와 유사하게 다른 섹션이나 보도 영역에서 뉴스 수집을 조직화하는 것은 사회적·정치적 생활에서 해당하는 부문과 행위자에 의하여 생산되고 규정되는 사건에 관한 이야기에 대한 선호로 이어진다. 취재원에 대한 접근성에 의하여 대변인이나 보도 자료, 기자 회견과 같은 언론과 조직적인 관계를 맺은 이야기와 뉴스 행위자를 선호하게 된다. 따라서 뉴스 생산을 위한 일련의 과정에서 그들의 이러한 요구에 맞는 조직, 기관, 사람이 일정하게 선택되고 주목받음으로써 사회적 구조가 재생산되는 것이다. 이로써 정치 엘리트와 사회 엘리트, 엘리트 국가, 엘리트 조직에 대한 특별한 관심이 일부 설명된다. 엘리트 행위자와 그들의 사건이 가진 사회적 중요성과 권위는 언론에 의하여 재생산되고 확인된다. 이러한 사회적 제약에는 인지적 전례와 제약에 따른 결과가 있다. 엘리트 개인과 집단, 국가에 대한 이 특별하고 반복적인 관심은 또한 저널리스트들을 그러한 엘리트들이 지배적인 행위자로 나타나는 모형과 틀로 이끈다. 즉, 저널리스트들은 뉴스 작성에 대한 사회적·직업적 제약으로 인한 사회상을 내재화하는 것이다(Atwood & Grotta, 1973). 그러고는 이러한 모형이나 도식에 의하여 동일한 엘리트에 대한 뉴스 스토리의 선택 및 생산이 다시 선호된다. 이러한 악순환을 깨는 것이 매우 어렵다는 것은 증명되었다.

따라서 뉴스 가치에는 미디어 담화 재생산의 경제적·사회적·이데올로기적 가치가 반영되어 있다. 우리는 그러한 제약에 인지적 표상이 있다고 가정한다. 그러나 저널리스트에 의하여 공유되는 사회에 대한 그러한 지배적인 설명과 별개로 뉴스 가치를 규정하는 다수의 보다 구체적인 인지적 제약이 있다.

**참신성.** 뉴스가 원칙적으로 새로운 사건에 관한 것이어야 한다는 것은 기본적인 요건이다. 독자들은 이미 알고 있는 정보는 취하지 않을 것이다. 그리고 이는 모든 단언 화행에 일반적으로 요구되는 것이다. 인지적으로 이는 하나의 이야기에 의하여 전달되는 모형에는 독자의 기존 모형에 아직 없는 정보가 포함되어야 한다는 것을 의미한다. 그 결과는 현재 모형을 가능한 한 업데이트한 것이다.

**최신성.** 모든 새로운 정보가 가능한 뉴스가 되는 것은 아니다. 언론의 뉴스에 대한 추가적인 요구는 이야기되는 사건이 뉴스 자체, 즉 하루에서 며칠 사이의 범위 내의 최근의 것이어야 한다는 것이다. 모형은 상황과 사건의 표상이기 때문에 최신성은 그 시간적 측면(이제 막 발생한 일들)에 의하여 모형의 중요한 업데이트와 인출의 단서가 된다. 또한 최신성은 사건과 텍스트 모두에 있어서 주의, 관심, 기억을 촉진하는 주요 요소이다.

**전제**. 참신성과 최신성에 대한 평가는 현재의 지식과 신념을 전제로 한다. 우리는 어떻게 그리고 왜 사건과 담화가 광대한 양의 구정보를 기초로 했을 때에만 이해가 가능한지에 대하여 상세하게 설명한 바 있다. 업데이트한다는 것은 하나의 상황에 대한 이전 모형을 전제로 한다. 이해한다는 것 역시 틀과 스크립트의 활성화와 적용을 요구한다. 뉴스에서 이러한 많은 정보는 암묵적으로 남을 것이다. 그러나 그 중 일부는 전제된 것에 대한 신호로서 표현되어야 한다. 저널리스트는 독자가 이전 정보를 읽지 않았거나 잊었다고 가정해야 한다. 따라서 특정한 종류의 전제된 정보, 즉 이전 모형은 실제 사건의 배경이나 맥락으로서 부분적으로 표현되거나 요약되어야 한다. 우리는 뉴스 도식에는 이미 알려진 정보를 지칭하는 특정한 범주가 있다는 것을 보았다. 달리 말하자면 뉴스의 참신성은 제한적이라는 것이다. 참신성은 전제라는 빙산의 일각이며 따라서 이전에 획득한 정보에 관한 것이다. 또한 완전한 참신성이라는 것도 이해할 수 없다고 정의할 수 있다. 즉, 우리는 이전 모형과 도식 없이 뉴스 텍스트가 무엇에 관한 것인지 이해할 수 없는 것이다.

**일치**. 뉴스는 사회적으로 공유되는 규범, 가치, 태도와 일치해야 한다. 이는 전제 가치의 특별한 경우이다. 사전 지식 및 신념 대신 현재의 견해와 태도가 수반된다. 저널리스트와 독자의 태도와 일치하는 뉴스, 즉 주어진 사회와 문화의 이데올로기적 합의와 일치하는 뉴스는 이해하기가 더 쉽고 수용하기는, 그러니까 통합하기는 확실히 더 쉽다. 그러나 이 조건에는 자격이 요구된다. 뉴스는 우리의 지배적인 태도와 일치하지 않는 개인이나 국가, 행위에 관한 것이기도 하다. 그러나 (1) 그러한 뉴스는 취재될 기회가 적다. (2) 그 뉴스가 그 개인이나 국가에 대한 우리의 부정적인 도식을 확인해 주는 것이 아니라면 말이다. 그리고 (3) 기술의 관점은 이러한 도식과 일치한다. 그렇다 해도 이러한 뉴스 가치에서 인지적 복잡성은 간단한 것과는 거리가 있다. 이데올로기적 합의와 일치하는 뉴스 스토리가 선택되는 것이 일반적인 사실이지만 이것이 그런 합의와 일치하지 않는 이야기에 뉴스 가치 자체가 없다는 것을 의미하지는 않는다. 그 이야기들은 그런 합의점으로부터의 일탈 때문에 보다 흥미롭고 정확하게 기억될 수도 있다(일탈과 부정성 참고). 그러므로 우리는 뉴스 사건에 부속된 뉴스 가치와 사건에 관한 이야기에 부속된 뉴스 가치를 조심스럽게 구분해야 한다. 그들의 행위가 이러한 도식 역할과 일치하는 것으로 보일 때에만 뉴스는 이데올로기적 악역에 관한 것일 것이다. 우리는 소수 민족 집단과 불법 거주자에 관한 연구에서 이러한 원리를 충분히 증명한 바 있다(van Dijk, 1983a, 1987b). 이는 서방 언론의 공산 국가에 대한 보도에서도 동일하게 유효한데 다음 부분에서 다시 간략하게 다룰 것이다.

**관련성**. 일반적으로 정보는 독자와 관련된 사건이나 행위에 대한 것이 선호된다. 이러한 정보는 다른 담화를 해석하고 사회적 행위와 상호작용을 계획하고 실행하는 데 사용될 수 있는 모형을 제공한다. 따라서 많은 독자층의 관심은 뉴스 선택에 대한 인지적 제약이자 사회적 제약이 된다. 사회 뉴스와 정치 뉴스를 선택하는 다른 많은 범주와 별개로 관련성 범주는 사건과 결정이 우리의 인생에 어떻게 영향을 미칠 수 있는지 보여 준다. 예를 들어 실업이나 사회 복지 서비스, 법, 규제 등은 이러한 조건을 충족하는 정보이다. 여기에서 언급한 다른 가치들처럼 관련성 범주 역시 반대 지점(counterpoint)이 있다. 확실히 뉴스는 본질적으로 유용성은 물론 일반 독자층의 관련성에 의하여 선택되지 않는다. 우선, 다양한 관심과 다양한 기대를 갖는 많은 다양한 독자층이 있을 수 있다. 그러므로 관련성은 큰 집단 혹은 힘이 있는 집단의 관점에서 규정되어야 한다. 소수자의 관련성은 훨씬 덜 강조되어야 한다. 둘째, 관련성은 사회 체계를 통제하는 집단이 갖는 관심에 의해서도 결정된다. 대중에게도 전반적으로 매우 관련성이 있는 거대한 정보 영역이 있다. 그러나 이는 언론에서 취재하지 않거나 거의 취재하지 않는다. 예를 들어 구조적 문제는 다른 많은 범주를 충족시키지 못하여 은밀히 취재되는 경향이 있다. 다른 관련된 정보는 권력 집단의 이익에 위협이 될 수 있으므로 언론이 대부분의 정보를 얻는 것으로 보이는 취재원(당국)에서는 공개하지 않을 것이다. 최근의 예로는 1986년 5월 체르노빌의 핵 재난 이후 프랑스의 방사능 낙진에 관한 정보 부족이 있다. 프랑스에는 많은 원자력 발전소가 있기 때문에 당국이 동요의 가능성이 있는 경고를 내림으로써 원자력 반대가 증가하게 되는 위험을 감수하는 데 관심이 없었던 것이 확실하다.

**일탈과 부정성**. 아마도 가장 잘 알려진 것은 뉴스의 부정성이 가진 가치관일 것이다. 즉, 많은 뉴스 담화는 일반적으로 문제, 추문, 갈등, 범죄, 전쟁, 재난 등과 같은 부정적인 사건에 관하여 다룬다. 왜일까? 직관적으로는 사람들이 그러한 뉴스에 관심을 갖는 현상이 보편적이지는 않더라도 널리 퍼져 있는 것처럼 보이지만 이것이 그 이유를 설명하지는 못한다. 이는 사회학적, 정신 분석학적, 혹은 인지적 용어로 설명이 가능하다. 정신 분석학적으로 뉴스의 이러한 다양한 형태의 부정성은 우리 자신의 공포를 표현한 것으로 볼 수 있으며 다른 사람에 대한 불편함은 대리 참여를 통해 안도감과 긴장감을 모두 제공한다. 그러한 부정적 사건의 모형은 잘못될 수 있는 모든 것에 끌리는 것이 회피나 방어적 행위를 위한 효과적인 대비가 되는 자기 방어의 감정 체계와 직접적으로 맞물린다. 보다 인지적인 용어로 그러한 사건에 관한 정보 처리는 우리의 일상생활을 붕괴시킬 가능성이 있는 사고의 일반적인 모의실험과 같다고 말할 수 있다. 동시에 그러한 정보는 일반적인 규범과 가치를 시험하는 것이다. 특히 다양한 유형의 일탈이 정보에 포함될 때 내집단(ingroup) 구성원에게 외집단(outgroup)이나 추방자에 대한 정보 및 자신의 집단을 규정하고 확인하는 데 도움이 되는 사회적 규범과 가치를 제공한다. 이는 뉴스에서 부정성의 역할을 설명하기 위한 인지적 접근과 사회학적 접근의 조합이다. 그리고 끝으로 대부분의 모형은 매일매일의 반복적인 상황과 행위에 관한 것이다. 일탈과 부정적인 상황에 관한 정보는 일탈 모형을 제공하는 데 이는 그 구별성으로 인해 더 잘 인출되고 기억된다(Howard & Rothbart, 1980). 이러한 모형에 의하여 독자들은 그러한 뉴스 사건에 대하여 이야기하는 것이 가능해지는데 일상적인 이야기에도 중심적인 갈등 범주가 있기 때문이다.

다른 말로 하자면 부정적인 뉴스에 알맞은 몇 가지 독립적인 요소들이 있는 것이다. 각각의 요소에는 광범위한 이론적 설명이 필요하다. 그러나 어떤 종류의 설명이 주어지든 우리는 일탈이나 부정적인 사건 모형의 표상이 독자의 인지적·감정적·사회적 정보 처리에 중심적인 역할을 한다는 것을 안다. 그러나 이 조건이 절대적인 것은 아니다. 참신성이 사전 지식을 요구하는 데 비하여 일탈과 부정성은 순종과 긍정성을 요구한다. 문제, 갈등, 혹은 재난에 대한 이야기 역시 행복한 결말을 요구한다. 즉, 가능한 문제의 모의실험에는 문제 해결 모형도 필요하고 집단이나 문화 내에서 공유되는 목적, 규범, 가치의 재정립도 필요하다. 그러므로 범죄 뉴스에서는 경찰의 역할에 특별히 주목하게 된다. 그리고 재난 이야기에서 우리는 (예를 들어 1985년 에티오피아 기근 보도의 경우에서처럼) 구조 작업과 문제를 해결하는 영웅에 대한 관심이 두드러질 것으로 예상한다. 어떤 종류의 긍정적인 요소가 없이는 부정적 뉴스는 아마도 소화하기 힘들 것이다. 논의된 다른 뉴스 가치에 대해서는 가설을 시험하기 위한 실험 연구가 필요하다. 우리의 인지적 틀에 의하여 이러한 가치를 충족하는 뉴스 정보에 대한 저널리스트와 독자의 선택, 주목, 이해, 인출, 기억, 재생산의 관점에서 그러한 가설의 예측을 세부적으로 구체화하기 위한 이론적 기반이 제공된다.

**근접성.** 뉴스 사건의 공간적·이데올로기적 근접성의 가치는 우리가 논의한 다양한 조건에서 추론될 수 있다. 이데올로기적 근접성은 일반적 조화의 범주에서 파생된다. 공간적 근접성에는 지식의 전제와 관련성이 포함된다. 즉, 우리는 부분적으로는 직접적인 경험을 통해서, 그리고 우리가 아는 다른 사람들의 경험에 대한 비형식적 의사소통을 통해서 우리 자신의 마을, 동네, 국가, 대륙에 대하여 가장 많이 안다. 그러므로 근접한 사건에 대한 미디어의 메시지는 비교적 완성되어 있고 더 쉽게 사용할 수 있는 모형을 바탕으로 하기 때문에 더 잘 이해된다(Kahneman & Tversky, 1973). 둘째로, 그러한 뉴스는 직접적인 상호작용이나 다른 인지적·사회적 활동에 필요한 정보를 제공할 수 있으므로 더 유효할 수 있다. 근접한 사건은 또한 일상적인 대화에서 이야기하기에 더 좋은 화제가 된다. 정보 축소에 대한 일반적인 필요성은 이미 만들어진 틀과 스크립트나 고정관념적인 태도로 이어지며 또한 세상에 대한 우리의 모형이 인출할 수 있고 업데이트할 수 있는 범위 내에 머물 것을 요구한다. 그러므로 만약 일반적인 선택 과정이 요구된다면 가장 유효한 모형, 즉 근접한 사건에 관한 모형이 다양한 정보에 의하여 형성되고 업데이트되기 때문에(우리가 위치와 환경 및 그런 모형의 많은 행위자를 알고 있기 때문에) 역시 우선시된다.

 언론의 뉴스 생산에 내재된 뉴스 가치의 일부에 관한 이러한 간략한 논의는 대부분의 가치가 학제적 관점에서 규정되어야 한다는 것을 보여 준다. 뉴스 가치에는 뉴스 가치성의 경제학적, 거시 사회학적, 미시 사회학적, 심리학적 조건이 수반된다. 그러나 우리는 모든 경우에 상세한 인지적 재구성이 이러한 다양한 조건을 설명하는 데 필요하다는 것을 보인 바 있다. 뉴스 담화와 정보가 어떻게 저널리스트와 독자에 의하여 읽히고 이해되고 표상되는지 가정할 때에만 우리는 사회적·경제적 관심과 목적이 어떻게 실제 뉴스 생산을 규정하는 용어로 전환될 수 있는지 보여 줄 수 있다. 인지 모형과 거기에 내재된 사회적 도식과 태도, 이데올로기는 이러한 가치를 뉴스 담화의 생산과 사용에 적용하는 데 핵심적인 역할을 하는 것으로 보인다.

# 6. 뉴스 생산에 관한 현장 연구

## 연구 계획

1984년 봄, 암스테르담 대학교에서 앞 절에서 설명한 가정의 일부를 더 깊이 탐구하고 구체화하기 위한 연구가 실행되었다. 필수적인 과정의 일부로서 한 집단의 학생들에게 네덜란드에 있는 몇몇 신문사의 기자들에게 연락하고 하루 또는 그 이상 그들의 하루 일과를 지켜보도록 하였다. 목적은 발행된 뉴스 기사의 최종판뿐만 아니라 가능한 취재원 텍스트 및 다른 버전의 뉴스 기사들을 모두 수집하는 것이었다. 취재원 텍스트에는 통신사 특전(特電), 다른 미디어의 텍스트, 보도, 정치인의 공식 발표, 다른 뉴스 행위자, 보도 자료, 기자 회견, 전화 통화, 서신, 인터뷰 외에도 기자에 의하여 사용된 모든 자료가 포함되었다. 데이터에는 기자의 스크랩 공책도 포함된다. 인터뷰와 전화 통화를 포함하는 모든 대화는 녹음되었고 부분적으로 전사되었다.

전국지와 지방지 및 국영 통신사인 네덜란드 통신(ANP)은 모두 참여를 요청받았다. 먼저 신문사 편집장의 허가를 받을 것이 요구되었다. 이러한 허가를 얻는 데에는 상당한 어려움이 있었다. 어떤 때에는 편집자들이 단순히 거절하거나 요청에 응하지 않았다. 어떤 사람들은 기자들에게 부과될지도 모를 추가적인 업무에 대하여 걱정하였다. 연구의 목적에 대하여 그리고 데이터와 결과가 어떻게 될지에 대하여 종종 의혹이 있었다. 어떤 편집장은 연구자(van Dijk, 1983a)의 해당 신문사 인종 보도에 대한 초기의 비판적인 태도를 이유로 하여 "그의" 신문사(De Volkskrant)의 접근을 거부하였다. 편집장들이 종종 경계심을 드러낸 것에 비하여 기자들은 대부분 매우 도움이 되었다. 우리는 결국 충분한 수의 신문 편집자와 기자로부터 허가를 받았지만 매스 커뮤니케이션 연구자가 뉴스 생산 과정에 접근하는 것은 늘 쉽지 않다는 것에 유의해야 한다. 예를 들어 내부 회의나 편집 회의에 대한 가공되지 않은 직접적인 데이터를 얻는 것은 매우 어렵다. 연구자가 어떤 기자나 편집자를 개인적으로 이미 알고 있을 때에만 그러한 데이터를 쉽게 얻을 수 있다. 데이터에 대하여 비판적인 분석이 이루어질 것으로 추측되면 모든 문은 닫힐 것이다. 이러한 태도는 어느 정도까지는 이해할 수 있지만 이는 널리 주장되는 언론의 자유에 대하여 다른 시각을 제공하기도 한다. 기자들은 그들의 보도가 비판적으로 귀결될 때조차도 중요한 뉴스 행위자와 기관에 접근할 수 있어야 한다. 많은 신문 편집자에게 있어서 이러한 자유가 연구에서의 자유에 필적할 만큼 확장되지 않는다는 것은 명백하다. 우리는 앞서 언론에 대한 다양한 연구에서 비판적 조사에 언론 기관보다 더 거부 반응을 일으키는 기관은 거의 없다는 것을 관찰한 바 있다. 대부분의 다른 공공 기관과 달리 언론 기관은 자신에 대한 비판적 분석을 거의 게재하지 않기 때문에 출판되는 비평에 익숙하지 않다.

자료는 국영 통신사인 네덜란드 통신(ANP) 및 여섯 개의 전국지(*De Telegraaf, De Volkskrant, NRC-Handelsblad, Trouw, Het Vrije Volk, De Waarheid*)와 두 개의 지방지(*Utrechts Nieuwsblad, De Gelderlander*)에서 수집하였다. 몇몇 신문사의 기자들을 그들의 담당 영역과 다양한 뉴스 생산 단계에 동행하였다. 수집된 자료의 양은 엄청났으며 완전한 분석에는 별도의 논문이 필요하게 되었다.

다양한 취재원 텍스트가 분류되었고 최종적인 뉴스 기사가 된 취재원 텍스트의 경우 생산 과정을 정의하는 텍스트 변형에 대한 상세한 분석이 이루어졌다. 만약 쓰여 있거나 출력되어 있는 취재원 텍스트가 이용 가능하고 단일 취재원으로 사용되었다면 이는 비교적 쉽다. 이는 대개 통신사 특전(特電)의 경우이거나 중요한 정치적 발언의 서면 버전을 이용할 수 있는 경우이다. 보다 어려운 것은 모든 전화 통화, 당국과의 대화, 기자 회견 및 기타 구어(spoken) 취재원 데이터를 기재하고 분석하는 것이다.

## 취재원 텍스트의 유형

다음은 기자에게 곧바로 이용 가능했거나 사용되었던 유형의 취재원 텍스트이다(우리는 여기에서 내용이나 구체적인 이름은 무시한다. 취재원 유형과 취재원 행위자의 범주나 기능만이 주어진다).

1. 국제 뉴스 통신사(AP, UPI, Reuter, AFP, TASS)의 특전(特電).
2. 국영 통신사 ANP의 특전.
3. 지역 통신사(GDP)의 특전.
4. 사회 복지 학교에서 국회 위원회에 보낸 편지.
5. 암스테르담 홍보실의 안건.
6. 암스테르담의 보도 자료.
7. 내무부의 보고서.
8. 내무부 장관의 성명에 대한 보고서.
9. 국가 홍보실의 보도 자료.
10. 외교부의 보도 자료.
11. 대기업의 보도 자료.
12. 신문사 자체의 (이전 기사) 자료 문서.
13. 다양한 개인과 조직의 전화 통화 메모.

14. 경찰 대변인의 일일 기자 회견.

15. 기자 회견에서 작성된 메모.

16. 지방 정부 회의 안건 및 자료.

17. 지방 정부 홍보 담당자와의 인터뷰.

18. 지방 정부 의회의 취업 관련 회의 안건 및 자료.

19. 헤이그 항소 법원의 안건.

20. 의료 보조원 학교의 보도 자료.

21. 지방 정부 홍보실의 서신.

22. 스헤베닝겐17)에 있는 호텔의 보도 자료.

23. 스헤베닝겐의 호텔에 관한 다른 신문사의 기사.

24. 헤이그 시의회 인사 위원회의 회의 안건 및 자료.

25. 헤이그의 경제 문제에 관한 시의회 의원의 기자 회견 발표.

26. 국회의 일일 안건.

27. 토론 중 국회의 다양한 구성원의 계획된 중재안 인쇄본.

28. 소수 민족 기구 대표와의 인터뷰 메모.

29. 연극 공연 발표.

30. 소수 민족 기구에서 법무부 장관에게 보내는 언론 서신 및 서신의
복사본.

31. 사회 복지를 위한 정부 기관장의 서신.

32. 사회부와의 전화 통화.

33. 사회 복지에 관한 법.

34. 국가 사회경제위원회 회의의 안건 및 자료.

35. 개 경매에 대한 정보.

---

17) (옮긴이) Scheveningen. 네덜란드 서부 조이트홀란트 주에 있는 해안 휴양지이자 어항.

36. 개 경매 주최자와의 인터뷰 메모.

37. "괴상한 축제(freak festival)" 주최자의 보도 자료.

38. "괴상한 축제" 주최자와의 인터뷰 메모.

39. 살인 사건에 관한 경찰 간부와의 인터뷰.

40. 신문사 국회/사회경제부의 안건.

41. 국회의 미디어 토론 텍스트.


동료를 위한 많은 작은 일상적인 전화 통화와 메모를 제외하면 이는 수십 개의 뉴스 보도를 작성하는 기자에게 사용되는 다양한 종류의 취재원 텍스트의 대략적인 목록이다. 이러한 모든 자료는 기자의 데스크에서 주어진 화제에 대하여 기사를 쓰지 않기로 결정했을 때나 실제로 기사를 썼을 때나 모두 이용 가능했지만 취재원 텍스트의 상당 부분은 전혀 사용되지 않았다. 취재원이 된 것들은 단편적으로만 사용되었다.

취재원 목록의 다양성으로 추가적인 범주화가 요구된다. 연구된 바와 같이 기자는 매우 일상적인 날에는 다음과 같은 종류의 정보를 사용한다.


1. 국영 뉴스 통신사와 국제 뉴스 통신사의 특전.

2. 기관, 기구, 기업 등의 보도 자료.

3. 초청장이 포함된 기자 회견.

4. 다수의 입법부, 법사위, 입법 기관의 안건과 자료.

5. 다양한 기관의 보고서.

6. 기관 대표와의 인터뷰.

7. 기관 대표와의 전화 통화.

8. 인터뷰, 전화 통화, 기자 회견 등의 메모.

9. 기관의 (종종 다른 기관에 보내는) 공식 서신, 때로는 문서가 첨부되기도 함.

10. 다양한 해외 및 국내 신문사의 기사.

11. 자체 신문을 포함하는 문서.

12. 연설, 회의 중의 개입, 토론의 인쇄본.


이와 같이 데이터를 범주화하고 축소함으로써 우리는 국가 기관이나 시 기관을 출처로 하는 취재원 텍스트가 지배적이라고 결론지을 수 있다. 이러한 취재원 텍스트 자체는 정기적으로 선행 조직될 수 있다. 이러한 텍스트들을 배포하거나 안건으로 올리거나 준비하는 표준적인 방식이 있다. 신문사와 기자는 정기적으로 (회의, 기자 회견, 보고서에 대한) 공지를 받는다. 둘째로, 통신사와 기타 뉴스 미디어는 뉴스 기사를 준비하는 데 중요한 역할을 한다. 그리고 이러한 준비에는 동일한 신문의 이전 기사를 발췌하여 다시 읽는 것이 포함될 수 있다. 셋째, 많은 뉴스 기사는 몇 개의 취재원 텍스트에 근거하여 작성되며 선행조직자(예를 들어 안건이나 성명, 초청), 중심 사건에 대한 취재원 데이터(회의, 기자 회견, 박람회 등), 기자의 메모나 문서, 뉴스 행위자 중 한 사람이 포함되는 인터뷰나 간단한 전화 통화 등의 전형적인 조합이 포함될 수 있다. 따라서 표준적인 국내 뉴스 생산은 취재원 텍스트를 수신하고 입수하고 사용하는 데 있어서의 순서로 특징지어진다. 이 순서는 세 개의 중요한 범주에 의하여 규정되는데 각각 준비(초청, 성명, 안건), 중심 사건 텍스트 데이터(문서, 기자 회견과 그 메모, 녹취록 등), 후속 혹은 배경 텍스트 데이터(뉴스 행위자나 기관 대표와의 인터뷰 혹은 전화 통화, 문서 등)이다. 가능한 네 번째 범주로 대조를 위한 텍스트 데이터도 고려될 수 있으며 추가적인 전화 통화, 재확인, 동료와의 대화 등이 포함된다.

취재원 텍스트 유형에 대한 간단한 분석을 통해 취재원 텍스트의 처리 과정은 일상적인 뉴스 수집 자체를 체계화한 것에 가까운 이미지라는 것을 다시 결론지을 수 있다. 사실상 많은 경우 뉴스 수집은 취재원 텍스트 데이터를 수신하고 입수하고 선택하고 읽고 처리하는 과정을 하나의 효율적인 세트로 보는 것이다. 보도를 위한 뉴스의 행위자는 그들이 직업적 요구와 이데올로기적 가치를 모두 충족시키는 취재원 텍스트 데이터를 얼마나 생산할 수 있느냐에 따라 선택된다. 취재하고 조사하고 쓸 수 있는 것보다 훨씬 더 많은 정보와 텍스트가 동시에 신문사와 기자에게 쏟아진다. 즉, 저널리스트가 일련의 일과로 뉴스 생산을 체계화하는 것과 마찬가지로 다른 많은 사설 기관과 공공 기관 역시 성명서나 다양한 텍스트를 미디어에 보내는 것을 포함하는 규칙적인 업무를 수행한다. 이 두 체계는 복잡하고 상호 의존적인 방식으로 연동된다. 이는 언론이 어떻게 그리고 왜 현재의 정치적, 사회적, 경제적 상황을 생산하고 또 재생산하는지에 대하여 좀 더 상세하게 보여 준다. 뉴스 수집과 취재원 텍스트 관리의 조직화는 어느 정도 언론이 필수적인 입력 텍스트를 제공하는 기관의 대변자라는 것을 의미한다. 언론에 있다고 가정되는 자유는 갈등 중인 기관들의 이해에 대하여 목소리를 내고, 제공되는 텍스트 데이터들의 덩어리 속에서 앞서 언급한 뉴스 가치 기준을 바탕으로 면밀하게 선택하고, 비제도권적 사건(예를 들어 시위, 불법 거주자, 파업)에 제한적 혹은 편향적인 관심을 기울이고, 입력된 데이터를 변환시키는 가능성에 있다. 그러나 누군가 자료의 전체적인 입력과 그 변환에 관한 경험적인 데이터를 살펴본다면 그는 또한 이러한 자유가 매우 제한적이라는 것을 알게 될 것이다. 적극적으로 요청한다 해도 대안적인 취재원과 취재원 텍스트가 늘 이용 가능한 것은 아니다. 그리고 취재원 텍스트를 개별적으로 변환할 시간이 없을 것이다. 게다가 비제도권적 취재원이나 사건은 신뢰도나 뉴스 가치성, 당국의 검증을 통과하지 못할 수 있다. 다시 말하면 우리의 뉴스, 뉴스 생산, 신문사는 그들이 그들의 일일 뉴스를 정기적으로 그리고 효과적으로 수집하기 위하여 스스로 엮은 그물에 걸려 있는 것이다.

## 취재원 텍스트 변환

심도 있는 분석과 비교를 위해 취재원 텍스트와 최종적인 뉴스 기사를 선정하였다. 뉴스 통신사 특전(特電), 인터뷰, 보도 자료, 메모, 전화 통화는 명제 단위로 분석하였고 뉴스 보도의 최초 버전 및 최종 버전과 비교하였다. 공간상의 제약으로 일반적인 결과만을 요약하도록 한다.

1. 국영 통신사와 지역 통신사의 특전과 지역 신문사의 편집자에 의한 처리 과정을 분석하자 특전에서 비롯된 여섯 개의 기사에서 대부분의 통신사 자료는 아무런 수정 없이 그대로 쓰였다는 것을 알 수 있었다. 일부 사소한 문체 변화를 제외하면 유일한 실질적인 변화라고는 제삼 TV 채널에 관한 현재의 정치적 논의에서 보이는 새로운 전개(관련 정당 중 하나의 입장)의 역사적 배경에 관하여 추가한 것과 국회에서 그 쟁점에 관하여 예상되는 논쟁을 추가한 것뿐이다. 후자의 정보는 국회의 안건에서 가져왔을 것이다.
2. 연극 제작에 관한 한 지역 신문 기사를 분석하자 기사의 정보가

(1) 제작 주최자의 보도 자료, (2) 기자의 주최자 인터뷰, (3) 인터뷰 중에 작성된 메모 등 세 군데의 취재원에 근거한 것으로 관찰되었다. 그 뉴스 보도에서 대부분의 정보는 보도 자료의 추가적인 실용적 정보와 함께 인터뷰에서 가져 온 것으로 보였다. 뉴스 기사에는 문자 그대로 복제하는 대신 인터뷰 중에 작성된 발표를 요약하여 실었다. 기자의 메모는 매우 간결하며 인터뷰에 대한 간단한 핵심어 몇 개만이 담겨 있다. 메모상의 정보는 거의 뉴스 보도에 나타난다. 즉, 메모는 효과적인 요약과 인출의 단서로 기능하는 것으로 보인다. 인터뷰 대상자의 진술은 말 그대로 인용되기보다는 언급된 것의 요약으로 나타난다. 뉴스 아이템의 첫 번째 단락과 마지막 단락은 연극 제작에 관한 실용적인 정보와 함께 도입과 마무리이다.

3. 다른 미디어는 종종 뉴스 보도의 취재원이 된다. 석간신문은 조간신문의 정보를 이용할 수 있으며 그 반대도 마찬가지이다. 따라서 어린 모로코 소년의 긴박한 추방에 대한 아이템에서 일부 정보는 조간신문에서 가지고 왔으나 이주 노동자 조직과의 인터뷰 역시 진행되었다. 이 인터뷰에 관한 메모는 작성되었지만 단어 몇 개를 제외하면 말 그대로 인용하지는 않았다. 기자는 선행 사건에 관한 그녀의 일반적인 지식에서 도출한 정보를 추가했다. 흥미롭게도 뉴스 텍스트의 첫 번째 버전에서 사용되었던 "또 다른 어린 이주자 추방"이라는 다소 냉담한 헤드라인은 보다 인간적인 헤드라인인 "(12) 추방 위기의 YOUSEF"로 바뀌었다. 네덜란드에서 이민 당국의 조치에 반하는 항의에 종종 희생자의 (성이 아닌) 이름을 사용함으로써 인간미를 부여하는 최근의 관행에 비추어 볼 때 이 고유 명사의 사용은 중요하다(이민에 관한 미디어 보도의 상세한 내용은 van Dijk, 1987b 참고).

4. 암스테르담의 홍등가 사업 투자에 대하여 증가하는 관심을 다룬

보도는 시의회 위원회의 회의와 국영 뉴스 통신사 ANP의 보도에 근거한 것으로 보인다. 한편으로는 결정적인 지점에서 기자는 현재의 사건에 설명적인 배경을 제공할 수 있는 개인적인 기존 지식을 추가한다. 이에 관한 시 공무원의 놀라움은 "이 거리는 헤로인 거래로 인해 황폐해졌다."라는 기자의 문장에 표현되어 있다. 동일한 신문의 다른 기사는 전적으로 소수 민족 집단 기구, 시 공무원 및 (신문사와 동일한 정치적 신조를 지닌) 국회의원과의 전화 통화에서 나온 정보에 근거하였는데 이들 인터뷰의 정보는 과도하게 요약되어 있다. 이번에도 우리는 새로운 정보가 소수 민족 기구의 계획된 행동에 관하여 추가될 때 그것이 기자 자신의 정보라고 생각한다. 국영 뉴스 통신사의 정보에 근거한 기사에서 신문사의 편집자는 기사의 두 번째 부분을 단순히 생략했다. 이는 뉴스 담화에서 관련성에 따른 배열의 필요성뿐만 아니라 뉴스 생산의 잘 알려진 관행에 대한 가정을 확인시켜준다. 즉, 가장 중요한 정보가 가장 먼저 위치해야 하는 것이다.

5. 제삼 TV 채널에 관한 국회 토론을 보도하는, 문화복지부 장관의 성명과 주요 정당의 다양한 대변인에 근거한 다른 뉴스 기사를 비교하자 우선 그 기사의 인쇄된 버전이 『헤이그(The Hague)』 국회 기자의 첫 번째 버전과 (제안된 헤드라인을 제외하고는) 동일하다는 것이 관찰되었다. 장관의 상당히 형식적이고 우회적인 문체는 뉴스 기사에서 보다 직접적이고 구어적인 문체로 변환되었다(직역하면 다음과 같다).

장관: "제삼 채널의 형태로 방송 시간의 연장이 논의된다면 현재 계획 중인 주간 방송 시간의 연장 역시 원칙적으로 함께 논의될 수 있도록 일관성이 확대되어야 한다."

(If an increase of broadcasting time is discussed in the form of a third channel, the coherence should be extended such that the increase of broadcasting time during the day as it is being actually planned, also will be discussed in principle.)

신문: "제3 채널? 방송 시간 연장 없다. 만약 제3 TV 채널이 온다면 내각이 관계하는 한 네덜란드 1과 2 채널의 방송 시간 연장 계획은 중단될 것이다."

(THIRD CHANNEL? NO EXTRA AIRTIME. If a third channel is coming, the planned airtime increase on Netherlands 1 and 2 will be off, as far as the cabinet is concerned.)

6. 식품 회사의 정리 해고 발표에 관한 최종 뉴스 보도를 그 기사의 초기 버전, 회사의 보도 자료, 국영 언론 통신사의 특전과 비교하면 최종 버전에는 기본적으로 회사의 성명만이 인쇄되어 있음을 알 수 있다. ANP 통신사에서 부분적으로 언급되고 기사의 첫 번째 버전 말미에 상세하게 실렸던 노조 간부의 성명이 뉴스 기사의 인쇄본에서는 삭제되어 있다. 첫 번째 버전에서도 하위 수준에 실렸던 것은 이미 노조의 성명에 부여된 관련성 정도가 편집의 최종 단계에서 완전한 삭제로 이어질 것임을 시사한다.

7. 또 다른 뉴스 보도는 네덜란드에 "불법 체류 중인 수리남인"의 합법화에 관하여 법무부 장관에게 전하는 소수 민족 기구의 공식적인 문서에 근거하고 있다. 이 문서에는 그 기구의 보도 자료가 첨부되어 있다. 두 가지 모두 최종 뉴스 보도의 직접적인 취재원으로 기능한다.

8. 끝으로, 사회부에 관한 몇몇 뉴스 기사를 검토하였다. 이들은 ANP 통신에 근거한 것으로 한 문장 한 문장 그대로 쓰였다. 그러나

ANP 기사 자체는 현장의 취재원에까지 추적되었는데 사회 안전 보장 이사회 회의의 다소 길고 기술적인 의사록, 사회부 장관의 서신, ANP 기자의 국가 여성 복지 기구 인터뷰에 근거하고 있었다. 의사록과 서신 및 인터뷰의 긴 단락은 몇 개의 문장으로 요약되었다. 이사회의 여성 차별 사건을 조사하겠다는 결정만이 신문사 두 군데의 기사에서 언급되었고 여성 기구의 (의사들이 여성을 어떻게 대하는지에 대한) 상세한 의혹은 여성 기구가 "많은 차별 사례가 있다고 주장한다."는 그저 모호하고 일반적인 진술로 요약되었다.

이상의 예에서 다음과 같은 결론을 도출할 수 있다.

1. 뉴스 통신사의 특전은 이용될 때, 특히 다른 정보 이용이 가능하지 않을 때, 글자 그대로 쓰이든지 아니면 상당히 밀접하게 따라서 쓰이는 경향이 있다.

2. 보도 자료는 부분적이긴 하지만 그대로 인용되는 반면 인터뷰는 요약과 유사 인용문으로 나타난다. 즉, 뉴스 기사에서 성명은 인용 부호 안에 표현된 그대로 뉴스 행위자에 의하여 이루어지지만 그러한 성명은 종종 뉴스 행위자의 말이 기자에 의하여 요약된 것이다.

3. 회의, 보고서, 공식적인 서신, 인용과 같은 복잡한 취재원 텍스트는 많이 요약되고 덜 형식적인 문체로 바뀐다.

4. 정부나 시 당국, 통신사, 국가 기관의 성명이나 보도 자료에는 (여성이 유력한 남성 집단, 즉 기업 컨설턴트를 고발했을 때 여성 복지의 경우에서와 같이) 공식적인 논의나 결정에 관한 일반인 집단이나 기구의 보고서나 성명에 비하여 더 많은 그리고 더 현저한 관심이 주어진다. 이와 유사하게 정리 해고에 관한 대기업의 보도 자료는 인쇄되는 반면

노조 간부들의 비판적인 발언은 뉴스 보도에서 완전히 삭제된다.

이상의 몇 가지 요소는 뉴스 생산 과정이 주로 효율적인 취재원 텍스트 처리 과정(이용 가능한 인쇄물과 인터뷰의 선택, 요약, 삭제 등)에 의하여 체계화된다는 것을 보여 준다. 한편 이러한 처리 과정은 단순히 대량의 취재원 텍스트 정보를 다루는 전문적인 방식이 아니다. 예를 들어 덜 유력한 집단은 덜 나타나거나 덜 중요한 보도가 이루어지는 것과 같이 선택과 변환에는 이데올로기적 근거가 있는 것으로 보인다.

## 특별한 화제

취재원 텍스트 데이터가 최종적인 뉴스 기사로 변환되는 데 수반되는 뉴스 생산 과정에 관한 특별한 연구들이 있다. 학생에 의하여 수행된 이들 연구의 결과는 여기에서 간단한 형태로만 보고한다.

**요약**. De Bie(1984a)는 보도 자료와 통신사 특전의 처리 과정에서 요약의 기능을 연구했다. 먼저, 이 책의 초반에 논의된 거시 규칙이 뉴스 생산의 요약 과정에도 적용되는 것으로 보인다는 점을 발견했다. 둘째로, 몇몇 취재원 텍스트와 그러한 취재원 텍스트의 미시 명제가 요약이 핵심적인 기능을 하는 머리글 단락의 구성에 사용된다는 것을 알 수 있었다. 뉴스가 보다 상세해지면 이러한 구성 규칙에는 취재원 텍스트의 세부 내용에 대한 보다 직접적인 선택, 즉 복제가 포함된다. 취재원 텍스트는 사용될 때 텍스트의 상당한 부분이 그대로 복제된다. 삭제는 본질적으로 관련이 없는 세부 내용은 생략한다는 규칙을 따른다. 또한 최종적인 이야기가 너무 복잡해질 때에는 세부 내용이 생략되기도 한다. 이는 단순화 전략의 하나라고 말할 수 있다. 인터뷰 때 작성된 메모는 주요 기사에는 덜 나타나지만 제공된 정보를 인출하는 데 외부 기억 보조 장치로 기능한다. 인터뷰하는 것 자체도 기자들의 질문이 대부분 다소 일반적인 사실에 관한 것이라는 점에서 거시 처리(macroprocessing)에 대비한다는 것을 알 수 있다. 음성(spoken) 취재원 자료는 문자(written) 취재원 텍스트에 비하여 재구성적 거시 처리를 더 많이 하는 경향이 있어 선택이 되면 그대로 복제되는 경향이 있다. 일반적으로 머리글의 정보를 제외하면 뉴스 기사는 특히 문자 취재원 텍스트가 이용될 때 선택/삭제로 구성된 거시 규칙에 따라 생산된다고 결론지을 수 있다.

**상부 구조**(Superstructures). 통신사 특전의 도식적 상부 구조가 뉴스 생산에서 다루어지는 방식에 관한 연구에서 Coerts와 Vermeulen(1984)은 뉴스 기사 8개를 국제 뉴스 통신사와 국영 뉴스 통신사의 취재원 특전 11개와 비교하였다. 먼저 이 책의 2장에서 제안한 상부 구조 도식의 초기 버전을 적용하면 임의로 선정한 뉴스 기사를 설명하는 데 이 도식이 적합하다는 것을 알 수 있었다. 헤드라인과 머리글의 요약 범주 다음으로는 중심 사건이 뉴스 이야기의 지배적인 범주이지만 머리글에서 중심 사건의 첫 번째 부분이 이미 제공되기도 한다. 맥락과 배경, 결과, 구두 반응, 논평은 어느 정도는 도식을 따른다. 하향식 실현은 이야기에서 각 범주의 중요한 정보(거시 명제)를 분할하여 전달하는 데에서 나타난다. 각 범주의 크기를 양적으로 분석하자 맥락은 뉴스 기사에 할애된 지면의 30%를 차지하고 뒤를 이어 중심 사건과 구두 반응이 (각각 약 15%를) 차지한다는 것이 밝혀졌다. 다른 범주들은 훨씬 낮은 퍼센트로 나타났다. 통신사 특전과 비교하자 먼저 몇 개의 통신사 취재원 텍스트가 이용되었을 때조차도 사실상 오직 하나의 통신사만이 언급되기도 한다는 것을 알 수 있었다. 우리의 다른 연구에서도 신문들은 그들의 취재원을 언급할 때 대충 하는 경향이 있다는 것이 드러났다. 통신사 특전 역시 헤드라인, 머리글, 이전 정보, 논평을 제외하고는 일반적인 뉴스 도식을 보인다. 이들은 확실히 언론의 뉴스 기사에 전형적으로 나타나는 범주의 일종이다. 헤드라인과 머리글은 당연한 이유로 특전에서 생략되고 논평은 전 세계의 많은 신문에서 반드시 사용되어야 하는 범주이지만 통신사 뉴스가 가진 의도적으로 사실만을 다루는 성격으로 인해 부재한다. 특전에는 별도로 구분되는 머리글은 없지만 첫 번째 단락에서 사건을 요약하고 이야기의 주요 참여자 이름을 소개하여 머리글의 기능을 하는 것으로 보인다. 통신사 뉴스에서도 중심 사건은 맥락과 결과의 앞에 먼저 나타난다. 통신사 뉴스의 40% 이상이 맥락으로 범주화되고 20% 이상이 구두 반응, 그리고 약 13% 정도만이 중심 사건 뉴스에 할애된다. 다시 말하면 신문사와 통신사 뉴스에서는 모두 중심 사건에 관한 정보보다는 맥락에 대한 정보가 더 많은 것으로 보이며 모두 구두 반응 범주가 현저하게 나타난다. 이러한 경향은 통신사 자료에서 더욱 강하게 나타나는데 최종 뉴스 기사에서는 많은 맥락과 구두 반응이 생략되기 때문이다. 통신사 취재원 텍스트의 주된 의미론적 변환은 삭제이다. 배경, 특히 맥락과 구두 반응의 단편들은 생략된다. 사소한 것을 떠나서 때로는 문체의 상당한 변환에도 불구하고 폴란드의 식량 배급제에 관한 뉴스에서 신문은 상황의 부정적인 측면에 더 많은 주의를 기울이는 경향이 있다. 미디어(제3 TV 채널)에 관한 국내 뉴스 기사를 국영 뉴스 통신사의 특전과 비교하자 기자가 이 쟁점을 둘러싼 정치적 갈등에 대하여 많은 개인적인 평가와 예상을 삽입하였다는 것을 알 수 있었다.

**동유럽 통신사와 신문의 보도.** Rood(1984)는 동유럽의 국영 신문 편집자에게 이용 가능한 모든 국제 통신사 특전과 실제 출간된 뉴스를 비교 분석하였다. 특히 Rood는 동유럽의 공산주의 사회에 대하여 서구 언론에서 부정적인 이미지를 구축한다는 일반적인 가정을 검증하였다. 대부분의 연구는 반대의 경우, 즉 공산주의 언론에서 서구는 어떻게 묘사되는가에 초점을 둔다(Lendvai, 1981; Merrill, 1983; Martin & Chaudhary, 1983). 이 도식에는 시민권의 결여, 서투른 경제 계획, 억압, 국제적 침략, 일반인의 불편한 생활환경(음식이나 다른 것의 부족) 등에 관한 명제가 포함된다. 19개의 다양한 이야기 중 3개만 사용된 것으로 나타났다. 이 3개의 이야기에는 모두 부정적 함의가 담겨 있고 동유럽에 대한 지배적인 이미지를 강화하였다. 폴란드의 식량 배급제, 러시아인에게 쫓겨나는 관광객들, Glemp 추기경에 의하여 조성된 폴란드 교회와 정부 사이의 갈등에 대한 불만이 그것이다. 동유럽 지도자들의 정치적 활동, 구소련(USSR)의 지진, 사고, 미디어의 비판, 서구에서 선전물을 가지고 오는 사람들의 체포 등에 관한 이야기는 선택되지 않았다. 다루어진 3개의 이야기에서 통신사의 중립적인 정보는 신문에서 보다 부정적인 표현으로 대체되었다. 예를 들어 식량배급제가 폴란드에서 폐지되었으나 신문은 여전히 강조하였으며 예외적인 기사가 거의 없었다. Glemp에 관한 기사에서는 그의 아르헨티나 방문은 보도하였으나 내용의 일부만이 그의 고국인 폴란드의 정치에 대하여 다루고 있었다. 소비에트 연방에서 쫓겨난 관광객들은 반러시아 선전물을 배포해 왔던 것으로 보였다. 취재원 텍스트는 생략되지 않고 상당히 동일하게 재생산되었음에도 불구하고 신문 보도에서는 종종 보다 부정적인 문체(예를 들어 "급증"이나 "많은", "과격한" 등은 통신사의 텍스트에서 사용되는 단어가 아니다)가 사용되었다. 이러한 데이터는 전국지의 동유럽에 관한 통신사 자료 선택 및 사용이 서구 신문과 (미국보다는 적지만) 네덜란드의 대부분의 독자가 이러한 국가에 대하여 가지고 있는 부정적인 적(enemy)의 이미지를 제공한 원인이라는 것을 보여 준다. 서유럽 국가에서 발생했다면 다루었을 사건은 보도하지 않고 공산주의 사회의 억압적인 성격을 확인하는 이슈에는 특별한 주의를 기울였다. 여기에는 미묘한 세부적 문체도 사용되었는데 이는 동유럽의 상황을 각색하는 데 기여하였다. 뉴스 생산에 관한 우리의 연구에서 이는 신문이 국제 통신사를 다룰 때 취재원 텍스트에 대한 특정한(부정적인) 선택과 특정한(부정적인) 변환을 통해 경향성을 더욱 강화할 수 있다는 것을 의미한다.

**인용**. 통화 정책을 결정하고 정부의 결정에 많은 영향력을 행사하는 네덜란드 국립은행장의 연설에 대한 신문 보도의 분석에서 Pols(1984)는 은행장의 말이 언론에서 어떻게 표현되었는지 검토하였다. 이 연설에 대한 뉴스 기사를 14개의 전국지와 지방지에서 수집하여 분석하였으며 그 결과를 인쇄된 연설문의 내용과 비교하였다. 신문의 문장 200개 중 139개를 선택하여 연설문의 문장과 비교하였다. 일부 신문들은 국영 언론 통신사 ANP의 연설에 대한 특전을 사용한 것으로 보였다. 인용 패턴에 대한 연구 결과 먼저 언론사 문장의 대부분(65)은 간접 인용이었다. 반면 나머지 문장들은 따옴표로 표시하였거나 표시하지 않은 직접 인용이었다. 가장 중요하게 알게 된 것은 그러한 연설의 경우 언론사는 종종 삭제를 하고 뉴스 기사에 나타난 것보다 더 많은 따옴표를 사용하기는 했지만 연설의 (인쇄물) 원본을 성실하게 복제하는 경향이 있다는 것이었다. 명확하게 평가적이고 문체론적 함의를 지닌 구절은 특히 명시적으로 인용 표시를 한다. 정확성이나 생동감 혹은 극적인 효과와 별개로 인용은 종종 신문과 인용된 사람이나 견해 사이에 거리를 설정하기 위하여 사용된다. 내포된 내용절을 이끄는 주절에서 사용된 의사 전달 동사에는 종종 화자가 말한 내용에 대한 기자의 평가가 드러난다. 예를 들면 그는 …라고 말함으로써 X를 비판하였다 또는 노조는 …를 주장한다 등이 있다.

## 결론

우리의 사례 연구 결과는 취재원 이용과 취재원 텍스트 처리의 일과적 성격에 관한 현재의 가설과 관찰을 확증하는 것처럼 보인다. 유력하고 신뢰할 만한 취재원, 특히 중견 정치인, 주와 시의 산하 기관, 큰 조직의 대표는 대부분 이용되고 인용된다. 기자들은 그러한 엘리트 취재원의 행동과 결정에 관한 대량의 정보를 매일 받는 것으로 보였다. 그들은 국영 통신사와 국제 뉴스 통신사의 끊임없는 특전에서 가장 자주 보도되고 인용된다. 이밖에도 기자들은 관계자들이 의견과 행위를 주고받을 수 있는 공개회의나 기자 회견을 위한 다양한 유형의 보도 자료, 공문서, 안건, 공식 서신, 초청 등을 받는다. 언론 통신사 자료는 국제 통신사 및 국영 통신사든 지역 서비스든 폭넓게 이용되며 선택되면 종종 상당히 비슷하게 복제된다. 특전의 선택은 보편적으로는 뉴스 가치 기준에 따라 그리고 저널리스트나 신문사의 특정한 이데올로기에 따라 이루어진다. 따라서 동유럽 특전은 그것이 부정적인 뉴스를 전하고 있을 때 선택될 가능성이 높다. 덜 유력한 단체나 반대의 목소리는 주목을 덜 받으며 관련성이 낮으며 삭제될 확률이 가장 높다. 이러한 발견은 우리가 van Dijk(1987b)에서 보고했던 질적 사례 연구의 결과를 보편적으로 입증하며 나아가 뉴스 생산에 있어서 현존

하는 뉴스 가치 이론을 입증하고 상세화한다.

구조적으로 뉴스 생산은 앞서 공식화한 제약의 기능이다. 즉 취재원 텍스트를 최종적인 뉴스 담화로 만드는 다양한 구조적 변환은 (1) 뉴스 담화의 형식, (2) 주어진 화제나 쟁점의 관련성, (3) 앞서 논의한 다양한 뉴스 가치에 달려 있다. 통신사 특전의 상부 구조(도식)는 최종 뉴스 담화의 상부 구조(도식)와 유사하고 중요한 중심 사건의 맥락과 배경은 상당 부분 구체화한다. 그러나 논평 범주는 언론의 뉴스 담화에서 보다 전형적으로 나타난다. 대부분의 취재원 텍스트 변환은 거시 운용의 관점에서 적절히 특징지어질 수 있다. 길고 복잡한 자료의 경우는 삭제와 구조적 요약이 가장 일반적이다. 인용은 종종 구성되는데 그대로 인용되는 경우는 거의 없다. 중요한 뉴스 행위자나 취재원 텍스트는 높은 확률로 동일하게 인용된다. 다양한 기능을 가지고 있는 인터뷰와 전화 통화는 현재 사건의 논평 범주에 어느 정도 동일하게 인용될 수 있는 견해와 논평을 제외하고는 동일하게 재생산되기보다는 요약되는 경향이 있다. 주석은 여백에 기입된 외부적인 기억 보조로서 기능한다. 그러한 각주에서 가져온 정보는 최종 뉴스 담화에 포함될 가능성이 높다.

이러한 일반적인 결론은 잠정적이다. 취재원 텍스트의 담화 처리 과정과 최종 뉴스 담화로의 변환에 관한 훨씬 더 많은 경험적인 연구가 필요하다. 그러나 이러한 변환이 빠른 뉴스 텍스트 처리나 일상적인 뉴스 수집의 상호 작용 제약에 따른 과정을 위한 단순히 효율적인 인지 작용이 아니라는 것은 명백한 것으로 보인다. 오히려 이들은 뉴스 가치와 기타 뉴스 제작에 관련된 사회적 이데올로기에서 파생된 기준에 직접적으로 연결되어 있다.

# 제4장 뉴스 이해

## 1. 도입

뉴스 이해에 대한 심리학적 이론은 뉴스의 학제 간 이론에서 핵심적인 구성 요소이다. 뉴스 생산과 뉴스 담화 구조에 대한 분석을 통해 우리의 통찰력에서 궁극적으로 사회적 맥락상 독자를 위한 결과나 효과, 기능으로 이어지는 관련성을 도출할 것이다. 따라서 이 장에서는 뉴스의 독자가 뉴스를 이해하는 과정에 초점을 둔다. 앞에서 약술한 인지적 틀이 우리의 지향점이 될 것이다. 이론을 도입하고 뉴스 이해에 관한 최신 연구를 조사하여 우리는 뉴스 재현에 관한 현장과 연구실 실험의 첫 번째 결과를 보고할 것이다.

매스 커뮤니케이션 연구에서 효과의 주요 쟁점에 보편적으로 많은 주의를 기울였다면 그러한 효과, 즉 읽기의 과정, 기억 표상, 뉴스 정보 인출 전략 등의 주요 조건에 관해서는 비교적 적은 연구가 수행되었다. 견해나 태도에 미치는 영향에 대한 이해 및 더 나아가 행위에 미치는 영향에 대한 이해에는 그러한 기본적인 통찰력이 전제된다. 매스 미디어의 메시지와 대중의 행동 사이의 인지적 접촉면은 통상적으로 미디어의 영향 연구의 행동주의적 자극—반응 패러다임에서 무시되어 왔다. 따라서 미디어 효과에 관한 전면적이고 일관성 있는 이론이 좀 더 이른 시기에 형성될 수 없었다는 점과 초기 이론을 예측할 때 종종 의견이 갈린다는 점은 놀랍지 않다. 미디어 메시지의 영향과 사용에 관한 전통적인 사회 심리학적 모형 및 사회학적 이론은 이해와 표상의 세밀한 과정을 설명하는 데 충분하지 않았다. 우리는 새롭고 적절한 인지적 틀이 영향 연구의 부족함을 일부라도 잠재적으로 구제할 수 있다는 것을 보여 주기를 희망한다. 행동의 관점에서 영향을 분석하는 것은 다른 의문들이 먼저 해소되지 않는 한 적절하지 않거나 기껏해야 조급할 뿐이라는 것이 강조될 것이다. 이렇게 주장하는 이유는 단순하다. 미디어에서 얻은 정보에만 근거한 사회적 행위는 사실상 없다. 따라서 여기에는 독립적으로 사회 심리학적·사회학적 설명이 요구된다. 보다 적절한 것은 사람들이 어떻게 미디어를 이용하는지를 연구하는 것이다. 우리의 관점에서 이는 뉴스와 같은 미디어 담화를 이해함으로써 정보를 획득하고 수정하는 데 수반되는 과정의 분석을 의미한다.

그러나 우리는 앞서 미디어 정보를 처리하는 것이 순전히 인지적인 일만은 아니라고 강조한 바 있다. 뉴스를 이해하고 재현하는 것은 대중적 의사소통 과정에 독자가 참여한다는 것 그리고 이러한 과정에 전제되는 광대한 사회적 지식과 신념만으로도 동시에 사회적 성취가 된다. 게다가 뉴스는 사회적으로 공유되는 규범, 가치, 목표, 관심을 특징으로 하는 사회적 상황에서 읽히고 이해된다. 사람들은 대체로 단지 세상에 대한 개인적인 모형을 업데이트하기 위하여 뉴스를 읽는 것이 아니다. 또한 뉴스의 화제에 대한 일상적인 이야기만이라면 그러한 모형이 사회적 상호작용에 유효하기 때문에 읽는다. 이는 뉴스 생산 이론에서와 마찬가지로 뉴스 이해에 대한 심리학적 접근은 뉴스를 읽고 재현하고 사용하는 데 사회 인지 이론과 사회적 맥락 이론이 수반된다는 것을 의미한다. 그러나 이 장에서는 그러한 연구 프로그램의 절반에서도 개요만을, 즉 인지의 기초만을 전달할 수 있다.

## 2. 뉴스 이해를 위한 이론적 틀

앞 장에서 스케치한 인지적 틀은 뉴스 생산에 관한 설명만이 아니라 뉴스 담화 이해에 관한 이론의 기초를 구성하기 때문에 적절하다. 우리가 윤곽을 그린 일반적인 원리는 보편적으로 담화 이해에 적용될 뿐만 아니라 구체적으로는 뉴스의 이해에도 적용된다. 그러므로 여기에서 흥미로운 것은 언론의 뉴스에 적용되는 그러한 일반적인 이론의 세부 사항이다. 불행하게도 이렇게 보다 구체적인 이론을 발전시키는 데 지침이 될 수 있는 경험적 연구는 거의 없다. 유효하기는 하지만 뉴스 이해에 관한 대부분의 연구는 TV 뉴스의 이해에 관한 것이다. 한편 TV 뉴스 담화는 언론의 뉴스보다 덜 복잡하다. 말로 전해지는 뉴스는 대개 훨씬 짧고 많은 부분에서 더 단순한 구조를 지닌다. 다른 한편 다양한 형태의 뉴스 필름, 사진, 스틸 컷과 같은 시각적 정보는 언론의 뉴스에서 부차적인 역할만을 한다.

뉴스의 이해에는 다음과 같은 몇 가지 중요한 단계가 필요하다.

(1) 지각과 주목, (2) 읽기, (3) 해독과 해석, (4) 일화 기억 재현, (5) 상황 모형의 구성, 이용, 업데이트, (6) 보편적인 사회적 지식과 신념 (틀, 스크립트, 태도, 이데올로기)의 이용과 변화. 엄격하게 말해서 이것은 뉴스 이해 이론의 유일한 부분이다. 또한 뉴스 정보의 기억, 적용 및 사용이 초기 이해 과정에 필수적인 전제로서 추가되어야 한다. 우리는 우리가 뉴스를 읽은 이전 경험에서 배운 것을 기억하고 적용하고 사용할 때에만 뉴스를 완전히 이해할 수 있다. 업데이트한다는 것의 중요한 개념은 그러한 이전 경험의 통합, 즉 사람들이 뉴스를 가지고 하는 것에 대한 설명이 없이는 무의미해질 것이다. 위에서 언급한 각각의 요소에 대하여 간략하게 설명하고자 한다. 상세한 내용은 van Dijk와 Kintsch(1983)에서 볼 수 있다.

**지각과 주목.** 뉴스 담화를 읽고 이해하는 데 있어서 이 명백한 필수 조건은 여기에서 특별한 분석이 필요하지 않다. 주목은 "나는 그 신문을 읽고 싶다", "나는 X에 대하여 읽고 싶다" 등과 같은 거시 계획을 수반하는 의사소통적 의도에 의하여 영향을 받는다. 그 계획은 그런 후에 전체 과정을 감독하는 통제 체계 내에 위치한다. 주어진 뉴스 텍스트를 적절하게 이해하는 데에는 거의 배타적인 주목이 요구된다. 그리고 의사소통 상황에서 다른 정보 취재원에 주목한다면 텍스트 처리에 혼선이 유발된다. 뉴스 텍스트의 지각 처리에는 신문의 구성과 기사의 배치에 대한 인식이 수반된다. 그리고 지각은 언론의 뉴스 기사에 대한 우리의 보편적인 지식과 관련된 시각적 정보와 일치한다. 특정한 형태의 광고나 주식 거래표, 만평 등은 뉴스 기사 형태의 표준적인 도식과 일치하지 않을 수 있다. 특히 우리의 논의와 관련된 것은 지각과 인쇄된 지면에서 두드러지는 요소인 헤드라인의 1차 분류이다. 대부분의 헤드라인은 뉴스 기사의 폭 전체를 가로질러 인쇄되기 때문에 뉴스 기사를 지각하고 식별하기 위한 전략으로 나타난다. 셋째로, 뉴스 헤드라인은 가장 위의 첫째 줄에 있는데 그 때문에 주목과 지각, 읽기 과정을 추적하는 표지가 된다. 독자들은 먼저 헤드라인을 읽고 나서야 뉴스 기사의 나머지 부분을 읽는다. 그리고 끝으로, (영어와 다른 많은 서구 언어와 신문에서는) 예를 들어 보편적인 읽기 전략과 같은 순서로, 위에서 아래로, 왼쪽에서 오른쪽으로, 신문 지면의 다양한 부분에 주목하도록 하기 위한 지각 전략이 있다. 그러나 이것은 보편적 전략이라는 것에 주의해야 한다. 그러한 전략, 즉 페이지의 다른 위치에 큰 헤드라인을 사용하거나 사진을 사용하거나 페이지의 부분적 디스플레이를 사용하는 것과 같은 다양한 지각 패턴에 영향을 미치는 많은 요소들이 있을 수 있다.

**읽기.** 읽기는 해독과 이해에서 분리될 수 있는 고립된 과정이 아니다 (Laberge & Samuels, 1977; Spiro, Bruce, & Brewer, 1980; 3장 2절에 제공한 참고 문헌을 볼 것). 읽기에는 앞서 논의한 주목과 지각의 분배를 포함하는 모든 과정이 수반된다. 조금 더 좁은 의미에서 읽기는 주어진 텍스트를 해독하고 해석하는 구체적인 자발적 행위를 의미한다. 즉, 우리는 텍스트와 같은 것을 읽기 시작하고 멈출 수 있다. 우리는 여기에서 해독, 해석, 재현의 다양한 과정을 통제하는 전반적인 읽기 전략에 관심을 갖는다. 예를 들어 이러한 전략의 첫 번째 단계는 헤드라인 읽기일 것이다. 헤드라인 해석은 뉴스의 나머지 부분을 계속해서 읽을 것인가 혹은 읽기를 멈출 것인가에 대한 결정으로 이어질 것이다. 이러한 결정 과정에는 그러한 특정 화제에 관한 사전 지식과 견해, 흥미 등을 포함하는 모형과 도식의 모색이 수반된다.

신문 훑어보기는 일련의 부분적인 텍스트 해석으로 구성된 효과적인 전략이며 이는 전체적인 뉴스 처리 과정에 충분하다. 이 과정에서 산출 정보는 계속해서 읽을 것인지에 관한 결정 과정으로 이어진다. 그러나 동일한 과정이 기사의 나머지 부분을 읽는 동안 다시 발생할 수 있다. 즉, 독자는 언제라도 그들이 더 이상 흥미롭지 않다거나 충분히 알고 있다는 것을 결정할 수 있으며 추가적인 읽기를 멈출 수 있다. 이는 예외적인 전략은 아니며 아마도 뉴스 읽기의 습관적인 방법일 것이다. 여기에서 많은 뉴스 기사가 부분적으로만 읽힌다는 것이 추측될 수 있다. 더욱이 신문을 읽을 시간은 종종 제한적이어서 선택된 기사만이 읽힌다.

뉴스 읽기의 이러한 특징은 뉴스 담화 구조를 설명하는 데 매우 중요하다. 위에서 아래로 이어지는, 뉴스 기사의 관련성 위계 구조는 이러한 읽기 전략에 알맞으며 그 반대도 마찬가지이다. 텍스트의 첫 번째 부분을 부분적으로 읽는 것만으로도 대부분의 거시 명제, 즉 담화의 가장 중요한 정보를 알게 된다. 우리는 신문 읽기의 맥락에서 독자가 시간과 주의를 할당하는 방식이 뉴스 담화 구조를 부분적으로 설명하고 왜 뉴스 기사가 그런 특별한 형태를 가지게 되었는지를 보여 준다고 생각한다. 다른 유형의 텍스트 인쇄물 대부분(소설, 이야기, 설명서, 교재, 안내서 등)은 이러한 구조를 가지고 있지 않으며 부분적 읽기가 지배적인 전략이 되지 않는다. 이에 반하여, 범죄 소설과 같은 몇몇 유형의 텍스트에서는 텍스트의 마지막 부분이 오히려 가장 중요하기도 하다. 이는 심리학적 기사의 결과나 논의 부분에서도 동일하게 적용된다. 다시 말하면 언론의 뉴스 구조와 읽기 전략은 모두 다소 특별하다. 그러나 제약은 사회적이다. 예를 들어 시간, 상황, 읽기의 목적은 궁극적으로 주의의 할당에서 나타나는 변이의 범주를 통제한다.

**이해.** 읽기 전략은 우선 뉴스 텍스트의 헤드라인에 초점을 두기 때문에 이해 과정의 첫 단계는 헤드라인을 해독하고 해석하는 것이다. 우리의 이론적 모형에 따르면 헤드라인과 제목은 일반적으로 그 뉴스 기사의 거시 명제의 가장 중요하거나 가장 관련성 있는 부분을 표현한다. 그러므로 이상적으로 헤드라인과 제목은 머리글에서 표현되는 거시 명제의 최상위 표현이다. 헤드라인 자체의 해석은 다른 어떤 문장의 해석과도 동일하다. 즉, 표면 구조 해독, 통사적 분석 및 (동시에) 단어와 절의 의미론적 해석 등이 수반된다. 이 과정은 동일한 사건이나 사람, 기관, 국가에 대한 이전 모형뿐만 아니라 관련 개념이나 지식 틀, 스크립트가 활성화된다고 전제한다. 동시에 헤드라인에 나타난 사건에 대하여 새로운 견해가 형성되거나 기존의 견해가 활성화된다. 즉, 헤드라인을 읽고 해석하자마자 (1) 계속해서 읽을지 말지에 대한 결정과 (2) 나머지 텍스트에 대한 해석을 위하여 인지 체계가 광범위하게 준비된다.

헤드라인을 해석한 결과는 명제 구조에 따라 거시 구조적 기능을 잠정적으로 부여하고 그에 따라 명제 구조를 통제 체계에 배치하는 것이다. 이는 모형, 틀 및 태도의 활성화, 인출 및 적용에서도 동일하게 작용한다. 거시 구조 역시 통제 체계에 위치하며 추가적인 이해가 원활해지도록 한다. 즉, 뉴스 기사의 헤드라인을 읽고 해석한 후에 통제 체계에는 다음의 정보가 나타나야 한다.

1. (맥락, 신문의 정체성, 읽는 목적, 신문에 대한 견해, 뉴스 가치를 포함하는) 의사소통 맥락의 거시 구조.

2. 독자가 헤드라인을 우선 뉴스 도식에서의 헤드라인으로 인식하고 평가
   하도록 하는 뉴스 담화의 도식(상부 구조).
3. 뉴스 기사에 대한 잠정적인 의미론적 거시 구조의 단편.
4. 나타난 사건과 구성 요소(행위의 유형, 참여자, 위치, 환경 등)에 관한
   견해 및 태도와 같은 관련 상황 모형이나 스크립트, 기타 도식적 신념에
   관한 거시 구조적 정보.
5. 계속해서 읽을 것인지, 조금만 더 읽을 것인지에 대한 결정을 포함하는
   부분적인 읽기 계획.

우리는 단 하나의 헤드라인을 읽은 후에도 생성되는 통제 구조가
이미 매우 복잡하다는 것을 안다. 이는 많은 하향식 처리를 허용하는
데 이를 통해 읽기와 이해를 원활하게 한다. 헤드라인을 읽는 것은
실질적인 자원 즉, 여분의 시간을 요구한다고 가정된다. 통제 구조가
설정되면 뉴스 텍스트의 문장들은 더 쉽게 이해되고 더 쉽게 일화
기억에 표상된다. 전체적인 화제, 관련 스크립트, 실제 모형을 위한
설계 등이 준비된다.

헤드라인을 이해하기 위해서는 헤드라인의 문법적 구조가 분석되
어야 한다. 관사와 조동사가 종종 빠져서 헤드라인 읽기는 여러 가지
측면에서 충분하지 않다. 완전한 문장과 비교하면 헤드라인은 보다
불분명하거나 모호하거나 통사론적으로 복잡하다. 이는 많은 처리
과정이 의미론적 해석에 남겨진다는 것을 의미한다. 분석은 전보를
이해하는 것과 같이 개념적이라기보다는 통사론적이다. 이는 상황
모형에 대한 전략적 추측이 매우 중요해진다는 것을 의미한다. 많은
헤드라인은 그것이 묘사하는 상황을 우리가 추측할 수 있을 때에만
이해될 수 있다. 이러한 추측 전략은 신문에서 뉴스의 화제 구조에

의하여 원활해진다. 해외 혹은 국내의 뉴스는 종종 함께 묶여서 뉴스 사건 범주에 대한 최초의 해석을 제공한다. "Reagan"이나 "폴란드", "레바논"과 같은 단일한 명칭의 언급은 종종 적절한 도식이나 모형의 인출로 쉽게 이어진다. 이러한 도식이나 모형의 정보는 헤드라인 문장에서 예상할 수 있는 다른 정보를 제시한다. 국내 정치에 관한 지식의 결여는 우리가 외국어를 완전히 터득한다고 해도 종종 해외 국가에서의 헤드라인을 완전히 이해하는 데 심각한 장애가 된다. 그러므로 헤드라인의 해석은 통사론적 문제일 뿐만 아니라 지식의 문제이기도 하다.

헤드라인이 해석되고 통제 구조가 설정되면 독자는 뉴스 텍스트의 첫 단어, 절, 문장을 해석한다. 앞서 언급했듯이 이는 독자가 머리글 부분을 처리한다는 것을 의미하는데 여기에는 헤드라인과 함께 요약 기능이 있는 머리글 범주가 가진 표준적인 기능이 있다. 다시 말해서 머리글 문장을 국지적으로 이해하는 것과 별개로 머리글을 해석하는 것은 전체적인 텍스트의 거시 구조를 구성하는 것으로 이어진다. 이러한 거시 구조는 통제 체계에 더해지며 헤드라인에서 파생되는 잠정적인 중심 화제를 바꿀 수도 있다. 결국 모든 헤드라인은 하위 거시 명제를 주제 구조에서 더 상위로 승격시킴으로써 불완전하거나 편향될 수 있다. 물론 역으로, 이러한 편향된 주제는 머리글 문장의 해석에 영향을 주기도 한다.

머리글 문장의 해석은 뉴스 텍스트의 잠정적인 거시 구조에 대하여 보다 상세한 명세를 제공한다. 정의에 의하면 특히 뉴스에 있어서 이는 또한 독자가 이제는 뉴스 텍스트의 가장 중요하거나 관련성이 있는 정보가 기사의 나머지 부분에 구체화될 것이라는 것을 안다는 것을 의미한다. 중요한 시간, 장소, 참여자, 사건이나 행위, 환경 등이 이제는 인식되고 일화 기억에 상황 모형의 윤곽이 만들어질(혹은 업데이트될) 수 있다. 머리글의 이러한 특별한 역할은 많은 신문에서 특별한 인쇄 활자나 배치에 의하여 표시되기도 한다. 이야기의 윤곽은 머리글을 해석한 후에 인식되기 때문에 읽기 전략은 머리글의 마지막 단어 후에 분기점을 찾을 수 있다.

　텍스트의 나머지 부분에 대한 해석은 절(clause)별로 진행되며 또한 국지적 응집성을 규정하는 조건 관계 및 기능 관계에 따라 연결되는 명제 구조가 형성되면서 진행된다. 이 과정은 통제 체계의 정보 통제 하에 하향식과 상향식의 양 방향으로 모두 발생한다. 이는 2장에서 논의한 바와 같이 다양한 명세 관계가 수반된다는 것을 의미한다. 따라서 각각의 거시 명제에 대하여 세부 사항이 모여 사건 및 행위와 그 참여자에 대한 하위 특질을 구체화한다. 그러나 국지적으로 이러한 과정은 본질적으로 선형적인 것이 아니라 계층적인 것이다. 주제 구조의 각 조각에서 중요한 명제는 먼저 나온다. 연속물 구조의 뉴스 텍스트 순서는 독자가 하나의 상위 화제에서 다른 화제로 건너뛰게 만들고 다시 한 화제의 중요한 세부 사항에서 다른 화제의 세부 사항으로 건너뛰게 만든다. 여기에서 실행되는 추가적인 통제는 뉴스 도식 범주에 대한 것이다. 각각의 명제는 화제뿐만 아니라 중심 사건, 맥락, 배경, 구두 반응과 같은 도식 범주에도 배정된다. 다양한 화제 사이를 넘나드는 비교적 어려운 과정은 아마 뉴스 도식의 표준적인 구조에 의하여 상쇄된다. 이와 동시에 상황 모형은 이렇게 불연속적인 구조를 지닌 뉴스 텍스트를 정확하게 해석하는 데 큰 도움이 된다. 무작위로 섞인 이야기를 가지고 한 실험에서 성인들은 불완전하거나 불연속적인 텍스트를 해석하는 데 매우 능숙하다는 것을 보여 주었다 (Mandler & Johnson, 1977). 일반적인 담화에 대하여 우리가 어떤 사건이나 화제를 더 잘 알수록 우리가 그것에 대한 뉴스 담화를 더 쉽게 이해한다는 것이 보편적으로 문제없이 가정될 수 있다. 만약 우리가 이미 뉴스 사건의 상황에 대한 아주 완전한 모형을 가지고 있다면 새로운 정보는 입력 담화가 상당히 어려울 때조차도 그 구조에 쉽게 안착될 수 있다.

**표상**. 단기 기억에서 처리된 후에 텍스트 구조는 텍스트 표상의 형태로 일화 기억에 저장된다. 이러한 표상은 대개 의미론적이고 도식적임에도 불구하고 표면적 구조 분석의 흔적 또한 있다. 우리는 어느 페이지에서, 페이지의 어디에, 어떤 종류의 헤드라인하에 기사가 게재되었는지를 기억할 수 있다. 또한 우리는 문체적 특징을 기억할 수 있다. 그러나 그러한 표면 구조 기억은 보통 부차적인 중요성만을 가지고 있다. 이후의 처리 과정에서 유효한 것은 의미론적 정보, 즉 내용이기 때문이다. 뉴스 담화의 텍스트 표상은 위계적이다. 거시 명제는 상위에 있으며 세부 사항은 하위에 있다. 주제 입력의 불연속적 속성을 그대로 기록할 필요는 없다. 각 화제의 정보는 해당하는 화제의 제목 아래에 적절하게 정리된다고 가정한다. 뉴스 담화에서 연속물 형식으로 선형적으로 나열된 것은 재구성되어 적절한 주제 구조를 형성한다. 실제 텍스트 표상은 뉴스 텍스트 자체에 표현된 정보를 인출하는 데 사용된다. 이는 특히 처리 과정에서 필수적이다. 독자는 텍스트에서 앞서 어떤 정보가 주어졌는지 반드시 알아야 한다.

그러나 우리는 이 책에서 정보 처리의 궁극적인 목적은 일화 기억에 상황 모형을 구축하는 것이라고 반복적으로 주장해 왔다. 상황 모형은 텍스트 상황의 표상이며 시간, 장소, 환경, 참여자, 행위, 사건과 같은 일반 도식 범주를 각각 가능한 수식어와 함께 보여 준다.

뉴스 담화에 있어서 이해한다는 것은 종종 인출과 기존 모형의 업데이트를 의미한다. 우리가 신문에서 폴란드나 니카라과, 레바논에 대하여 읽을 때 우리는 종종 그 상황을 이미 안다. 그리고 실제 텍스트는 그러한 단기 기억에 새로운 정보를 추가하는 것이다. 엄밀하게 말해서 각각의 상황이 고유하기 때문에 이전 것에서 인출된 정보와 일반적 단기 기억 및 새 정보로 구성된 각각의 인지 모형 또한 고유하다. 몇몇 단기 기억의 조합 역시 가능하다. 즉, 우리는 1982년 레바논의 Bechir Gemayel 대통령 당선자 암살에 관한 뉴스를 이해하기 위하여 (van Dijk, 1984b와 1987b 참고) (다양한 집단과 내전 등이 등장하는) 레바논 상황에 관한 이전 모형에서 단기 기억을 구성하지만 암살 스크립트의 예화 역시 사용한다. 폭탄 공격의 결과를 담은 사진은 그러한 특수한 현재 상황에 대한 임시 모형을 구성하는 데 도움을 준다. 후에 새로운 대통령 선거에 대한 정보가 처리되어야 할 때 이 암살 모형은 이해에, 예를 들어 이전 암살 사건을 간략하게 언급할 때 부분적으로 적절할 수 있다.

실제 텍스트 처리의 입력과 출력에 관련된 텍스트 표상이 거시 구조와 상부 구조에 의하여 일화 기억에 체계화되는 것에 반해 단기 기억은 앞서 언급한 범주들로 구성된 보편적인 표준 형태를 갖는다. 이로써 독자들은 텍스트 표상의 정보를 모형에서 적절한 위치에 전략적으로 끼워 넣을 수 있다. 모형의 최종 범주는 그 자체가 거시 명제에 의하여 구성되는 정보 복합체로 구성될 수 있다. 우리의 레바논 모형에 저장된 많은 사건들에 대하여 우리는 그러한 사건을 편성하는 전체적인 거시 명제가 필요하다. 예를 들어 "다른 기독교 종파 간에 무력 충돌이 있다."거나 "팔레스타인 해방 기구가 베이루트를 떠났다."와 같이, 이러한 사건에 관한 많은 다양한 이야기 중 더 상위 화제에 해당하는 명제 말이다. 특별한 조건하에서만, 예를 들어 이전의 특수한 모형들이 아직 보다 보편적인 모형에 통합되지 않았을 때, 이러한 선행 사건의 세부 사항을 인출할 수 있다.

단기 기억은 주관적이다. 텍스트 표상과 달리 단기 기억에는 사건에 관한 개인적인 혹은 집단적인 견해가 담겨 있다(van Dijk, 1982b). 보편적인 태도 및 이데올로기가 실제 사건의 표상에 영향을 미치게 되는 것은 이 지점에서이다. 견해는 실제 사건에 관하여 새로이 입력된 정보에서 도출되며 (예를 들어 암살에 대하여) 활성화된 일반적인 견해와 (예를 들어 중동의 상황에 대한) 태도의 통제하에 형성된다. 끝으로, 이데올로기는 다양한 태도를 조직하여 보다 일관된 전체를 만든다. 즉, 중동에 관한 우리의 태도는 동서 갈등에 관한 우리의 태도 및 그 갈등에서 구소련과 미국의 역할에 관한 우리의 태도와 일관된다. 이는 우리가 일반적으로는 중동에서 그리고 특수하게는 레바논에서의 미국의 역할을 평가하도록 한다. 다양한 모형과 태도가 있지만 이데올로기적 틀은 예를 들어 중동의 팔레스타인 해방 기구와 암스테르담의 무단 거주자에 관한 다양한 일반적 견해에 일관성을 부여한다. 그러므로 이데올로기는 우리의 틀, 스크립트, 태도를 조직하는 기본적인 인식 틀이다. 이데올로기는 사회에 대한 우리의 일반적인 관점을 표상하며 전체적인 주제, 목표, 관심을 포함하는데 이는 다시 우리의 사회적 실천을 감독한다. 보다 개인적인 모형과 달리 이러한 이데올로기는 집단이나 계층 또는 문화 특정적이다.

이러한 평가 틀은 처리 과정에서 중요한 역할을 하고 독자의 뉴스 사건에 대한 주관적 평가를 결정하는 한편 새로운 모형이 구축됨에 따라 변하기도 한다. 새로운 정보는 먼저 특수한 견해에 대하여, 그리고 만약 추가적인 정보가 이 새로운 견해와 일치한다면 보다 일반적인 견해에 대하여, 그리고 끝으로 심지어 전반적인 태도에 대하여 독자를 재평가로 이끌기도 한다. 뒤쪽의 변화는 많은 양의 신념과 견해를 재구성해야 하기 때문에 더욱 복잡하고 그래서 더욱 어렵다. 이데올로기의 경우는 더욱 그러하다. 이데올로기적 틀은 한번 정립되면 모든 인지적·사회적 정보 처리에서 기본적인 기능을 한다. 그러한 틀에서 변화는 대개 느리고 어렵고 부분적으로만 발생한다.

기억 속의 뉴스 담화 표상에 대한 이러한 인지적 접근은 또한 대중 매체 메시지의 유명한 효과에 대한 새롭고 더욱 명시적인 설명을 위한 틀을 제공한다. 우리는 그러한 영향은 절대 직접적이지 않으며 많은 단계, 표상, 도식, 모형 및 유사한 구조가 수반된다고 말한 바 있다. 특정 견해는 바뀔 수 있으나 보편적인 견해와 태도는 보다 더 인지적인 처리 과정을 거친다. 또한 후자는 설득이 전부인 실제적이고 보다 영속적인 변화이다(Roloff & Miller, 1980).

끝으로, 앞에서 설명한 과정이 본질적으로 전략적이라는 것이 다시 강조되어야 한다. 과정은 고정된 규칙을 따르거나 분석과 이해와 분리된 차원에서 작동하는 것이 아니다. 대부분의 과정은 동시에 일어나며 빠르고 효과적인 해석을 확정하기 위하여 서로 돕는다. 이러한 것들은 가설로서 확인되거나 부정되어야 한다. 통사론적 분석은 의미론적 분석의 도움을 받으며 그 반대도 마찬가지이다. 거시 구조적 해석은 뉴스 담화의 전체적인 도식 분석과 통합된다. 그리고 모든 의미론적 절차는 모형, 스크립트, 태도의 활성화와 적용에 의존한다. 물론 이러한 모형과 스크립트는 전체적으로 적용되는 것이 아니라 전략적으로 부분적으로만 적용되기도 한다. 텍스트를 이해하는 동안 기존 신념과 견해의 중요한 역할 외에도 의사소통 맥락과 사회적 상황의 해석 또한 병행된다. 이것들은 가능한 화제, 의미론적 구조, 문체

등에 대한 예상으로 이어진다. 사실상 우리는 신문을 읽기 시작할 때 이미 우리가 찾을 수 있는 가능한 뉴스 화제나 뉴스 담화의 형식, 뉴스 언어의 (형식적) 문체 등에 대하여 괜찮게 추측을 하고 있다.

그리고 이해를 한다는 것은 텍스트 표상과 모형을 구성하는 데 있어서 다양한 정보 취재원을 전략적으로 선택하고 인출하고 적용하는 복잡한 통합 과정이다. 수용할 만한, 즉 비교적 완전하고 일관된 상황 모형을 일단 구성하게 되면 우리는 신문 기사가 이해되었다고 말한다. 이러한 모형은 이후의 일반화, 추상화, 탈맥락화가 될 수 있는데 이는 한편으로는 보편적인 모형, 스크립트, 태도를 구축하고 다른 한편으로는 인지적 계획과 앞으로의 행동과 언어의 실행을 위한 것이다.


## 3. 뉴스 이해 실험 결과에 대한 간략한 검토

우리에게는 뉴스 생산 시 인지적 처리에 관한 체계적 실험적 증거는 부족하지만 뉴스 이해에 관해서는 몇몇 심리학적 연구가 있다. 그러한 연구는 한편으로는 매스 미디어 효과 연구의 전통 내에서 수행되고 다른 한편으로는 대중에게 이해되는 뉴스 미디어의 필요성을 감안한 것이라고 예상할 수 있다(최근의 연구로 Woodall, Davis, & Sahin, 1983; Höijer & Findahl, 1984; Robinson & Levy, 1986 참고).

### 이야기 이해하기

인지 심리학자들은 대부분 이야기의 일반적인 이해를 다루어 왔다. 이야기에 관한 대부분의 연구는 매우 단순한 동화를 다루고 아주 길고 복잡한 이야기 구조는 거의 다루지 않지만 이러한 연구의 결과는 뉴스 스토리를 이해하는 데 부분적으로 적용된다. 이야기 처리에 관한 이러한 심리학적 문헌은 방대하기 때문에 여기에서 상세하게 검토하는 것은 불가능하다. 이 영역의 연구가 가진 중요한 두 가지 방향에는 이야기 문법 접근(story grammar approach)과 이야기 시뮬레이션에 관한 인공 지능 연구에 널리 퍼진 행위 이론적 접근(action theoretical approach)이 있다.

이야기 문법가들은 이야기의 독자나 청자가 이야기를 이해할 때 그리고 문장을 이해할 때 언어적 문법을 사용하는 것과 매우 동일한 방식으로 특정 종류의 서사 문법을 사용한다고 믿는다(Rumelhart, 1975; van Dijk & Kintsch, 1978; van Dijk, 1980a; Kintsch & van Dijk, 1975; Mandler & Johnson, 1977; Mandler, 1978). 서사 범주는 이야기의 텍스트 단편들을 분석하고 배치하는 데 사용되며 기억 속에 이야기가 표상되도록 돕는다. 담화의 이러한 추가적인 구조화는 인출을 할 때에도 적용된다. (배경, 사건, 반응, 혹은 유사한 보편적 범주와 같이) 서사 범주에 해당하는 담화의 단편들은 언어 사용자가 이야기 문법 범주를 인출의 단서로 사용할 수 있기 때문에 더 잘 인출될 수 있다. 만약 어떤 이야기가 임의의 순서로 제시된다면 독자들은 이야기 도식에 맞추어 본래의 순서로 재구성할 수 있다(Mandler & Johnson, 1977). 그리고 끝으로 독자들은 그러한 도식을 근거로 어떤 이야기가 완전한지 혹은 잘 구성되어 있는지 판단할 수 있다.

인공 지능 연구자들은 이야기 문법은 실제 문법이 아니며 실험 결과를 설명하는 데 필수적인 것도 아니라고 주장해 왔다. 그들은 계획, 목적과 같은 행위 이론적 용어로 이야기를 분석하는 것을 선호한다 (Schank & Abelson, 1977; Black & Wilensky, 1979; Wilensky, 1978, 1983;

및 1983 논문에 대한 논평). 그들은 담화만큼 이야기를 분석하지 않으며 그보다는 이야기의 지시 대상, 즉 인간 참여자의 행위 구조를 분석한다.

이 둘의 경향은 (1) 일반적으로 가정하는 것보다 더 유사하며 (2) 연구의 두 가지 방향은 모두 이야기의 이해를 설명하는 데 적절하다고 여러 번(van Dijk, 1980c; van Dijk & Kintsch, 1983)에 걸쳐 강조되었다. 행위 이론적 접근은 이야기의 이해에 전제되는 지식을 설명하는 데 필수적이다. 이 접근은 독자에게 무엇이 이야기의 화제가 될 수 있는지에 관한, 즉 인간 참여자의 계획, 목적, 행위에 관한 스크립트나 모형을 제공한다. 즉 행위 이론은 이야기 이해의 보편적 의미론적(지시적) 바탕을 제공한다. 즉, 이야기의 상황 모형 구조가 설명된다. 이러한 방향의 연구에서 설명하는 것은 종종 엄밀한 의미에서 이야기가 아니다. 그보다는 오히려 행위에 대한 묘사이며 또한 버스를 타거나 식당에서 식사를 하는 것과 같이 우리가 매일 생활 속에서 행하는 많은 일상적인 행위를 포함한다.

그러나 명백하게 하나의 이야기는 하나의 행위 담화 그 이상이다. 첫째, 이야기란 매우 구체적인 행위에 관한 것으로 문제와 좌절된 목적, 그리고 무엇보다 일정 정도의 흥미를 수반한다. 문제, 목적, 흥미와 같은 기준은 행위 이론적 접근에 의하여 내장될 수도 있고 내장되어 있을 수도 있다(Schank, 1979; Brewer, 1982). 그렇다고 하더라도 좁은 의미에서 이야기는 그것이 나타내는 행위와는 다른 방식으로 구성될 수 있다. 사건의 순서가 변경될 수 있는 것이다. 어떤 정보는 (범죄물에서처럼) 이야기의 끝에만 주어질 수 있다. 그리고 (예를 들어 매일의 일상에 관한) 많은 행위 정보는 표현되지 않고 전제된다. 역으로 이야기의 어떤 부분은 행위 구조에 나타나지 않는다. 예를 들어 많은 이야기는 줄거리로 시작되는데 이는 행위 구조에 속하지 않는다. 이에 더하여 배경에 관한 초반의 설명은 일련의 행위에 속하지 않는다. 끝으로 설명은 여러 특수성이나 보편성 차원에서 이루어질 수 있다. 흥미롭고 중요한 행위나 사건, 행위자는 상세하게 설명되는 데 반해 다른 것들은 거시적 용어로 설명된다. 이러한 것들은 담화의 한 종류로서 이야기가 가지는 관습적인 특질이지 하나의 이야기가 나타내는 행위 구조의 특성은 아니다.

따라서 우리는 행위 담화와 행위 구조를 명확하게 구분해야 한다. 행위 구조는 모형과 스크립트의 관점에서 분석되어야 하지만 행위 담화는 텍스트 규칙과 전략이나 이야기 도식의 관점에서 분석되어야 한다. 그러나 많은 이야기 문법가에게 있어 이야기 문법의 범주 또한 예를 들어 사건, 행위, 반응, 의도 혹은 목적과 같은 행위 이론적 접근의 범주에 가깝다는 것에 주목해야 한다. 우리는 이러한 범주가 일반적으로 기초 의미론이나 행위 담화의 모형 이론에 속하며, 이야기 구성의 특수한 형식적 도식에는 속하지 않는다고 이미 강조했었다. 그러므로 우리는 뉴스 담화에서도 보았던 일종의 도식적 범주－줄거리, 배경, 갈등, 문제 해결, 평가, 결말로 이루어진 심리학적 틀에서 연구하는 것을 선호한다(Labov & Waletzky, 1967; Labov, 1972b, 1972c; van Dijk, 1972, 1976, 1980c). 이러한 이야기 범주는 형식적인 성격을 가지고 있다. 이들 범주는 의미론적 거시 구조를 구성하며 일정한 문화권 내에서 관습적으로 공유된다. Kintsch와 Greene(1978)은, 예를 들어, 서구의 독자들이 서구의 관습적인 서사 도식을 따르지 않는 미국의 인디언 이야기를 이해하는 데 더 많은 어려움을 갖는다는 것을 보여 준다. 아직은 많은 이론적 연구와 경험적 연구가 이루어져야 하지만 우리는 이야기 도식이나 행위 도식의 적절성에 대한 그 이상의 논의는 무의미하다고 여긴다. 이야기의 이해에 대한 완전한 설명을 위하여 우리는 그 두 가지가 모두 필요하다. 행위 이론적 접근은 필연적으로 덜 구체적이다. 그 이론에서는 보편적으로 행위의 계획, 실행, 이해, 그러니까 보편적으로 행위와 행위 담화 이해를 설명한다. 이야기와 같은 특수한 장르에는 특수한 도식적 범주가 필요하며 우리 문화에서 사회화된 독자가 이야기를 이해하는 데 효과적으로 적용할 수 있는 그러한 범주와 전략을 사용한다.

## 뉴스를 이해하고 기억하는 것

우리는 기사에는 뉴스 담화에 관한 실험적 연구에서 답해야 할 유사한 질문이 있거나 있을 것이기 때문에 심리학과 인공 지능에서 연구된다고 간략하게 요약한 바 있다. 예를 들어 신문 독자는 뉴스 담화를 반복해서 읽고 이해함으로써 습득되는 암묵적인 뉴스 도식을 가지고 있고 사용하는가? 혹은 우리는 뉴스 구조를 단순히 의미론적 관점이나 모형 이론적 관점 및 스크립트와 관련된 관점에서 설명해야 하는가? 우리는 저널리스트뿐만 아니라 독자도 기본적인 뉴스 도식을 가지고 있다고 제안한다. 독자들은 헤드라인과 머리글을 알고 있으며 또 인식한다. 독자들은 중심적인 실제 뉴스 사건과 그 배경 및 맥락을 인식할 수 있다. 그리고 독자들은 뉴스 스토리에서 예상할 수 있는 구두 반응을 알고 있다. 이러한 다양한 범주가 존재론적으로 혹은 의미론적으로 필수적인 것은 아니며 단독적인 실제 사회적·정치적 사건이나 행위의 관점에서 설명될 수 있는 것도 아니다. 뉴스 담화에서 처음 나타나는 요약(헤드라인과 머리글)은 특수하고 관습적인 뉴스 범주이다. 우리는 뉴스 이해에 관한 이러한 특질과 그 외의 특질을 설명하기 위하여 무엇을 발견할 수 있는지 살펴볼 것이다(이 책이 출판될 무렵 볼 수 있는 Robinson & Levy, 1986 참고).

Thorndyke(1979)는 신문 기사의 구조적 구성에 관한 가설을 명시적으로 시험한 소수의 인지 심리학자 중 한 사람이다. 그는 전작(Thorndyke, 1977)에서 기사에는 이해, 표상, 인출을 돕는 관습적인 도식이 있다고 가정한다. 이번 실험에서는 자연스러운 뉴스 스토리를 대상으로 하였다. 그에 더하여 원래의 뉴스 아이템에서 관련성이 없거나 불필요한 정보를 삭제하거나 바꿈으로써 생성된 서사나 개요, 화제 형태가 있는 몇 가지 다른 버전을 읽었다. 뉴스 스토리의 압축된 버전은 원래의 뉴스 아이템보다 더 잘 기억된다. 그러나 뉴스 스토리 구조는 있지만 관련성이 없는 정보를 삭제한 버전의 뉴스 아이템과 비교했을 때 구조적으로 재구성된 것이 더 잘 기억되는 것은 아니었다. 그리고 일반적으로 뉴스 스토리에서 주제, 즉 관련 있는 정보가 배경과 맥락이나 기타 이질적인 정보에 비하여 더 잘 처리되고 더 잘 기억된다는 것이 밝혀졌다. 구조적 구성의 효율성은 또한 독자의 관점에서의 의미론적 내용의 성격에 달려 있다. 즉, 역사적 발전과 인과 관계를 다루는 뉴스 스토리에서 정보를 이해하고 기억하는 데 서사적 도식이 더 효과적일 것이다. 하나의 뉴스 스토리 구성은 실제 사건과 그 결과를 설명하는 데 보다 적절할 수 있다. 즉, Thorndyke는 각각의 장르, 내용, 관점에 따라 다양한 도식적 구성 패턴이 요구될 수 있다고 결론짓는다.

목적 기반의 관점은 이해와 표상, 그러니까 뉴스 스토리를 기억하는 데 있어서 특히 강력한 요소이다(또한 Anderson & Pichert, 1978 참고). 이러한 관점은 우리가 제안한 바와 같이 본질적으로 통제 체계에 표상되며 이야기의 이해 과정을 감독한다. 다른 말로 하자면 아마도 페미니스트가 아닌 석유 사업가와 페미니스트는 서로 다른, 가정된 이해관계와 신념을 가지고서 오늘날 이란의 발전을 따르는데 이는 이란에서 발생한 사건에 관한 동일한 이야기에 대한 서로 다른 관점으로 이어질 것이다. 끝으로 전형적인 뉴스 스토리 구조라는 개념은 한 세트의 명시적인 규칙이나 범주 도식에 있어서 Thorndyke에 의하여 명확해진 것이 아니라는 점에 주목해야 한다.

　도전적인 실험의 결과로 도출해 낸 Thorndyke의 다양한 텍스트에서 실제적인 대안적 텍스트 장르를 제공하지는 않지만 우리는 대안적인 구성적 도식이 있다는 그의 결론에 동의한다. 따라서 우리는 뉴스 텍스트를 처리하는 데 사용될 수 있다는 의미에서 뉴스 도식이 존재한다는 가정에 확신을 갖는다. 우리는 사례 연구(van Dijk, 1987b)에서 서사적 구성 형태가 뉴스에서 사용되기도 하며 이러한 경우에 이는 처리 과정에 가장 효율적이라는 것을 밝힌 바 있다. Thorndyke는 또한 뉴스 담화에는 수많은 화제 전환이 있다는 것을 관찰했다. 여기에는 독자들이 중심 화제를 놓치지 않도록 하기 위하여 많은 반복과 불필요한 정보가 요구된다. 이에 따라 거시 구조가 어느 정도 그 선형 구조와 관계없이 일반적으로 가장 잘 기억된다는 우리의 가정은 확인되는 것처럼 보인다. 이는 뉴스 담화의 헤드라인과 머리글이 그러한 경우인 것처럼 거시 구조가 구체적으로 드러날 때 특히 그러하다. 그러나 불연속적 편성에서 뉴스 아이템 본문의 전통적인 구성 방식이 뉴스 구조를 이해하는 데 최적의 형태인지 의문을 가질 수 있다(Green, 1979 또한 참고). 헤드라인과 머리글 및 매우 반복적인 구조는 명백히 많은 혼란을 상쇄시켜야 하는데 이는 독자에 의하여 풀려야 한다. 관련성 구조화(헤드라인과 머리글) 조합은 뉴스 스토리의 서사적 구성과 함께 이해가 더 잘 되도록 도울 수 있다. 사실상 이는 많은 대중적인 언론의 쓰기 전략이다.

　뉴스 스토리에서 여분의 세부 사항은 주요 화제를 이해하고 기억하는 데 그다지 공헌하지 않는 것으로 보이는 것 역시 흥미롭다. 이는 Reder와 Anderson(Reder & Anderson, 1980; Reder, 1982)의 연구에서 확인된다. 이러한 연구는 교육 자료를 분석한 것이지만 중심 화제에 어떤 상세화가 제공되든지 상관없이 많은 세부 사항이 있는 긴 텍스트보다는 그러한 텍스트의 요약이나 개요가 더 잘 기억된다는 것이 발견되었다. 때로는 상세화가 오히려 전체적인 이해와 기억을 더욱 어렵게 할 수도 있는 것이다.

뉴스 담화에 있어서 이는 헤드라인과 머리글을 읽는 것은 전체 뉴스 스토리를 읽는 것과 동일한 기억 효과를 갖는다는 것으로 이어진다. 그러한 경우에 사람들은 단지 신문을 훑어 읽는 것(skimming)만으로 그만큼을 기억할 것이다. 이러한 결과는 얼마간의 시간이 흐르면 사람들은 어떤 텍스트의 거시 구조만을 기억할 수 있다는 것을 보여준 우리의 이전 연구와 일치한다(van Dijk & Kintsch, 1978, 1983; Kintsch & van Dijk, 1975, 1978; van Dijk, 1979). 그러나 어떤 텍스트를 기억한다는 것이 사실상은 거시 구조에 근거하고 가끔씩만 하위 수준의 세부 사항을 기억하는 것임에도 불구하고 어떤 뉴스 스토리에 대한 국지적 이해는 상황 모형의 구성에 주요하게 기여하기도 한다. 거시 구조는 모형을 활성화하고 최신으로 업데이트하는 데에는 충분하지만 구체적인 모형의 세부 사항을 구축하는 데에는 확실히 충분하지 않다. 이러한 보다 완전한 모형은 (모든 실험이 텍스트적, 의미론적 기억을 요구하기 때문에 시험된 적이 없는) 전체로서 직접 인출될 수 없는 경우에조차 보편적 지식을 업데이트하는 데 매우 유효하다. 세부 사항의 반복과 보다 완전한 모형 역시 새로운 정보를 인지적으로 더 잘 통합하는데 필요하다. 다시 말하자면 일반적으로는 사람들이 뉴스 기사의 중심 화제 이상의 것을 기억하지 않는다는 것이 기정사실화된 것처럼 보이지만 뉴스 스토리 읽기의 다양한 인지적 효과에 관한 더 많은 연구가 요구된다는 것이다. 특별한 상황에서는 독자들도 중요한 세부 사항에 주목한다는 다양한 증거가 있다. 순전히 도식과 주제의 거시 구조적 접근으로는 충격적인 세부 사항에 대한 그런 특별한 기억을 설명할 수 없는데 이는 Bartlett(1932)에서 이미 관찰된 바 있다(van Dijk & Kintsch, 1978 또한 참고).

Larsen(1980)은 라디오 방송 뉴스의 이해와 기억에 관한 일련의 실험을 하였는데 실험에서 그는 업데이트한다는 것의 개념에 초점을 둔다. Larsen은 또한 우리가 뉴스 스토리를 이해하도록 이끄는 특수한 뉴스 도식을 도입해야 하는지에 대하여 궁금해 한다. 그는 그러한 도식을 제공하기보다는 스토리에 대한 가능한 틀로서 일의 사건 – 행위 구조를 제안한다. Kintsch와 van Dijk(1978)의 텍스트 처리 모형에 관한 바탕에 대하여 그의 라디오 뉴스 아이템 실험에서는 일반적으로 사람들은 최초의 기사에 있는 명제의 약 20% 이상을 떠올리지 않는다는 것을 보여 준다. Katz와 Adoni, Parness(1977)는 비슷한 비율로 떠올린다고 밝혔다. 속보에 있는 후속 기사들은 훨씬 덜 기억된다. 이러한 초두 효과(primacy effect)는 텍스트와 정보 기억에 관한 다른 많은 연구에서 볼 수 있다. Larsen 역시 유의 수준 효과(a significant levels effect)가 있다는 것을 발견하였다. 뉴스 아이템의 첫 번째 명제들(전형적으로 머리글의 문장들)은 후속 문장에 비하여 훨씬 더 자주 기억된다. 명백히 초두 효과 및 거시 구조 효과는 결합하여 더 나은 기억으로 이어지는 것이다. 국지적 차원의 처리 과정에서 단기 기억의 완충 기억 장치(통제 체계)에 보존되어야 하는 명제, 즉 전형적으로 일관성을 보장하는 거시 명제나 전제는 그 시간의 40%까지 기억된다. 전반적으로 거시 명제는 미시 명제(11%)의 3배에 달하는 빈도(33%)로 기억된다. 뉴스 스토리에서 관습적인 서사 범주의 효과는 배경 범주에서 가장 많이 나타나고 갈등 범주에서 가장 적게 나타난다. 다시 말해서 가장 잘 기억되는 것은 뉴스 사건의 장소와 사람들이며 실제로 발생한 일은 훨씬 덜 기억되는 것이다. 이러한 배경 정보 역시 피험자들이 가장 잘 알고 있는 것으로 밝혀졌다. 이는 Larsen에 따르면 사전 지식이 사실상 뉴스 아이템을 기억하는 데 도움이 된다는 것을 의미한다. 알려진 정보는 일반적으로 30% 이상의 비율로 기억된다(여기에서 "알려진"은 청자의 50% 이상에게 알려진 것으로 정의한다). 반면 덜 알려진 정보는 대개 기억되는 비율이 20%에도 달하지 않는다. 이와 유사하게 뉴스 아이템에서 정말 중요한 새로운 사건은 일반적으로 그 시간의 20% 미만으로 기억되었다. Larsen은 뉴스를 통해 업데이트하는 지식은 상당히 적다고 결론지었다. 사람들은 그들이 이미 알고 있는 것을 떠올리는 경향이 있다. 실제 사건의 중요한 새로운 발전이나 원인조차도 종종 잊힌다. 이러한 결과는 복잡한 이야기의 기억에 관한 선행 연구와 일반적으로 일치한다. 그러나 Larsen의 실험에서 피험자들은 네 개의 서로 다른 이야기를 듣고 기억해야 했다는 것이 고려되어야 한다. 단일한 이야기에 대한 기억은 어느 정도 더 나을 것이라고 예측할 수 있다.

뉴스 아이템에 대한 일반적으로 빈약한 기억은 Katz와 Adoni, Parness (1977)의 라디오와 TV 뉴스 아이템에 관한 연구에서도 볼 수 있다. 7개의 기사로 이루어진 속보에서 라디오 청취자의 34%가 1개의 기사도 기억하지 못했다(TV 뉴스 스토리에서는 21%). 고등 교육은 양쪽 경우에서 모두 기억을 강화하는 것으로 나타났다. 사진은 기억에 그다지 기여하지 않는 것으로 보인다. TV 뉴스는 단지 약간 더 잘 기억되었다. 청취자와 시청자는 뉴스를 듣거나 볼 때 다른 것을 하고 있다는 것이 강조되어야 한다. 따라서 이러한 결과는 일상에서 뉴스를 처리하는 일반적인 방식인 우연적 이해에 대한 자료로서 해석되어야 한다. Katz 외(1977)에서는 또한 국내 기사가 해외 뉴스 기사보다 더 잘 기억된다며 그러나 해외 뉴스의 경우 사진을 넣으면 기억이 강화된다고 밝혔다. 부정성, 놀라움, 유의미성과 같은 뉴스 가치(Galtung & Ruge, 1965)는 더 잘 기억될 것으로 예측되며 그러한 가치는 저널리스트와 독자에 의하여 공유되어야 한다. Katz 외(1977)에서는 또한 초두 효과를 발견하였다. 첫 번째 기사는 더 잘 기억되는 경향이 있다(이는 중요성이나 심각성, 높은 뉴스 가치성과 같은, 첫 번째 위치를 결정하는 요인에 의하여 부분적으로 설명될 수 있다). 또한 비교적 긴 기사가 잘 기억되는데, 이는 기억에는 거시 구조가 세부 사항보다 중요하다는 앞에서 언급한 일부 결과와 일치하지는 않는다(그러나 다시 말하자면 비교적 긴 기사에서는 대체로 더 중요한 사건을 다룬다). 뉴스의 핵심 개념에 대한 단순한 이해 테스트에서 교육을 받지 못한 사람들의 50%와 교육을 받은 사람들의 35%는 그들이 뉴스를 보거나 들은 것에 상관없이 기본적인 뉴스 개념을 이해하지 못했다. 뉴스 사건의 원인과 상황에 관한 질문은 대부분의 사람들에게 있어 대답하기 너무 어려운 것처럼 보였다. 끝으로 시청자가 청취자에 비하여 뉴스 사건에 관한 정치적 견해에 더 많이 동의하는 경향이 있다는, 설명되지 않은 전제에 대한 주변적인 증거가 있었다. 이러한 다양한 결과는 또한 뉴스의 일부만이 미디어 사용자에 의하여 기억되고 이해되며 소수의 요인만이 처리 과정(교육, 기사의 초두, 뉴스 가치, 화제 범주)을 활성화할 수 있다는 일반적인 결론으로 이어진다. 라디오 뉴스와 TV 뉴스의 차이는 극적이지 않으며 영상이 기억에 도움이 되지는 않는다.

Russell Neuman(1976)은 샌프란시스코 사람들에게 저녁 시간 TV

방송 뉴스에서 그들의 기억에 남은 것은 무엇인지 물었다. 시청자들은 평균적으로 19.8개의 뉴스 스토리에서 단지 1.2개의 스토리만을 도움(인출 단서) 없이 기억했고 응답자의 절반은 어떤 스토리도 기억하지 못했다. 뉴스 화제로 기억에 대한 단서가 주어졌을 때 대략 20%의 사람들이 기사를 기억했고 동일한 수 정도의 응답자가 세부 사항을 기억할 수 있었다. 대학 교육을 받았는지는 기억에 약간의 영향을 미쳤을 뿐이다. 동기에 있어서도 동일한 결과가 나왔다. 최신 정보를 얻기 위하여 뉴스를 보는 사람들도 더 잘 기억하지는 못했다. 가장 능동적인 성격의 사람들도 추상적인 정치 스토리를 더 잘 기억하는 것으로 보이지는 않았으나 미담 기사는 더 잘 기억하는 것으로 보였다. 날씨 보도와 미담 스토리는 (단서가 있는 경우와 없는 경우 모두) 전반적으로 가장 잘 기억된다. 그러나 베트남 스토리는 질문자가 아무 단서도 주지 않았을 때에도 가장 잘 기억되었다. 그 화제에 대한 인출 단서가 다른 스토리에 대한 인출 단서보다 기억이 더 잘되도록 돕는 것은 아니었다. 다시 말해서 우리는 TV 뉴스에 있어서 인지도가 40%가 넘는 경우는 거의 없지만 대체로는 높음에도 불구하고 전반적인 기억률은 매우 낮다(4%)는 것을 알게 되었다. 인지 이론화에 따르면 인식은 자발적 기억과는 다르다. 인식에 있어서 주어진 화제는 뉴스 사건 스토리의 거시 구조와 모형에 대한 강력한 인출 단서로 작용한다.

다양한 실험적 설계가 보다 다양한 결과를 도출할 수 있다는 것은 Gunter(1983)의 사람들이 3개의 기사를 하나로 묶은 4묶음의 기사 배열에서 70%에 달하는 기사를 기억한다는 것을 밝힌 실험에서 잘 드러난다. 그러나 그는 우리가 앞서 언급한 초두 효과 역시 밝혔는데 후속 기사에 대한 기억률이 40%에서 50% 사이로 떨어진다.

보다 간접적인 상관성에 관한 연구는 Schulz(1982)에서 뉴스 사건에 대한 미디어 사용과 지식 사이의 상호 의존성에 대하여 이루어졌다. 미디어를 사용하는 빈도, 특히 정치적인 TV 프로그램을 시청하는 것, 한 권 이상의 시사교양지를 읽는 것, 라디오를 청취하는 것은 (사건을 언급하고 식별하는) 인식 및 기억과 현저한 상관관계가 있다().40). 이와 유사하게 다양한 뉴스 구조나 표현 형태와 뉴스 사건에 대한 의식 사이에는 현저한 상관관계가 있다. 어떤 사건이 얼마나 자주 보도되는가 하는 점은 의식에 대한 가장 뛰어난 예측 요인이며, 그 다음 요인은 뉴스 프로그램에서 TV 스토리의 최장 길이와 평균 길이이다. 정치 문제에 대한 관심과 참여의 역할 역시 마찬가지이다. Schulz는 또한 뉴스 가치성을 규정하는 뉴스 가치들이 그 뉴스에서 두드러지는 특징과 양의 상관관계를 갖는 경향이 있다는 것을 밝혔다. 이를테면, 엘리트 인물과 관련된 것(결과)은 뉴스 아이템의 위치 및 길이와 높은 상관관계를 갖는다. 이는 갈등 및 성공과 같은 요소와 근접성, 정서적 내용, 불확실성, 의외성뿐만 아니라 뉴스 사건의 예측 가능하고 전형적인 측면 사이에서도 동일하게 작용한다. 뉴스 가치와 뉴스 사건에 대한 사람들의 의식 사이에서도 유사한 상관관계를 볼 수 있다. 뉴스에서 강조되는 갈등은 미디어 사용자에게 덜 부각되는 반면 근접성은 반대로 나타난다. 다시 말해서 뉴스에 내재되어 있는 대부분의 뉴스 가치로 뉴스 사건에 대한 사람들의 의식을 예측할 수 있다. 이는 뉴스 가치가 저널리스트와 미디어 사용자에 의하여 공유된다는 Katz와 Adoni, Parness(1977)의 결론과 일치한다. 이러한 관찰에 있어서 중요한 예외는 저널리스트들은 먼 곳의 사건과 갈등에 뉴스 미디어를 이용하는 대중보다 더 주의를 기울이는 경향이 있다는 점이다.

뉴스 이해에 대한 많은 연구는 스웨덴의 Findahl과 Höijer에 의하여 주로 TV 뉴스에 관하여 이루어졌다. 그들의 (스웨덴어로 된) 최근 박사 학위 논문은 뉴스 이해에 관한 유일하게 책의 길이를 지닌 취급법이다(Höijer & Findahl, 1984; Findahl & Höijer, 1984; 그러나 이제는 Robinson & Levy, 1986 또한 참고). 그들의 이론적 틀은 앞서 이 장에서 약술한 것과 유사하다. 그들의 실험적 연구는 뉴스 표현의 다양한 방식과 그에 따른 이해와 기억의 효과에 초점을 두었다. 라디오 뉴스를 대상으로 한 초기 실험에서 그들은 추가적인 언어 정보가 이해에 영향을 주는지 조사하였다(Findahl & Höijer, 1975). 이는 이전에 검토한 실험적 연구에서 일반적으로 추가적인 세부 사항들이 잊힌 것으로 나타나 우리의 논의에서 중요하다. 사람들은 중심 화제만을 기억하는 경향이 있는 것이다. 연구자들은 기본적인 메시지는 25%가 기억되지만 위치나 참여자, 원인, 결과에 대한 정보를 추가하면 기억률이 30%에서 40%까지 치솟는다는 것을 발견하였다. 원인과 결과를 구체화하면 뉴스 아이템의 이러한 측면에 대한 기억이 강화되는 것뿐만 아니라 기사에 대한 전반적인 기억도 강화된다. 다시 말해 뉴스 이해에서 (일반적으로 상황 모형을 구축하는 데 도움이 되는 정보로) 응집성이 더 세밀하게 이루어지는 경우 구조가 효과를 갖는 것이다. 청취자들은 그러한 확장된 버전에 대하여 달리 평가하지 않는다. 더 긴 기사는 예상 가능한 대로 다소 더 철저하고 덜 단순한 것에 지나지 않을 뿐이다. 이해의 용이성에는 차이가 없었다. Findahl과 Höijer는 후에(1981a, 1981b) 뉴스 아이템에 내재된 사건 구조에 대하여 보다 상세하게 설명하였는데 일반적으로 어떤 극적 하이라이트와 주요 행위자는 기사 초반에 언급되지만 (예를 들어 노동 쟁의에서) 세밀한 상황과 결과는 사실의 복잡한 나열로 인해 명확하게 드러나지 않는다는 것을 발견하였다.

후에 Schulz(1982)에서 발견한 전반적인 정치적 지식과 뉴스에 대한 기억 사이의 보편적인 관계는 Findahl과 Höijer에서도 확립되었다. 단순히 페루가 어디에 있는지 모르는 사람들은 페루에 대한 뉴스 아이템을 기억하지 못한다. 지식과 뉴스를 기억하는 것 사이의 개인적인 차이는 대학 교육을 받은 중년 남성과 대학 교육을 받지 못한 여성 사이에서 나타난다. 그러나 이 집단의 여성들이 그들이 직면하는 일종의 일상생활상의 이슈(물가 상승, 출산 수당 등)에 관한 뉴스 아이템은 더 잘 기억했다는 것에서 관련성은 이해와 기억의 중요한 기준이라고 결론지을 수 있다.

Katz와 Adoni, Parness(1977)와 달리 Findahl과 Höijer(1976)는 TV 뉴스 아이템을 이해하는 데 있어서 사진의 역할에 관한 근거를 발견하였다. 특히 원인과 결과의 중요한 구조적 관계가 특정 사진이나 추가적인 정보와 함께 제시될 때 기억은 일반적으로 강화된다. 즉, 우리가 모형이라고 부르는 상황 사진은 이런 방식으로 더 잘 구성되는 것으로 보인다. 예를 들어 그런 경우에 결과에 대한 기억은 10%에서 43%로 상승한다. 뉴스 발생 지역은 일반적으로 가장 잘 기억되는 것으로 밝혀졌지만 국가의 지도가 제공되면 기억이 45%에서 61%로 향상된다. 그러나 (Findahl과 Höijer, 1981b에서 간략하게 언급한) 기억된 뉴스의 내용 분석에서는 TV 뉴스에서 시선이 집중되는 사건에만 초점을 두고 중요한 배경은 배제하여 사람들이 중요한 관련성을 이해하는 데 심각한 어려움을 초래하고 있다는 것을 보여 준다.

이해의 조건적 요인에서 뉴스 이해의 결과로 전환하며 그 스웨덴 연구자 두 명은 뉴스 아이템에는 헷갈리는 성향이 있다는 것도 발견한다. 파리 시위 후의 소란이 스웨덴의 환경을 위한 자전거 시위에 관한 뉴스 아이템에 들어가 있기도 하다(Findahl & Höijer, 1973). 스크립트라는 현존 개념의 배경과 달리 이러한 기억의 재구성은 시위 모형과 시위 스크립트의 역할에 의하여 쉽게 설명될 수 있는데 이때 언론에서는 민간 소요를 종종 시위와 연관시킨다(Halloran et. al., 1970; van Dijk, 1987b). 연구자들은 일반적으로 뉴스는 입문자에게 특히 적합하다고 결론지었다. 내용, 표현, 뉴스 가치는 뉴스에 나타나는 사건에 대하여 이미 많이 알고 있는 미디어 사용자에게 더 잘 이해된다. 뉴스 사건 내부의 복잡한 관계는 뒤섞이는 경향이 있으며 적게나마 기억된 것들은 일반적으로 시청자를 헷갈리게 한다. 이로 인해 보다 극적인 헤드라인을 지닌 뉴스에 선택적으로 주목하게 되는 것이다.

끝으로, 뉴스 처리 과정에 관한 Graber(1984)의 최근 연구에서는 시카고 지역의 패널 미디어 사용자에게 그들이 신문과 방송망 뉴스에서 무엇을 기억하는지를 질문한 방대한 프로젝트의 결과를 제시한다. 여기에서는 이론적 지향성에 있어서 우리와 부분적으로 비슷한 이 연구의 몇 가지 주요 결과의 요점만을 제시할 수 있다. 패널들을 접근성이 높은 집단과 낮은 집단, 관심도가 높은 집단과 낮은 집단으로 분류한 후 이전 뉴스 아이템에 대하여 상세히 인터뷰하였다. Graber는 시카고 트리뷴(Chicago Tribune)에서 19,000개의 스토리, 전국 방송망에서 각각 4,000개의 스토리의 내용을 분석한 이전 프로젝트에서 얻은 대량의 데이터를 사용하였다. 트리뷴에서 가장 많은 스토리(47%)는 정부에 관한 것이거나 정치(대체로는 국내 정치)에 관한 것이다. 이어서 28%가 다양한 사회적 이슈에 관한 것, 14%가 경제에 관한 것, 10% 미담에 관한 것이다. 전국 방송망은 다소 국내 정치를 더 강조하고 사회 문제는 덜 다룬다.

패널들은 일반적으로 그들이 뉴스를 알기 위하여 TV에 가장 많이 의존한다고 말했지만 그들의 일지에 따르면 사실상 48%의 스토리가 언론에서 나온 것이며 27%가 TV, 9%가 라디오, 8%가 대화, 6%가

시사 해설지에서 나온 것이다. 이러한 데이터는 뉴스 정보를 위한 언론의 지속적인 중요성에 관한 우리의 초기 가정을 뒷받침한다. 패널들은 평균적으로 모든 언론 뉴스 스토리의 3분의 1을 (특히 신문의 처음 다섯 페이지에서) 읽었으며 그 중에서 반 이상은 전체를 모두 읽었다. 일반적으로 패널들은 흥미와 감정적 끌림뿐만 아니라 개인이나 사회, 직업과 관련된 것이 스토리를 읽게 되는 중요한 이유였다고 지적하였다.

거의 모든 패널이 최대 한 달까지 어떤 특정한 스토리를 기억했으며 그 스토리의 23%에 해당하는 구체적인 질문에 여전히 답할 수 있었다. 일지에 기억되고 언급된 화제 중 개인 범죄, 사법, 재난 등이 합해서 전체 화제의 약 40%를 차지한다(언론과 TV에서도 비슷한 비율을 차지한다). 교육, 중동, 경제 사범과 같은 화제는 각각 대체로 5% 이하이다. 다시 말하자면 사람들은 일상적인 이야기와 허구에 내재된 감정에 호소하는 스토리 종류를 가장 잘 기억하며 보다 추상적이거나 먼 곳의 화제는 훨씬 덜 기억하는 것이다. 한편, 대부분의 패널들은 1976년 대통령 선거 후보들의 정책과 같은 정치적 이슈를 상대적으로 잘 알고 있었다. 일반적으로 관심도가 높은 집단과 접근성이 높은 집단이 각 화제에서 몇 가지 사실을 기억하였다. 뉴스에 대하여 이미 많이 알고 있는 사람들 역시 뉴스에서 가장 많이 배운다. 망각률은 특히 관심도가 낮거나 접근성이 낮은 집단에서 의회, 국가 정치, 경찰, 부패, 교육, 사업 등의 정보에 대하여 가장 높게 나타난다. 부정적인 스토리(범죄, 테러리즘) 및 관련성이 높은 스토리(에너지)는 대체로 가장 잘 기억된다.

# 결론

양적으로 제한적이지만 뉴스 이해와 기억에 관한 심리학적 연구에서 몇 가지 보편적인 결론을 도출할 수 있다.

1. 라디오 뉴스와 TV 뉴스의 기억률은 일반적으로 낮다. 자연스러운 상황에서 뉴스에 대한 단서가 제공되지 않는다면 방송 기사의 5%도 기억되지 않을 것이다. 반면 인식률은 최대 40% 정도이다. 보다 통제된 조건이라면 기억률이 더 높게 나타날 것이다(20%에서 40%로).

2. 일반적으로 사전 지식은 교육에 의해서건 이슈나 화제에 대한 특별한 흥미에 의해서건 이해와 기억을 증진시킨다. 뉴스에 나타나는 일정한 이슈의 출현 빈도는 정치적 사건에 대한 사람들의 의식에 가장 많이 영향을 미치는 경향이 있다. 그러나 이는 또한 사람들에게는 특히 이미 알고 있는 정보를 기억하는 경향이 있다는 것을 의미한다. 특정 화제에 대한 이해와 주의, 즉 지식 외의 주관적인 기억에 영향을 미치는 다른 요소는 흥미와 관점이다.

3. 기억을 강화하는 표현 및 텍스트적 요소는 초두, 원인과 결과 같은 구조적 요소의 언어적 혹은 삽화적 강조, 일반적인 뉴스 가치와의 일치, 그리고 그러한 뉴스 가치(근접성, 관련성, 의외성 등)를 표현하는 많은 내용 특성이다. 역시 중요한 것은 뉴스 사건을 이해하도록 구성하는 뉴스 도식이나 유사한 (예를 들어 서사) 도식의 존재이다.

4. 일반적으로 거시 구조적 화제는 가장 잘 기억되는 경향이 있다. 세부 사항은 대체로 빈약하게 이해되어 결국에는 잊힌다. 뉴스 기사의 축약된 버전은 상세한 버전보다 더 잘 이해된다. 그러나 특정 환경하에서 뉴스 내용의 중요한 구조적 측면에 관한 세부 사항(예를 들어 원인과

특히 결과)을 추가하는 것은 이해와 기억을 도울 수 있다.

5. 일반적으로 사람들은 일상적·허구적 스토리텔링이라고도 할 수 있고 그리고/혹은 개인, 노상 범죄, 사건, 재난 등과 같이 가장 감정을 자극하거나 일상적 관련성을 가진, 부정적이거나 시선을 집중시키는 스토리 종류를 가장 잘 기억한다. 국내 정치는 매우 잘 기억되지만(예를 들어 선거 보도) 비교적 추상적이고 먼 곳의 정치적 화제는 잊히는 경향이 있다.

이러한 결과의 대부분은 우리의 이론적 모형에 쉽게 통합될 수 있다. 그리고 사실상 그 예측의 대부분이 맞는다. 대부분의 결과가 TV 뉴스에 관계된 것이지만 우리는 이것들이 합리적으로 신문 뉴스에도 적용된다고 믿는다. 거시 구조, 도식, 세부 모형, 보편적인 세계 지식(스크립트), 태도, 관점, 뉴스 가치는 뉴스의 이해와 기억에서 나타나는 변이를 설명하는 중요한 결정자이다. 이러한 표상(제목, 헤드라인, 초두, 사진 등)을 구성하도록 돕는 표현과 구조상의 특징이 유지(retention)를 쉽게 한다. 사회적 맥락 요소에서는 교육 같은 구조적인 것과 주의량(amount of attention) 같은 임시적인 것 모두 이러한 전반적인 인지 측면으로 쉽게 전환될 수 있다. 언론 뉴스 기억 유지에 관한 결과를 상술하기 위하여 마지막으로 뉴스 기억을 다룬 우리의 연구에서 수집한 데이터를 검토하고자 한다.

## 4. 자연적 뉴스 이해 실험

앞에서 약술한 이론적 개념과 경험적 예측의 일부를 검토하기 위하여 암스테르담에서 현장 실험을 수행하였다. 잘 알려진 두 조간신문, 드 텔레그라프(*De Telegraaf*)와 드 폴크스크란트(*De Volkskrant*)를 선택하여 뉴스에 대한 독자의 기억에 관한 자료를 수집하기 위한 정보원으로 삼았다. 실험은 (1) 자유 회상 인터뷰, (2) 2주 후에 이루어진 지연 회상 인터뷰, (3) 동일한 자료를 이용한 실험실에서의 통제 실험 등 3가지를 중심으로 구성하였다. 뉴스 이해에 관한 많은 연구가 실험실이나 엄격하게 통제된 현장 실험으로 수행되기 때문에 실험의 전체적인 목표는 자연스러운 상황에서의 뉴스 이해와 기억에 관한 자료를 얻는 것이었다. 우리는 사후 회상이 우연하고 일상적인 신문 읽기에 바탕을 두도록 하고 싶었다. 통제된 읽기 및 회상과 가능한 유사성과 차이를 설정하기 위하여 추가적인 실험실 조사를 수행하였다.

### 자료

동일한 화제에 대한 4개의 기사를 1984년 3월 12일 월요일자 드 텔레그라프와 드 폴크스크란트에서 선택하였다. 전날 석간신문 스토리의 간섭을 피하기 위하여 월요일을 선택하였다. 4개의 기사는 국내 뉴스와 해외 뉴스의 다양한 화제에 관한 것으로 하여 독자의 다양한 관심과 지식을 다룰 수 있도록 하였다. 4개의 화제는 다음과 같다.

1. 제3 TV 채널을 허가하는 것에 관한 정당 간의 토론(TV-Ⅲ 텍스트).
2. den Uyl 현 사회민주주의 야당 지도자의 후계자에 대한 사람들의 선호

도에 대한 여론 조사 결과(여론 조사 텍스트).

3. 남아프리카의 나미비아 평화 회의 참석 의지에 관한 보도(나미비아 텍스트).

4. 다른 축구팀에게 1-7로 패배한 네덜란드 축구팀 코치에 대한 축구 팬들의 비판을 다룬 스포츠 기사(축구 텍스트).

처음 3개의 아이템은 국내 뉴스 페이지의 1면에 있었고 모두 상당히 눈에 띄는 기사였다. 두 신문은 서로 다른 문체와 다른 정치적·이데올로기적 입장을 가지고 있기에 선택하였다. 드 텔레그라프는 네덜란드에서 가장 많은 구독자와 독자(약 750,000)를 보유한 보수주의적이고 유명한 신문이다. 드 폴크스크란트는 온건한 자유주의 신문이다. (사회민주주의) 중도 좌파 당원들 사이에서 폭넓게 읽히며 280,000명의 구독자를 보유하고 있다. 이 신문들은 합해서 국영 언론 독자의 약 40%를 차지한다.

## 대상

현장 연구 대상은 두 개의 집단으로 나뉜다. 첫 번째 집단은 암스테르담의 다양한 지역에서 집으로 온 질문자의 전화를 받고 무작위로 선택된 다양한 일반 독자들로 구성되었다. 두 번째 집단은 암스테르담 대학(University of Amsterdam)의 행정 직원들로 구성되어 교육, 관심, 그리고 아마도 읽기 행위에 있어서 비교적 균질적이다. 일반적으로 더 보수적인 드 텔레그라프 독자는 교직원 사이에서는 찾기 어려워서 드 폴크스크란트 독자(N=33)보다 적은 독자(N=21)를 찾게 되었다. 이들 중 23명은 여성이고 31명은 남성이었다.

## 절차

뉴스 이해에 관한 코스에 참여한 학생이었던 질문자들이 같은 날 점심시간 동안이나 그 이후에 두 신문의 독자들에게 연락하였다. 학생들은 각각 평균 5명의 독자를 인터뷰하였다. 독자들은 "암스테르담 대학에서 수행하는 작은 연구 프로젝트와 관련하여 학생들을 도울" 의향이 있는지 질문을 받았다. 만약 응답이 긍정적이면 어떤 신문을 읽는지 질문하였고 만약 드 폴크스크란트나 드 텔레그라프가 언급되면 응답자의 인구 통계학적 데이터와 미디어 행위에 관한 정보를 수집하기 위한 간략한 표준 인터뷰를 진행하였다. 다음으로, 응답자에게 그날 아침에 신문을 읽었는지 그리고 만약 읽었다면 어떤 기사를 기억하는지에 대하여 질문하였다. 끝으로, 앞에서 언급한 4개의 스토리에 대하여 그들이 기억하는 모든 것을 자신의 언어로 말하도록 하는 자유 인터뷰를 진행하고 녹취하였다. 각각의 스토리는 질문 목록에서 자발적으로 기억된 것이든 아니든 그 중심 화제에 대한 간략한 참조 사항을 기준으로 식별하였다. 인터뷰는 망설임, 오류, 특히 표현되는 인출 전략 등을 포함하여 독자가 제공하는 모든 정보를 상세하게 분석하기 위하여 테이프에 녹취하였다. 우리는 이를 통해 재구성된 문체의 세부 사항뿐만 아니라 표상, 인출 전략, 기억에 내재된 과정을 살펴볼 수 있기를 희망하였다. 재구성 문체는 독자들이 뉴스 스토리를 어떻게 바꾸어 말하는지, 즉 스토리가 자연스러운 맥락에서 어떻게 사용되고 재구성되는지를 알게 해 주므로 중요하다.

# 일반적인 인구 통계학적 데이터와 미디어 사용 데이터

**나이.** 드 폴크스크란트 독자들은 대체로 드 텔레그라프 독자들보다 어렸다. 19세에서 52세 사이로 나타난 33명의 독자 중 6명만이 40세 이상이었다. 반면 드 텔레그라프 독자들은 23세에서 74세의 범위로 나타난 21명 중 12명이 41세 이상이었다.

**교육.** 드 폴크스크란트 독자들의 일반 교육 수준이 더 높게 나타났다. 드 폴크스크란트 독자 33명 중 18명은 고등 교육(대학이나 그에 준하는 교육)을 받았으며 1명을 제외한 나머지는 모두 고등학교 졸업장을 가지고 있다. 드 텔레그라프 독자는 21명 중 5명만이 고등 교육을 받았으며 나머지 대부분은 중등 교육 학위를 가지고 있다.

**직업.** 드 폴크스크란트 독자 중 10명은 행정 직원이었고 나머지 직업은 (교사, 컴퓨터 프로그래머, 치료사, 사회사업가 등을 포함하여) 다양하게 나타났다. 3명은 학생이었고 3명은 무직이었다. 드 텔레그라프 독자들은 보다 다양하여 가정주부에서 음악가, 행정 보조, 비서, 기술자, 점원에 이르는 모든 직업을 포함하였다. 학생은 없었으며 1명이 무직이었다. 전반적인 직업 수준은 드 폴크스크란트 독자 쪽이 아주 약간 높았고 특히 행정, 사회사업, 교육 등 다양한 유형의 공무원이 포함되어 있었다.

**장소.** 드 폴크스크란트 독자 인터뷰는 암스테르담 대학에서 근무 중에 혹은 독자들의 가정에서 이루어졌다. 일부는 카페, 대합실, 사무실 같은 공공장소에서 이루어졌다. 드 텔레그라프 독자는 대부분 가정이나 직장, 공공장소에서 인터뷰하였다.

**미디어 사용**. 드 폴크스크란트 독자 대부분(12)은 정기적으로 교양 석간신문 NRC 한델스블라트(*NRC-Handelsblad*)와 같은 다른 신문을 읽는다. 반면 드 텔레그라프 독자들은 드 폴크스크란트를 두 번째 신문으로 읽는다. 드 폴크스크란트 독자 33명 중 11명은 신문을 거의 매일 10분에서 30분 정도 읽고 14명은 신문을 읽는 데 30분에서 60분을 쓴다. 드 텔레그라프 독자들은 평균적으로 신문에 더 많은 시간(45분에서 60분 사이)을 쓴다. 드 폴크스크란트 독자들은 더 자주 정기적으로 TV 뉴스를 본다(각각 19명 대 14명). 텔레그라프 독자들도 비슷하다(12명 대 9명). 양쪽 집단에서 오직 몇몇 독자들(3명이나 4명)만이 정기적으로 (최근의 뉴스 이슈에 관한 비교적 긴 배경 기사를 제공하는) 다른 뉴스 프로그램을 시청한다. 라디오 뉴스 청취자의 비율은 드 텔레그라프 독자 쪽(21명 중 9명)이 드 폴크스크란트 독자들(33명 중 6명)보다 높다. 역으로 드 폴크스크란트 독자들(11)은 드 텔레그라프 독자들(4)보다 더 많이 정기적으로 뉴스 주간지를 읽는데 이는 네덜란드에서 배경 기사의 중요한 정보원이다. 놀랍게도 두 신문의 독자들은 모두 비교적 자유주의적인 주간지를 읽는 것을 선호하였다.

**신문 읽기**. 각 신문의 칼럼 및 만화와 같은 몇몇 특정 아이템을 제외하고 19명의 드 폴크스크란트 독자들은 보통 다양한 화제, 제1면, 국내 뉴스에 대하여 읽는다고 말했다. 12명은 예술 면에 특별한 관심이 있고 8명이 해외 뉴스에, 5명이 경제 문제에, 4명이 스포츠 면에 관심이 있다. 드 텔레그라프 독자들에게서도 21명 중 10명이 관심을 보이는 스포츠와 그 신문 특유의 몇몇 미담과 범죄물 범주를 제외하면 비슷한 양상이 나타났다.

**여성과 남성**. 이러한 다양한 데이터에서 남성과 여성 사이에는 약간의 전반적인 차이가 있다. 드 폴크스크란트의 경우 남자들은 다른 대중적인 신문보다 다른 진지한 신문을 더 자주 읽고 신문을 더 오래 읽고 TV 뉴스는 덜 시청하고 라디오 뉴스도 덜 청취하고 뉴스 주간지를 더 많이 읽는 경향이 있다. 드 텔레그라프의 경우 남성과 여성 사이에 미디어 사용 행위에서 뚜렷한 차이는 나타나지 않는다. 다양한 뉴스 범주에 대하여 드 폴크스크란트의 남성 독자는 해외 뉴스와 국내 뉴스, 경제 문제, 스포츠 뉴스를 더 많이 읽는다. 드 텔레그라프 독자들의 경우 여성 독자들은 국내 뉴스를 더 많이 읽고 경제 뉴스는 읽지 않는다는 것을 제외하고는 차이가 덜 나타난다.

**읽는 시간**. 인터뷰가 있던 월요일에 드 폴크스크란트 독자들은 그들이 평균 읽는 시간이라고 말한 것보다 시간을 훨씬 덜 썼다. 드 폴크스크란트 독자 33명 중 25명은 신문을 읽는 시간이 30분 이내라고 말하는데 이는 드 텔레그라프(21명 중 14명)의 경우에도 동일하다. 대부분의 독자들은 아침 식사 시간에 먼저 약간 읽고 점심시간이나 그 후에 계속해서 읽는다. 조간신문을 저녁 때 읽는 독자는 거의 없다.

**읽는 장소**. 드 폴크스크란트의 경우 신문은 가정이나 직장, 다양한 공공장소(열차)에서 비슷한 비율로 읽힌다. 드 텔레그라프 독자들은 대부분 가정에서 읽고 직장이나 공공장소에서는 훨씬 덜 읽는다.

**읽는 유형**. 대부분의 드 폴크스크란트 독자들이 중단하지 않고 신문을 읽는다고 말한 반면 드 텔레그라프 독자들은 나눠서 읽는다. 두 신문 모두 독자의 반 정도가 그날 피상적으로 신문을 읽었고 3분의 1만이 주의 깊게 읽었다고 말했다. 두 신문의 독자들 중 일부만이 뉴스에 대하여 다른 사람들과 이야기했다.

**범주**. 그날 아침에 무엇을 읽었는가는 제1면, 국내 뉴스, 해외 뉴스의 순서로 평소 읽는 범주와 일치했다. 거의 모든 드 텔레그라프 독자들은 그날 아침 스포츠 면을 읽었다. 반면 드 폴크스크란트 독자들은 단지 4명만이 그러했다. 드 텔레그라프 독자들은 평소보다 예술 관련 뉴스를 덜 읽었다(월요일자 신문은 예술 뉴스는 적고 별도의 스포츠 섹션이 있어 스포츠 뉴스는 많다). 드 텔레그라프 독자들은 또한 광고 섹션에 더 많은 주의를 기울이는데 광고 섹션은 네덜란드 언론에서 가장 지면을 많이 차지한다.

그 월요일의 신문 읽기는 평소의 신문 읽기 습관과 크게 다르지 않다. 유일한 차이는 드 폴크스크란트 독자들이 평소보다 경제 뉴스를 덜 읽었다는 것뿐이다.

## 전체적인 기억

〈도표 4.1〉은 각각의 신문에서 4개의 기사를 기억한 독자들의 수를 가리킨다. 이 분석 자료는 앞에서 제공한 인구 통계학적 수치(de Bie, 1984b와 Hermans, 1984에서 수집하고 분석한 자료)보다 더 많은 독자 수를 포함하고 있다.

<도표 4.1> 두 집단의 신문별 독자의 4개의 뉴스 기사에 대한 기억

| 신문 | 기억 범주 | 기사 | | | | | | | |
|------|-----------|------|-----|--------|-------|--------|-------|-------|-------|
| | | TV Ⅲ | | 여론 조사 | | 나미비아 | | 축구 | |
| 폴크스크란트<br>(N=38) | a. 기억됨 | 25 | (66%) | 21 | (55%) | 7 | (18%) | 5 | (13%) |
| | b. 전체 사실 | 310 | | 225 | | 61 | | 27 | |
| | c. 사실/독자 | 12.4 | | 10.7 | | 8.7 | | 5.4 | |
| 텔레그라프<br>(N=25) | a. 기억됨 | 16 | (64%) | 14 | (56%) | 5 | (25%) | 18 | (72%) |
| | b. 전체 사실 | 149 | | 136 | | 26 | | 105 | |
| | c. 사실/독자 | 9.3 | | 9.7 | | 5.2 | | 5.8 | |

이 표에서 우리는 먼저 축구 기사를 제외하면 각 신문에서 동일한 기사를 기억한 독자의 비율이 대체로 비슷하다고 결론지을 수 있다. 예상한 대로 드 텔레그라프 독자들이 축구 기사를 더 많이 기억하고 나미비아 기사도 약간 더 많이 기억한다. 그러나 독자들이 기억한 정보의 양인 프로토콜의 평균 길이를 계산하자 전체적으로 드 폴크스크란트 독자들이 더 많이 기억하는 경향이 있었다. 심지어 축구 기사에서도 드 폴크스크란트 독자들의 기억량이 드 텔레그라프 독자들의 기억량에 비하여 그다지 많이 낮지 않다. TV Ⅲ 기사는 가장 많은 독자들이 가장 잘 기억한다. 국내 뉴스와 해외 뉴스 기사 사이의 차이는 양쪽 집단에서 모두 두드러졌다. 단지 드 폴크스크란트 독자의 25%와 드 텔레그라프 독자의 18%만이 해외 뉴스 기사에서 어떤 정보를 기억했으며 기억된 정보도 더 적다(드 폴크스크란트 독자들이 약간 더 많이 기억한다). 스포츠 기사가 많은 드 텔레그라프 독자들에 의하여 기억되었지만 그 기사에서 재생된 정보의 양은 상당히 적은 것도 흥미롭다. 일반적으로 기억된 정보의 상당한 비율은 거시 구조의 머리글에서 온다. 국내 정치 기사의 절반에서 3분의 1이 머리글의 정보이다. (드 폴크스크란트 독자의 축구 기사에 대한 경우나 드 텔레그라프 독자의

나미비아 기사의 경우처럼) 적은 정보가 유지된 경우라면 기억된 거의 모든 정보는 머리글에서 온다. 다시 말하자면 어떤 정보가 조금이라도 기억된다면 그것은 그 기사의 상위, 거시, 상부 구조에서 오는 경향이 있는 것이다. 이는 우리의 이론적 예측을 확인해 주는 것이다.

독자들 사이의 변이는 인상적이다. 어떤 독자들은 단 하나의 명제도 기억하지 못하고 많은 독자들이 몇 가지만을 기억한다. 반면 다른 독자들은 수십 개의 명제를 재생한다. 이러한 변이는 두 신문 독자 사이의 대부분의 차이가 현저하지 않은 것과 같은 정도로 나타난다. 그러나 전반적으로 드 폴크스크란트 독자들이 읽은 기사에 대하여 더 많은 정보를 재생하는 경향이 있다. 명백하게 더 많은 교육과 다른 뉴스 미디어(주로 주간지)에서 읽은 더 많은 정치적 정보는 아마도 보다 광범위한 정치적 지식과 이해의 특별한 역할을 통해, 기억된 뉴스 정보량과 양의 상관관계를 보인다. 일반적으로 남성 독자들은 해외 뉴스와 스포츠 기사에 대하여 더 많이 기억한다. 단지 소수의 여성만이 나미비아 텍스트를 기억한다. 지역적·이데올로기적 근접성과 정치적 지식 외에도 관련성 요소와 흥미 요소가 뉴스 기사에 주목하게 되는 것과 기억량에서 중요한 역할을 하는 것이다.

## 내용과 구조 기억

다른 사실을 지시하는 복합 명제의 관점에서 실험에 쓰인 4개의 뉴스 기사를 분석하였다. 각각의 사실에 대하여 그것이 독자에 의하여 기억이 되었는지와 만약 그랬다면 얼마나 자주 기억되었는지가 측정되었다. 다음으로, 다양한 사실 범주에 대한 기억을 시험하기 위하여 앞에서 언급한 Findahl과 Höijer의 실험에서와 같이 원인, 중심 사건, 결과라는 보편적인 개념을 사용하였다. 이와 유사하게 사람에 대한 사실 대(vs.) 기관에 대한 사실, 장소와 시간에 대한 사실을 기록 하였다(De Bie, 1984b에서 분석한 자료).

양쪽 신문에서 모두 모든 기사의 중심 사건에 가장 많이 주목하고 결과에 가장 덜 주목한다. 이는 여론 조사에 관한 실제 뉴스에서 가장 명확하게 드러난다. 스포츠 기사에서만 유일하게 중심 사건보다 원인 에 더 많은 주의가 쏠리는데 이는 특히 축구 팀 코치에 대한 비판을 유발시킨 패배 때문이다.

기관은 사람보다 더 많이 그리고 더 자주 기억된다. 반면 장소와 시간은 (Findahl과 Höijer의 결과와 반대로) 훨씬 덜 기억된다. 중심 사건 의 기억률의 합계는 (반올림해서) 42%, 원인은 34%, 결과는 26%이다. 전체 기억률에서도 중심 사건이 가장 두드러지는 반면 소수의 독자만 이 원인을 기억하고 훨씬 더 적은 수의 독자들이 사건의 결과를 기억 한다. 이는 양쪽 신문에서 모두 동일하게 나타난다. 아무도 나미비아 기사의 결과 사실 12개 중 그 어떤 것도 기억하지 못한 것에 주목해야 한다. 일반적으로 스포츠 기사도 역시 잘 기억하지 못한다. TV-Ⅲ 기사는 중심 사건 사실 20개 중 15개가 기억되었는데 이는 다른 기사 의 경우보다 훨씬 높은 비율이다. 또한 모든 독자의 40% 이상이 모든 기사를 기억했지만 독자들은 평균적으로는 2개나 3개의 중심 사건만 을 기억했다는 것에도 주목해야 한다. 분석 자료는 원인과 결과 정보 뿐만 아니라 대부분의 중심 사건은 기사의 초반에 나온다는 것을 보 여 준다. TV 뉴스에 대하여 다른 연구자들이 발견한 것처럼 신문 뉴스 를 기억하는 데에는 명확한 초두 효과(우리가 뉴스 담화의 거시 구조적 위치의 관점에서 설명했던 효과)가 있다. 독자들은 중심 사건 범주의 정보 중 평가적 소견, 취재원, 배경 정보 및 후위의 모든 정보는 재생산하지 않는 경향이 있다. 기사의 나머지 부분에서 기억되는 것은 일반 지식적 전제, 원인, 결과이다.

뉴스 도식의 다양한 구조적 범주의 기억률을 조사하자 대부분의 사람들은 먼저 머리글과 헤드라인을 재생산한다는 것을 알 수 있었는데 이는 기억에 있어서 뉴스 기사의 거시 구조가 지닌 초두 역할을 입증하는 것이다. 그리고 이어서 중심 사건, 맥락, 선행 사건, 일반적 배경을 재생산한다. 역사, 결과, 구두 반응, 논평은 덜 기억된다. 이러한 결과는 뉴스 기사에서 이러한 뉴스 범주들이 지니는 낮은 관련성 및 하위 배치에 따른 것이다. 드 폴크스크란트 독자들은 일반적 배경을 어느 정도 더 잘 기억해 내지만 다른 범주에서는 뚜렷한 차이를 보이지 않는다.

기사 중 하나(드 폴크스크란트의 여론 조사 기사)를 선택하여 내용과 구조를 보다 상세하게 분석하여 독자들의 프로토콜(N=21)이 이 입력 구조(Diddens, 1984에서 수집한 데이터)와 어떤 관계를 어떻게 갖는지 측정하였다. 원문의 명제 83개 중 48개(58%)가 회상 프로토콜에서 나타난다. 즉, 거의 절반에 달하는 정보는 단일한 프로토콜에서 나타나지도 않는 것이다. 83개의 명제 중 5개(6%)만이 절반 이상의 독자에게 기억된다. 이들 명제에는 여론 조사 텍스트의 중심 사건의 주요 참여자, 즉 사회민주주의 지도자(den Uyl)를 계승하는 3명의 후보자와 좋아하는 후보자가 기술되어 있다. 주요 정당이 받을 현재 투표율에 관한 정보와 네덜란드의 순항 미사일 설치 계획에 관한 견해에 관한 정보 등 다른 2가지 중심 사건은 단지 소수(많아야 네다섯 명)의 독자들에 의하여 기억되었다. 대부분의 다른 명제들은 겨우 몇몇(한 명이나, 두세 명) 독자들에게만 기억되었다. 가장 잘 기억된 정보는 먼저 언급되고 텍스트의 헤드라인과 머리글에서 언급된 것이다. 다시 말하면 거시 구조와 관련성 구조는 모두 텍스트 기억 이론에서 예측한 대로 기억에 대한 가장 훌륭한 지표인 것이다.

가장 덜 기억되는 정보는 다음과 같은 유형이다. (1) (지난 토요일 라디오 프로그램에 있었던) 여론 조사의 취재원과 기자 설명회에 대한 배경 정보, (2) 언급되고(언급되거나) 기억된 다른 정보에 포함되어 있어 불필요하게 반복적인 정보, (3) 여론 조사에 대한 상세한 질문 정보, (4) 사실상의 모든 정확한 숫자(퍼센트, 약 3개의 주제에서 기억된 의석수는 예외). 가장 잘 기억되는 정보의 거시 구조적이고 상부 구조적인 구성과는 별개로 정치적 상황에 관한 기존 지식이 특히 기억을 영향을 미치는 것으로 보인다. 3명의 후보자는 잘 알려진 정치인이다. 그러한 정체성과 관련된 제한된 개인적·사회적 모형과 그들의 이름을 인출하는 것은 이 사회민주주의 신문의 대다수 독자들에게 어렵지 않다. 대부분의 독자들에게 이 세 사람은 그들이 지지하는 당의 당원이다. 그리고 기억해야 할 유일하게 중요한 정보는 (1) 여론 조사가 있었다는 것과 (2) 누가 제일 잘 나왔는지이다. 이러한 정보(여론 조사의 정확한 질문과 결과)를 구성하는 모든 세부 사항은 잊힐 수 있다. 이는 독자의 3분의 1만이 기억하지만 해당 기사의 두 번째 및 세 번째 중심 화제(당 투표와 순항 미사일)에도 동일하게 적용된다. 그러면 몇몇 두드러지는 세부 사항은 더 많은 주목을 받게 되고 그에 따라 어느 정도 더 잘 기억된다. 즉, 가장 인기 있는 후보자가 여성 유권자와 젊은 유권자들이 좋아하는 후보라는 사실과 현재 노동조합 연맹 의장인 두 번째 후보자가 자신의 조합원들에 의해서조차 가장 많이 언급되지도 않는다는 사실 등이다. 다시 말하자면 개인적인 접촉이 있는 정보 혹은 예측에 어긋나는 정보는 기억되는 확률이 높다.

전반적으로, 뉴스 담화에 대한 자연적 기억은 상당히 빈약하다. 대부분의 독자들이 국내 뉴스의 중요한 1면 기사를 기억하지만 자신의 정치적 상황 모형에 근거한 경우와 정보에 개인적인 측면이 있는 경우에 거시 구조와 상부 구조의 최상부 내용만을 기억할 뿐이다. 대부분의 세부 사항은 인출되지 않는다. 게다가 프로토콜 분석에서도 분명하게 드러난 것처럼 이 정보 또한 예측할 수 있었다. 한 독자는 "저는 모르겠어요. 하지만 제 생각에 그것은 X예요."라고 단순하게 말했다. 다시 말해서 (때로는 의외성이 표상과 인출 전략으로서 작용하기도 하지만) 가장 잘 기억되는 것은 그럴 듯하게 예상이 가능한 것과 상관관계가 있다.

이와 유사하게 텔레그라프의 축구 텍스트 및 그 내용과 구조(Louwes-Steubing, 1984에서 수집하고 분석한 데이터)에 대하여 분석하였다. 텍스트에 있는 247개의 미시 명제는 13개의 중요한 사건으로 조직되는데 이는 다시 더 나아가 복합 거시 명제(거시적 사실), 복합 명제(사실), 미시 명제로 분석된다. 18개의 프로토콜 중 12개가 추가적인 분석에 사용되었다. 기억된 사건 중 헤드라인과 머리글에 표현된 것들이 가장 잘 기억되었다(12명의 독자 중 11명은 첫 번째 사건의 3가지 거시적 사실을 기억했다). 기억된 49개의 명제 중 29개는 처음 2개의 사건에 해당한다. 거시 정보와 미시 정보 사이의 차이는 회상에서 명확하게 드러난다. 23개의 거시적 사실 중 16개가 기억되고 51개의 미시적 사실 중 25개가 기억되고 72개의 세부 사항 중 단지 7개만이 기억된다.

뉴스 도식의 구조적 구성은 거시 구조적 기능, 즉 헤드라인과 머리글을 지닌 정보가 가장 잘 기억되도록 한다(22차례 회상되었다). 그러나 평가와 선례 역시 매우 잘 기억된다. 평가는 이 범주가 후원자들이 (패배한) 축구 팀 코치를 괴롭히는 것에 대하여 태도 중심의 정보를 다루고 있기 때문에, 그리고 선례(팀의 비참한 패배)는 그것들이 코치의 운명을 가르는 직접적인 원인이었기 때문이다. 뉴스 텍스트와 프로토콜 데이터를 각각 분석하자(Thorndyke, 1979도 참고) 스토리의 주요 사건과 배경이 가장 잘 기억되는 것으로 드러났다(그리고 이는 뉴스 도식에서 가장 잘 기억되는 정보와도 일치한다). 인출에 있어서(그리고, 그러므로 표상에 있어서) 어떤 서사 도식의 중심 사건을 구성하는 경향이 있으며 이런 방식으로 중심 사건을 구성하는 독자들은 일반적으로 더 잘 기억한다. 끝으로, 읽는 시간의 길이는 프로토콜에서 산출되는 정보의 양과 높은 상관관계를 갖는다. 대부분의 독자들(>75%)은 그날 30분 전후로 신문을 읽었다. 신문을 최소 1시간 이상 읽은 2명의 독자가 가장 많이 기억했다.

## 지연 회상

뉴스에 대한 기억 연구에서 중요한 것은 몇 주가 지난 후에 사람들은 어떤 뉴스 아이템의 정보에서 무엇을 기억하는가이다. 인터뷰 당일 피험자들은 지면 배치, 장소, 사진, 개인적 관련 등과 같은 많은 다양한 사건의 흔적을 포함하는 기억 속의 텍스트 표상에 접근할 수 있다. 몇 주 후에 뉴스 정보는, 만약 조금이라도 유지가 되었다면, 대체로 보다 영구적인 형태의 지식에 통합되어 있어야 한다. 그래서 우리는 한 달 후에 현장으로 돌아가 다른 사람들에게 특정 기사에 대하여 신문에서 얻은 정보를 기억하는지 질문하였다. 이 두 번째 현장 실험에서 드 텔레그라프 독자 12명과 드 폴크스크란트 독자 32명을 대상으로 도합 44명을 인터뷰하였다. 이번에도 드 폴크스크란트 독자들의 교육 수준이 드 텔레그라프 독자들보다 높다. 독자들의 미디어 사용은 예상대로 즉각적인 회상 실험의 참가자들과 비슷했다.

첫 번째 실험에 사용된 4개의 텍스트 중 3개, 즉 나미비아, 여론 조사, 축구 텍스트를 이번 실험에 사용하였다. 우리는 대부분의 참가자들에게 자유 회상은 사실상 불가능하다고 추측하고 그 대신 (어떤 질문은 부분적으로 일반적인 세계 지식에 근거하여 답할 수 있지만) 이전 신문 기사에 근거하여 대답할 수 있는 구체적인 질문을 했다. 응답은 맞다, 틀리다, 모른다, 반은 맞다의 범주로 나누어 기록하였다. 데이터는 Claver(1984)에서 분석하였다.

### 결과

드 폴크스크란트 독자와 드 텔레그라프 독자가 모두 가장 잘 응답한 질문은 현재 노동당 당수를 이을 가장 좋아하는 후임자에 대한 것이다. 독자의 3분의 2가 그 질문에 답할 수 있었다. 그러나 잠재력 있는 후보자에 관한 일반적인 정치 지식은 이 경우에 강력한 지식 기반 혹은 인출 단서라는 것에 주목해야 한다. 드 텔레그라프 독자의 3분의 1만이 다수당이 획득할 실제 지지율에 관한 여론 조사 결과를 기억했다. 반면 드 폴크스크란트 독자의 경우 이 비율이 훨씬 높았다 (59%). 그러나 아까와 마찬가지로 이 지식 역시 부분적으로 다수당의 실제 인기에 대한 정치 지식에서 추론될 수 있다. 실제로 여론 조사, 즉 네덜란드에 순항 미사일 설치를 찬성하는 사람들의 비율에 관한 세 번째 질문에서 드 텔레그라프 독자는 아무도 답하지 못했고 드 텔레그라프 독자는 1명만이 답을 했다. 나미비아와 축구 기사는 훨씬 적게 기억되었다. 두 집단의 독자들 중 5분의 1만이 나미비아 문제에 있어서 남아프리카 공화국의 외무부 장관이 구체적으로 어떤 제안을 했는지 알고 있었으며 제안된 회의가 어디에서 개최되는지는 사실상 아무도 기억하지 못했다. 독자의 3분의 1이 어느 당이 그 회의에 참석해야 하는지 기억했다는 것 역시 부분적으로는 나미비아 이슈에 관한 일반적 지식으로 설명될 수 있다. 축구 기사는 처음에는 특히 드 텔레그라프 독자들이 잘 기억하였으나 역시 인출이 어려웠다. 각 집단의 3분의 1에 해당하는 독자들은 축구 팀 코치와 관련하여 문제가 있었다는 것을 여전히 기억했다. 그러나 아무도 그 팀이 패배한 경기의 정확한 성적에 관한 세부 사항은 물론 코치의 운명에 대하여 그 원인이나 이유를 기억하지 못했다. 모든 질문에 대하여 드 폴크스크란트 독자들은 평균적으로 25%의 정확성을 보였고 드 텔레그라프 독자들은 20%를 기록했으나 범위는 (72%에서 0% 사이로) 넓었다. 그러나 두 집단에서 몇몇 사람들은 기사를 읽지 않았다고 말했다. 폴크스크란트 독자의 3%는 나미비아 기사를 읽지 않았다고 말했으나(드 텔레그라프 독자는 17%) 이 기사에 대하여 약간 더 잘 기억하였다. 드 텔레그라프 독자의 경우에는 축구 기사에 대하여 비슷하게 나타났다. 두 집단 사이에 나타나는 미디어 사용상의 중요한 차이는 특히 주요 정당의 인기에 대한 기사와 같은, 드 폴크스크란트 독자들이 약간 더 잘 기억하는 것에서 나타난다. 이는 두 집단 사이의 교육 수준 차이에서도 동일하게 나타난다. 그러나 3개의 뉴스 기사 회상에서 나타나는 전반적인 차이는 급격하지 않다.

## 논의 및 결론

이러한 결과에서 우리는 한 달 뒤에 사람들은 어떤 기사를 읽었든 안 읽었든 여전히 기억한다고 말하지만 응답자의 약 3분의 1만이 기사에 대한 중요한 질문에 답할 수 있다고 결론지을 수 있다. 중요한 이슈가 여전히 알려져 있는 경우 이러한 문제는 종종 일반적인 정치 지식에서 파생된다. 구체적인 세부 사항은 거의 항상 잊힌다. 더 많이 교육받고 정치적으로 더 많은 정보를 보유한 집단이 약간 더 잘 기억하는 경향이 있기는 하지만 이러한 측면에서 두 집단 사이에 극적인 차이는 없다. 이러한 결론은 우리가 텍스트 이해에 관하여 알고 있는 것과 실험실에서 행한 회상 실험의 결과를 입증해 준다. 몇 주가 지나면 독자들은 특히 보편적인 지식에 근거해서 인출 가능하거나 재구성할 수 있는 경우 기껏해야 거시 구조의 최상부 내용만을 기억하는 경향이 있다. 미시 차원의 정보는 더 이상 얻을 수 없다. 2장에서 본 것처럼 신문 뉴스에는 숫자와 이름 같은 세부 사항에 많은 주의를 기울이는 경향이 있으며 그래서 흥미롭다. 한편, 뉴스 담화에서 가장 중요하게 다루어지는 것인 헤드라인과 머리글의 정보는 즉각적인 회상과 지연된 회상에서 모두 가장 잘 기억되는 경향이 있다. (순항 미사일의 설치를 찬성하는 사람들의 비율과 같이) 즉각적인 회상에서 매우 잘 기억되지만 뉴스 아이템에서 낮은 관련성을 지닌 어떤 아이템은 이후의 회상에서는 더 이상 얻을 수 없다. 이는 기억 속의 뉴스 담화의 전체적인 거시 구조적 상부 구조적 (관련성) 구성은 정보의 장기 기억에 영향을 끼치는 경향이 있다는 잘 알려진 실험실 결과를 입증한다. 이는 뉴스 아이템 자체의 표상에 대한 접근에 의하여, 혹은 상황 모형에서 해당 아이템의 통합된 정보에 의하여, 혹은 2가지 모두에 의하여 설명될 수 있다. 연구의 정확한 절차가 무엇이든지 간에 뉴스 담화의 전체적인 구성은 뉴스 정보의 기억량과 높은 상관관계를 갖는다고 결론지을 수 있다. 뉴스 담화에서 관련성이 있다고 나타나는 것은 독자에게 가장 잘 기억된다. 이는 이러한 정보를 구조적으로 구성한 (거시 혹은 상부) 결과이거나 독자와 저널리스트 간에 공유된 가치와 관련성의 범주에 의한 결과 혹은 2가지 모두의 결과일 수 있다. 끝으로, 우리는 뉴스에 대한 기억은 표상, 사용, 보편적인 사회적·정치적 지식의 업데이트와 복잡하게 얽혀 있다는 것을 알게 되었다. 보통의 독자에게 있어서 그런 지식은 매우 발달되고 복잡한 것처럼 보이지 않고 헤드라인 유형이 오히려 그러하다. 독자의 3분의 1이나 4분의 1만이 나미비아 기사의 경우처럼 원칙적으로 최신의 정치적 지식에서 도출될 수 있는 구체적인 질문에 답할 수 있다. 사회적·정치적 지식과 신념이 어떻게 읽기, 독해, 해석, 표상, 지식 통합, 인출 및 다른 뉴스 정보의 사용이나 적용에 영향을 주는지는 추가적인 실험 연구를 통해서만 밝힐 수 있는 문제이다.

## 다른 미디어의 영향

월요일자 신문을 우리의 현장 연구에 사용하였지만 기사 중의 일부 이슈는 주말 동안 어쨌든 다른 미디어, 특히 라디오와 TV에서도 보도 되었다. 이는 독자 중의 일부는 어쨌든 언론에 의해 전달된 정보의 일부를 알게 되었다는 것을 의미한다. 그리고 이는 물론 독자들이 이러한 정보를 기억하는 데 (대체로는 긍정적으로, 그러나 때로는 부정적으로) 영향을 주었을 것이다. 다른 미디어 정보원에 관한 데이터는 Hermans(1984)에서 수집하고 분석한 바 있다.

그래서 인터뷰를 하는 동안 대부분의 독자들에게 이 뉴스에 대하여 주말 동안 다른 미디어에서 보거나 들은 적이 있는지 물었다(15명에게는 묻지 않았는데 이들 중 2명은 자발적으로 다른 미디어에 대하여 말했다). 나미비아 기사는 다른 미디어 정보에서 거의 기억되지 않았지만(드 폴크스크란트 독자 1명과 드 텔레그라프 독자 2명) 이는 4개의 기사에 모두 해당하는 것으로 나타났다. 대부분의 정보는 TV에서 온다(7명의 실험 참가자는 라디오에서 들었고 2명은 라디오와 TV에서 모두 들었다). 각 집단에서 7명의 독자는 TV Ⅲ 뉴스에 대하여 들은 적이 있고, 6명의 드 폴크스크란트 독자와 3명의 드 텔레그라프 독자는 여론 조사에 대하여 들은 적이 있고, 각 집단에서 4명은 축구 뉴스에 대하여 들은 적이 있다. 종합적으로, 다른 미디어에 대한 질문을 받은 약 절반의 독자는 적어도 기사 중 하나에 대하여 TV에서 보았거나 라디오에서 들었다.

다음으로 다른 미디어 정보를 접한 참가자들이 각각의 신문 기사를 더 잘 기억하는지 조사하였다. 63명의 응답자 중 26명이 다른 미디어를 지명하였고 1,039개의 명제 중 533개(51%)를 알고 있었다. 그러나 이들 533개의 명제 중 288개만이 그들이 이전에 보거나 들은 기사에서 왔다. 결과적으로, 다른 미디어 지식이 있는 응답자들은 미디어 미사용자와 비교하여 16% 더 적게 명제를 알고 있다(더 많은 쪽은 69%, 더 적은 쪽은 53%). 그러나 다른 미디어 사용자의 41%가 명제의 51%를 언급했다는 것은 놀랍다. 이 수치에서 우리는 실험 참가자들이 다른 미디어를 통해 들었던 기사라고 해서 월등한 기억력을 보이는 것은 아니라고 잠정적으로 결론지을 수 있었다. 오히려 그들의 전반적인 성과는 훨씬 더 부진하였다. 아마도 이전 정보의 간섭으로 어떤 정보가 신문 기사에 있었던 것인지 어떤 정보가 다른 미디어에서 온 것인지의 구분에 방해가 된 것 같았다. TV를 보거나 라디오를 들은 사람들이 일반적으로 기억률에서 더 낮은 기록을 보였는데 이는 낮은 교육 수준이나 부족한 정치적 지식 때문일 수 있다.

## 실험실 실험

현장 실험의 결과를 잘 통제된 맥락에서 행한 회상 결과와 비교하기 위하여 간단한 회상 실험을 실험실에서 행하였다. 실험 참가자는 학점을 획득하기 위하여 참여한 암스테르담 대학교의 심리학과 학생 42명이다. 두 집단을 모집하여 첫 번째 집단은 드 텔레그라프 몇 장을 복사해서 제공하고 두 번째 집단은 드 폴크스크란트 몇 장을 복사해 주었다. 복사물을 주의 깊게 읽도록 하였는데 평균적으로 12분 정도가 걸렸다. 즉각적으로 그대로 기억하는 것을 방지하고 다른 (대화) 정보를 보충하기 위하여 15분간 휴식한 후 학생들에게 현장 실험에서도 사용된 TV III 기사에 대하여 가능한 한 많이 회상하도록 요청하였다. 가능한 한 가장 자연스러운 읽기 상황을 재현하기 위하여 참가자들은 어떤 기사를 기억하도록 요청받을지 미리 알 수 없었다. 사실상 그들은 과제의 성질을 전혀 알지 못했다. 데이터는 Greep(1984)에서 수집하고 분석하였다.

회상 프로토콜은 원자 명제로 분석되었다. 그리고 두 텍스트에 있는 각각의 명제에 대하여 얼마나 많은 피험자가 해당 명제를 기억하는지 계산하였다. 먼저 두 개의 기사 모두 머리글과 첫 번째 문장이 가장 잘 기억된다는 것이 밝혀졌으며 이는 머리글이나 첫 문장의 거시 구조적 역할과 일치한다. 이러한 거시 정보 외에 제3 TV 채널을 도입한 경제적 효과에 관한 세부 사항이 기억되었다. 이는 잘 알려진 정치인(정부 여당의 의회 부문 지도자)이 신생 TV 채널에 대하여 개인적인 의견을 표출한 정보에 대해서도 마찬가지이다. 일반적으로 기사에서 하위부에 있는 정보는, 특히 (드 텔레그라프에서처럼) 정보가 다음 페이지에 이어지는 부분에 있을 때, 덜 기억되었다. 우리는 제1면이나 안쪽 페이지(연속) 위치가 가진 또 다른 효과와 함께 관련성과 초두 효과를 다시 한 번 확인하였다.

둘째로, 실험실에서의 기사 회상을 현장 상황에서의 기사 회상과 비교하였다. 예상한 대로 보다 통제된 실험실 상황에서 독자들은 신문을 몇 시간 전에 아마도 더 무관심하게 읽은 자연스러운 상황에서의 독자들보다 각각의 명제를 훨씬 더 잘 기억하였다. 평균적으로 드 텔레그라프와 드 폴크스크란트의 독자의 거의 3분의 1이 두 텍스트에 있는 20개의 문장을 기억했다. 반면 자연스러운 상황에서는 드 텔레그라프 기사의 평균 기억률은 19%였고 드 폴크스크란트의 경우 14%였다. 다시 말해서 실험실에서의 기억률이 약 2배 정도 높은 것이다. 이러한 차이는 부분적으로는 실험실의 참가자들이 해당 사건을 이미 읽었을 수 있다는 사실로 설명된다(실험실에서의 실험은 해당 기사가 출판되고 2달 후에 이루어졌다). 실험실에서 잘 기억된 명제가 현장에서도 가장 잘 기억되었다는 것은 흥미롭다. 그러나 이러한 명확한 경향성도 있지만 중요한 변이도 있다. 드 텔레그라프의 경우 몇몇 문장은 현장 상황에서 훨씬 더 잘 기억되었다. 예를 들어 라디오에서 성명을 발표한 정당 정치인의 말이 인용된 경우에 그랬다. 현장 실험 상황에서 독자들은 실제로 라디오 성명을 기억하기도 했다. 실험실과 현장의 또 다른 차이는 문장에 대한 기억률이 실험실 상황에서 여러 기사 사이에 보다 균등하게 나타난다는 점이다. 자연스러운 신문 읽기 상황에서는 마지막 문장이 잊히는 경향이 있는데 실험실에서는 더 잘 기억된다. 이는 아마도 실험실에서 읽기와 회상 사이의 지연 시간이 길지 않은 것으로 인한 최신 효과인 것 같다. 그러나 어쩌면 자연스러운 상황에서는 독자들이 종종 기사의 첫 부분만을 읽는, 그러니까 뉴스를 부분적으로만 읽은 결과일 수도 있다. 그리고 미디어 토론에 참여한 중요한 정치인의 성명과 견해에 관한 정보가 비교적 잘 기억되었다.

## 논의 및 결론

우리가 수행한 2가지 실험은 많은 선행 연구 결과를 입증하며 또한 뉴스 이해와 기억의 성격에 관한 새로운 통찰을 제공한다. 전반적으로 뉴스에 대한 기억률은 자연스러운 읽기 상황에서 매우 낮다. 실험실에서는 평균 3분의 1에 달하는 참가자들이 주의 깊게 읽은 뉴스 아이템의 문장이나 명제를 기억하는 반면 자연스러운 상황에서는 많아야 5분의 1에 해당하는 참가자만이 이 정보를 기억한다. 그러나 실험실에서 잘 기억되는 정보가 현장에서도 잘 기억된다는 것은 뉴스의 표상과 기억에 맥락 의존적인 요소가 있다는 것을 시사한다.

일반적으로, 거시 구조와 상부 구조는 위계에서 높이 위치한 뉴스 정보가 더 잘 기억되는 방식으로 구성되는 것으로 나타났다. 중심 화제 및 관련성이 있다고 보이는 정보가 일반적으로 실험실과 현장에서 모두 가장 잘 기억되었다. 다른 미디어에서 얻은 사전 정보로 인해 더 잘 기억되는 것은 아닌 것으로 나타났다. 반면 그 반대는 어쩌면 간섭으로 인하여 사실일 수 있다는 증거가 있다. 한 달의 지연 후에는 훨씬 더 적은 정보가 기억된다. 그러한 지연 후에는 거의 모든 세부 사항이 인출 가능하지 않았다. 한 달 후에 가장 잘 기억된 정보는 보다 일반적인 정치적 정보에서 도출되거나 단서를 얻은 것이다. 더 많은 교육과 특히 주간지 같은 다른 미디어에서 얻은 더 많은 정치적 정보는 정치적 기사를 기억하는 데 긍정적인 영향을 미치는 경향이 있다. 그러나 대중지 독자와 시사교양지 독자 사이의 전반적인 차이는 급격하지 않다. 지식 획득의 관점에서 보면 언론이 제공하는 뉴스를 바탕으로 상황 모형을 업데이트하는 일은 크지 않다는 것에 최종적으로 주목할 수 있다. 일반적으로 사람들은 각 뉴스 아이템에서 그들의 지역적 혹은 국가적 맥락에서 정치적·사회적 생활의 일상적인 이해에 직접적으로 관련된 몇 가지 명제만을 통합하는 것으로 보인다. 그들은 또 다른 TV 채널이 그들에게 생길 것인지 아닌지(와 그들에게 부가될 비용)에 대한 논의에 대하여 알고 있다. 그리고 그들은 주요 정당과 지도자를 알고 있으며 유권자들 사이에서 누가 인기 있는지 알고 있다. 그러나 장소와 시간에 관한 대부분의 세부 사항뿐만 아니라 많은 이슈, 특히 (나미비아 경우와 같은) 해외 이슈의 원인, 결과, 맥락, 역사는 잊히는 경향이 있다. 다시 말해서 어떤 이슈에 대하여 반복적이고 동시 발생적인 정보만이 기존 상황 모형을 약간 변경하거나 구성할 수 있다. 대체로 하나의 뉴스 스토리에서 한두 개의 중요한 거시 명제만이 저장되어 보다 보편적인 지식 표상(모형)에 통합될 수 있다. 역으로, 우리가 어떤 이슈를 많이 알고 있으면 그 기사에 대하여 더 잘 이해하고 기억하게 된다.

달리 말하면, (미디어가 이용할 수 있는 정보의 아주 작은 조각에 불과하지만) 일간 신문에 담긴 방대한 양의 정보 중에서 단지 적은 양만이 실제로 기억되고 독자의 지식 체계에 통합된다. 명백하게 신문 읽기는 본질적으로 우리의 세계 지식을 영구적으로 업데이트하는 데 도움이 되는 것은 아니며 그보다는 오히려 실제 발생, 사건에 관한 일상적인 대화 등의 호기심을 만족시키는, 보다 직접적인 기능을 수행한다. 이러한 의미에서 신문 읽기는 사회적 정보를 처리하고 배우는 데 매우 효과적인 방법은 아니다. 수천 개의 명제 중 단지 한줌만이 실제로 하루하루 우리의 모형에 통합된다. 물론 실제 기억은 인식한 것보다 적을 수 있다. 우리가 실제 뉴스 정보를 이해하는 데에는 훨씬 많은 사전 정보가 필요할 수 있다. 우리는 실제 정보가 가진 전제를 수동적으로 인식하기만 하면 된다. 우리의 세상 모형을 최소한으로 확장하거나 바꾸는 기반이 될 방대한 양의 구조화되고 반복되고 일관된 정보를 처리하기만 하면 될 것이다. 이 장에서 검토하고 보고한 이론적 연구와 실험적 연구에서 논의되지 않은 많은 세부 내용을 채우기 위하여 실제 뉴스 읽기, 해석, 표상, 인출의 구체적인 내용에 관한 향후 연구가 필요하다. 우리는 여전히 미디어 사용자들이 뉴스에서 얻은 정보를 가지고 실제로 무엇을 하는지에 대하여 거의 아무것도 모른다. 그래서 매스 커뮤니케이션의 효과에 관한 많은 선행 연구들은 미숙하거나 결론이 나지 않은 것처럼 보인다. 이해와 기억의 중심 요소는 아직 대부분 알려져 있지 않다.

# 제5장 결론

## 1. 담화로서의 뉴스

이 책에서 우리는 언론에서 제공하는 뉴스를 담화의 한 특정한 유형으로 다루었다. 매스 커뮤니케이션 연구는 조사의 중심 대상인 미디어의 메시지 자체에 대하여 최소한의 주의만을 기울여 왔다. 연구는 대개 표면적인 범주의 전통적인 내용 분석을 따랐으며 질적 관점보다는 양적 관점에서 이루어졌다. 1장에서 간략하게 검토한 바와 같이 지난 10년 간 뉴스에 관하여 수행된 연구는 뉴스 제작과 뉴스 기관의 미시 사회학과 거시 사회학에 대한 흥미로운 통찰을 제공하는 것으로 보이나 비교적 임시적이거나 직관적인 방식으로만 뉴스 텍스트에 초점을 두었다. 우리는 뉴스 사건 혹은 사건을 설명하고 구성하는 많은 취재원 텍스트가 어떻게 실제로 우리가 신문에서 읽거나 TV

에서 보는 뉴스로 가공되는지보다 뉴스 제작의 일상적 구조, 뉴스를 수집하는 기자의 업무, 뉴스 생산의 사회 경제적 제약에 대하여 알고 있다. 우리는 미디어 사용자가 어떻게 뉴스 텍스트에서 정보를 선택하고 읽고 이해하고 기억하고 재생산하는지에 대하여 정확하게 알지 못한다. 그러나 최근 특히 유럽에서는 뉴스 텍스트의 언어학적, 기호학적, 문화적, 이데올로기적 분석에 대한 관심이 증가하고 있다. 담화 분석적 접근은 이러한 발전을 구체화하고 나아가 통합하고 확장한다. 담화 분석의 이러한 새로운 학문 분과 간의 협력으로 우리는 이제 미디어 텍스트를 연구하고 보다 명시적이고 체계적이고 흥미로운 방식으로 말할 수 있다. 보다 거시적인 사회경제적 문화적 틀에서 이러한 분석은 미디어 담화, 즉 뉴스를 사회적·제도적 실천의 특정한 형태로 해석한다. 뉴스 생산과 이해의 담론적 실천은 이론적으로 2가지 중요한 구성 요소, 즉 텍스트적 구성 요소와 맥락적 구성 요소로 분석될 수 있다. 텍스트적 구성 요소는 뉴스 담화의 다양한 구조를 다양한 차원에서 체계적으로 분석한다. 맥락적 구성 요소는 텍스트 구조의 인지적 사회적 요소, 상황, 제약, 결과를 분석하고 간접적으로는 텍스트 구조의 경제적, 문화적, 역사적 내포를 분석한다.

가장 최근의 연구에서는 뉴스의 사회경제학적 맥락에 초점을 두었으므로 이 책에서는 텍스트와 사회경제학적 맥락, 즉 뉴스 제작자와 독자가 실제로 뉴스 사건을 표상하고 뉴스 텍스트를 쓰거나 읽고 다양한 취재원을 처리하고 의사소통 사건에 참여하는 방법 사이의 사회인지적 지점을 연구한다. 텍스트 구조와 인지적 처리 과정에 관한 상세한 설명이 없다면 우리는 뉴스가 실제로 어떻게 만들어지는지, 왜 그러한 특징적인 구조를 갖는지, 독자들은 신문에서 얻은 정보를 가지고 무엇을 하는지 설명할 수 없다. 만약 우리가 저널리스트를 다른 사회적 행위자와 기관을 다루는 사회적 행위자로서 연구한다면 우리는 단지 뉴스 제작의 사회적 거시 구조나 미시 구조에 대한 해석만을 얻고 이러한 사회적 실천의 다른 측면, 즉 뉴스 제작자들은 무슨 일이 일어나고 있는지에 대하여 실제로 어떻게 이해하는지와 이러한 이해가 최종적으로 그들이 생산하는 뉴스 텍스트를 어떻게 구성하는지를 무시하게 되는 것이다. 또한 뉴스 가치 이론과 같은 뉴스 이론의 중요한 개념은 뉴스 제작자 및 뉴스 사용자의 사회 인지라는 관점에서 보다 만족스럽게 재구성된다. 뉴스의 이데올로기적 분석은 결정적으로 뉴스와 의사소통 처리 과정의 텍스트적 측면 및 맥락적 측면의 발전에 의존한다. 여기에는 표현과 의사소통을 위한 텍스트 구조와 그들의 사회적 실천에 있어서의 역할, 뉴스 사건의 해석, 뉴스 작성, 미디어 사용자들의 뉴스 이해를 위한 인지적 표상과 전략이 필요하다.

## 2. 뉴스의 텍스트 구조

언론의 뉴스 보도는 미디어 텍스트 유형 중 하나로서 고유한 구조적 분석이 필요하다. 즉, 뉴스 보도에 나타나는 담화의 일반적인 특징과 뉴스 스토리처럼 다른 미디어 텍스트와 구별되도록 하는 보다 특별하거나 특징적인 구조를 명확하게 기술해야 한다.

구조적 분석은 여러 단계와 측면에서 수행된다. 미디어 텍스트는 명백히 언어 사용의 형태로 단어나 단어군, 절, 문장의 언어적·문법적 구조를 드러낸다. 보통의 음운론적(혹은 드물게 문상소적(graphematic)), 형태론적, 통사론적, 의미론적 설명은 이러한 구조에 적절할 수 있다. 이러한 차원에서 변이와 장르 특유의 구조는 역시 뉴스 담화의 문체를 규정한다. 그리고 신조어의 사용, (동사 대신 사용하는) 명사화에 대한 과중한 의존, 문장의 복잡성, (예를 들어 "…라고 대통령은 선언했다"에서처럼 서술문이 후행하는 것과 같은) 단어나 절의 순서는 뉴스 담화의 문법적 문체에서 보이는 구체적인 특징이다. 유사하게 통사론적 구조로도 내재된 이데올로기적 입장을 표현할 수 있다. 예를 들어 엘리트나 권위 있는 집단의 부정적인 행위를 숨기기 위하여 수동 구문을 사용하고 특정한 주어 위치에서 행동주를 삭제한다. 끝으로 어휘 선택은 숨겨진 견해나 이데올로기가 표면화될 수 있는 뉴스 담화의 두드러진 측면이다. "게릴라"나 "자유를 위해 싸우는 투사" 대신 "테러리스트"를 사용하는 전통적인 예는 단지 하나의 예이다. "소요"나 "저항" 대신 "폭동"을 사용하거나 예를 들어 "시위자" 대신 "불량배"를 사용하는 것도 마찬가지이다. 숨겨진 관점이나 암묵적인 견해, 언론에서 부정하는 이데올로기의 대부분은 이러한 기술에 있어서 선택하는 어휘와 사회적 집단과 그 구성원을 동일시하는 데에서 추론이 가능하다.

지금까지 담화 분석은 언어학과 평행을 달렸다. 그러나 뉴스 텍스트는 단순히 고립된 개별적인 단어와 문장 단계에서 특징지어지지 않는다. 뉴스 텍스트는 더 높거나 더 복잡하거나 더 확장된 단계와 부면의 구조를 갖는다. 예를 들어 의미론적으로 문장의 의미(명제)는 상호 의존적이며 서로 연결되어 일관된 연속성을 형성한다. 독자들은 단어와 문장의 의미 외에도 하나의 뉴스 담화를 하나의 일관된 완전체로 이해하기 위하여 기억 속에 표상되는 모형, 틀, 스크립트의 형태로 세계 지식을 가지고 있어야 한다. 상황, 원인, 이유는 문장 사이의 연결에 포함될 수 있으며 당연히 세상 속에서 사건이나 상황이 어떻게 구성되는지에 대한 지식이나 신념을 전제로 한다. 따라서 단순히 때문에(because)를 사용하는 것은 뉴스에서 기술하는 사회적이거나 정치적인 세상에 관한 많은 가정을 위반할 수 있다. 저널리스트들이 종종 그들이 기술하는 취재원이나 사건에서 이데올로기가 드러나는 것을 피하기 위하여 때문에(because) 대신 보다 중립적인 동안(while)을 사용한다는 것은 놀랍지 않다.

이러한 의미론적 설명은 여전히 비교적 국지적인 차원에서 이루어지만 우리는 뉴스 담화의 전반적이고 전체적인 의미 역시 분석한다. 의미론적 거시 구조라는 개념은 뉴스 보도에서 다루는 화제나 주제에 대한 친숙한 개념을 명확하게 하기 위하여 사용되었다. 거시 구조와 그 기반이 되는 인지적 처리 과정은 뉴스 보도와 생산 및 이해에 매우 중요하며 뉴스 보도의 요점이나 결말, 혹은 가장 중요한 정보를 규정한다. 뉴스 보도에서는 헤드라인과 머리글처럼 어떤 다른 유형의 텍스트에서보다 거시 구조가 더욱 뚜렷하게 드러난다. 거시 구조는 또한 세계 지식, 견해, 태도(결국, 중요한 것은 이데올로기적으로 묶여 있다)에 기대어 있기 때문에 거시 구조와 예를 들어 헤드라인에서와 같은 그 표현은 주관적이고 편향되어 있을 수 있다. 추론이나 축소와 같은 거시 구조 규칙의 관점에서 뉴스 보도의 주제 구조에 대한 명시적 분석은 예를 들어 하위 수준의 화제가 중심 화제로 상향되고 심지어 헤드라인에 표현되거나 그 반대일 때 우리로 하여금 그러한 편향에 대한 평가를 가능하게 한다. 다시 말하자면 어떤 뉴스 보도의 주제 거시 구조에서 주어진 상황에 대한 정의는 선언적 정의와 크게 다를 수 있다. 즉, 거시 구조는 뉴스 생산의 제약과 조건에 체계적으로 관여하는 것이다. 뉴스 사건의 요점은 뉴스가 제작되는 모든 곳에서 드러난다. 간략하게 살펴보자.

(문장의 의미를 조직하기 위하여 통사론이 필요한 것처럼) 전체적인 의

미나 내용(화제)에도 관습적이거나 표준적인 형태가 요구된다. 따라서 다양한 유형의 텍스트나 진술에 대하여 각각의 문화에는 담화나 의사소통 사건을 구성하는 고유의 전체적 범주와 규칙이 있다. 가장 잘 알려진 예로는 이야기가 지닌 관습적인 구조(배경, 갈등, 문제 해결 등) 혹은 논쟁이 지닌 구조(전제, 결론)가 있다. 뉴스 담화와 같이 기관 내에서 자주 나타나거나 일상적으로 처리되는 텍스트에는 종종 표준적인 패턴이 있다. 그에 따라 우리는 뉴스 보도에서 정보의 다양한 기능을 제공하는 일반적인 범주를 특징으로 하는 뉴스 도식의 개념을 소개한 바 있다. 예를 들어 요약(헤드라인과 머리글), 중심 사건, 배경(맥락과 역사), 결론(결과적인 사건이나 행위, 구두 반응), 논평(평가와 예측) 등이다. 이러한 범주 중 일부(요약과 중심 사건)는 필수적인 반면 다른 것들은 선택적이다. 뉴스 보도의 전체적인 내용(주제, 거시 구조)을 구성하는 것과 별개로 뉴스 생산과 뉴스 이해 및 기억에는 인지적 기능과 사회적 기능이 있다. 예를 들어 저널리스트는 어떤 중요한 뉴스 사건의 배경을 명시적으로 조사할 수 있으며 전화, 즉 어떤 중요한 뉴스 행위자의 구두 반응을 명시적으로 요청하거나 선택할 수 있다.

뉴스의 거시 구조와 상부 구조는 모두 불연속적인 분할 구조를 특징으로 한다. 화제와 그 도식 범주는 뉴스 텍스트 전반에 걸쳐 단계별로 실현된다. 일반적인 원리는 관련성의 원리이다. 관련성이 가장 높은 정보가 (하향식으로) 먼저 나오고 다음 하위 수준으로 이어지고 끝으로 각 도식 범주의 세부 사항이 (요약에서, 중심 사건에 의해, 배경을 통해 논평으로) 이어진다. 그에 따라 어떤 중요한 구두 반응은 중심 사건의 덜 중요한 세부 사항 이전에 나타날 수 있다. 이러한 관련성 구조는 훑어보기와 같은 뉴스 읽기의 특징과 더불어 뉴스 생산 전략 및 뉴스 사건에 대하여 저널리스트가 가지고 있는 모형 등과 복잡하게 관련되어 있다.

끝으로, 뉴스 구조는 다양한 단계에서 어떤 수사학적 측면을 특징으로 한다. 더 눈에 띄고 그에 따라 더 잘 기억되고 효과적일 수 있도록 하기 위하여 특별한 구조나 구성 원리(본체, 치환, 삭제, 첨가)가 소리, 어순, 의미 등에 작용할 수 있다. 뉴스 담화는 원칙적으로든 의도적으로든 설득적이지 않은 것으로 보이지만 보다 간접적인 의미에서 설득적인 측면을 가지고 있기도 하다. 뉴스 담화에서 어떤 입장이나 견해를 찬성하지 않는다고 해도 뉴스 담화에는 사회적으로, 즉 이데올로기적으로 내재된 개념에 의하여 확실히 어떤 입장이나 견해가 전제된다. 그러나 전문적으로 말하더라도 뉴스 보도는 신뢰성을 나타내야 하므로 진실성에 대한 요구를 드러내야 한다. 따라서 뉴스의 중요한 수사학적 측면은 특징적으로 정밀함이나 정확성을 드러냄으로써 숫자 게임을 하는 것이다. 뉴스 보도에서 그러한 숫자는 학술 간행물의 통계 수치처럼 수사학적 효과를 증대시킨다.

뉴스 담화의 몇몇 구조적 원리를 요약하면 우리는 뉴스 구조 그 자체에 주목해야 하기는 하지만 단순히 관심이 있는 것이 아니다. 그보다는 우리는 생산과 이해의 맥락과 관련하여 그 구조를 분석한다. 우리는 예를 들어 내재된 지식이나 신념, 태도, 이데올로기의 표현에서 혹은 뉴스 제작의 특정한 제약의 결과로서 드러나는 구체적인 기능을 알기를 원한다. 이와 유사하게 그러한 구조가 명확해지면 우리는 또한 독자들이 뉴스 정보를 해석하고 기억하고 재생산하는 데 필요한 전략과 표상에 대하여 더욱 많이 알게 될 것이다.

## 3. 생산

뉴스 제작은 주로 뉴스 편집실, 회의, 보도 영역, 많은 뉴스 수집 맥락 등의 배경이나 상황에서 저널리스트의 활동 혹은 상호작용의 관점에서 규정되는 제도적 실천이다. 이러한 활동의 거시 구조적 목적이나 제도적 안착과 더불어 그러한 일과와 제약은 많은 주목을 받아 온 반면 뉴스 생산의 몇 가지 중요한 요소들은 상당 부분 무시되어 왔다. 담화 분석적 관점에서 이는 무엇보다도 뉴스 생산의 대부분의 단계에서 텍스트와 진술의 처리 과정이 포함된다는 것을 의미한다. 저널리스트들은 사건을 거의 목격하지 못한다고 주장되었다. 저널리스트들은 그보다는 통신사, 목격자의 보고, 다른 미디어의 메시지, 문서, 인터뷰, 보도 자료와 기자 회견, 보고, 진술, 회의 및 많은 다양한 형태의 담화 등을 통해 그러한 사건의 부호화된 버전을 얻는다. 이 중 일부는 고위 관료의 성명과 같이 그 자체가 뉴스 사건을 구성하기도 한다.

뉴스를 작성하는 과정에서 뉴스 사건의 재구성과 재생산은 이러한 과정에 내재되는 인지 전략과 표상과 더불어 매우 복잡한 형태의 텍스트 처리 과정을 수반한다. 그래서 우리는 한 현장 연구에서 저널리스트들은 뉴스 수집과 뉴스 작성에 이러한 다양한 유형의 텍스트를 어떻게 사용하는지, 이러한 텍스트 중 어떤 정보가 거론되는지, 그러한 정보가 어떻게 최종 뉴스 보도의 구조와 내용으로 변환되는지 등을 상세하게 관찰하였다.

이러한 설명은 텍스트와 정보 처리에 관한 심리학에서 최신 이론의 관점에서 이루어지는데 이는 이해의 과정을 설명하는 데에도 사용된다. 생산 과정에 있어서 얼마나 많은 양의 취재원 텍스트와 진술이 다루어진 후 하나의 비교적 짧은 뉴스 보도로 변환될 수 있는지 분석하는 것은 중요하다. 이러한 과정에서 거시 구조라는 개념은 메모를 하고 인터뷰 질문을 하는 데에서 최종 보도의 머리글을 구성하는 데까지 뉴스 제작의 모든 단계에서 요약이 가지는 중요한 역할을 명확하게 하므로 중요하다.

저널리스트들은 다양한 취재원 텍스트의 정신적 표상 외에도 소위 상황 모형, 즉 이러한 취재원 텍스트가 무엇에 관한 것인지에 대한 사건적(주관적) 지식 구조라는 것을 구축한다. 그러한 모형의 구성 역시 보편적인 태도와 이데올로기에 의하여 그리고 더 많은 지식 스크립트에 의하여 조성된다. 다시 말해서 모형은 의사소통 참여자들(독자뿐만 아니라 저널리스트)이 뉴스 사건과 상황을 이해하는 데 사용하는 매우 중요한 인지적 표상이다. 저널리스트가 뉴스 보도를 통해 독자에게 전달하기 원하는 것도 이 모형이다. 그리고 이 뉴스 보도의 구조는 의도한 모형이 효과적으로 전달되도록 구성된다. 모형의 위계에서 상위에 있는 것은 뉴스 텍스트의 구조적 위계에서도 상위, 즉 헤드라인이나 머리글에서 나타난다.

뉴스 제작에 대한 담화적이며 인지적인 접근을 통해 우리는 또한 뉴스 가치의 구조와 전략 및 일반적으로 전문적이고 사회적인 이데올로기의 역할을 상세히 설명할 수 있다. 어떻게 그러한 이데올로기나 가치 혹은 규범이 실제로 뉴스 사건의 해석이나 취재원 텍스트의 해석을 감독하는지 그리고 어떻게 실제로 저널리스트의 뉴스 생산을 지도하는지가 이제 학제적 접근을 통해 명확해질 수 있다.

# 4. 이해

독자가 뉴스 보도를 이해하는 과정에 대해서도 비슷한 설명이 적용된다. 앞서와 마찬가지로 우리는 매스 커뮤니케이션 연구의 전통적인 질문, 즉 뉴스의 효과에 관한 질문에 초점을 두지 않으며 핵심적인 조건, 해석, 표상에 대하여 더욱 상세하게 살펴본다. 지식, 신념, 태도의 변환은 훨씬 더 복잡하며 전통적으로 효과 연구에서 제시하는 것보다 더 많이 복잡한 인지적 분석을 요구한다.

뉴스 이해에 관한 최근의 연구를 검토하자 사람들은 특히 긴 시간이 지연된 후에는 사실상 언론이나 TV 뉴스를 아주 적게 기억한다는 것이 드러났다. 이는 우리가 뉴스 기억 유지와 관련하여 수행한 현장 연구에서도 나타난다. 일반적으로 독자들은 우리가 뉴스의 거시 구조라고 칭한 것을 기억한다. 그리고 시간이 지나면 이것들도 일반 지식 구조에 통합된다. 사실, 앞에서 언급한 것처럼 독자들이 하는 것은 뉴스 보도를 기억하는 것이 아니라 새로운 모형을 구성하고 어떤 뉴스 보도가 묘사하는 상황의 이전 모형을 업데이트하는 것이다. 따라서 회상은 그러한 모형을 부분적으로 인출하며 이루어진다. 그리고 보다 일반적인 지식이나 태도의 변화는 독자의 개인적이고 집단에 근거한 신념과 견해가 모두 나타나는, 그러한 모형의 일반화와 탈맥락화의 관점에서 설명될 수 있다. 독자의 일반적 지식 스크립트나 태도 도식뿐만 아니라 이러한 모형의 표준 도식 구조에 맞는 뉴스가 가장 잘 기억되는 경향이 있다. 사실, 실험 결과는 사람들은 이미 알고 있는 것, 즉 이전 모형에서 인출한 정보 혹은 단순히 그런 모형에 잘 맞는 정보를 가장 잘 기억한다는 것을 입증해 준다. 또한 범죄나 재난, 분쟁과 같이 감정적으로 두드러지는 사건은 특히 그 사건들이

(흑인들은 범죄에 가담한다고 가정하는 것과 같이) 기존의(전형적인, 편향적인) 신념이나 태도 도식에 부합할 때 잘 기억되는 경향이 있다.

우리는 뉴스의 이해와 표상에 중점을 두었지만 이러한 인지적 절차는 또한 지식과 신념 및 견해의 변환 과정, 그러니까 미디어 뉴스 효과의 중요한 구성 요소에 관한 그럴 듯한 가정을 허용한다. 만약 우리가 사람들이 어떤 정보를 가장 잘 효과적으로 인지하고 표상하고 오랜 시간 후에도 인출할 수 있는지를 알게 된다면 우리는 보다 보편적인 지식과 태도에 속하는 정보 중 어떤 정보가 사용되는지 알 수 있다.

## 최종 논의

이 책은 새로운 학제 간 연구적인 관점에서 뉴스의 담화 구조 및 생산과 해석에 대한 사회 인지에 초점을 맞추어 뉴스 이론의 윤곽을 그리고 있다. 이러한 관점에서 이 책은 뉴스에 관한 거시 사회적, 문화적, 역사적, 경제적 하위 이론을 포함하는 비교적 일반적인 이론에 기여하며 그 이론을 확장한다. 그러나 우리의 접근은 기존 접근에 대하여 단순히 추가적인 것이 아니다. 우리의 접근은 뉴스 분석에 대한 미시적 차원과 거시적 차원 사이 및 미디어 텍스트와 맥락 사이에 다리를 놓는 것이다. 뉴스 보도의 복잡한 구조가 어떻게 뉴스 제작 및 독자의 이해에 작용하는 인지적 처리 과정과 체계적으로 연결되는지 보여 주었다. 동시에 이들 구조는 인지적 접촉면을 통해서 뉴스 제작자와 그들의 집단 이데올로기, 뉴스 미디어의 제도적 제약에 연결될 수 있었다. 역으로 이는 우리가 사회 구조나 역사, 문화라는 거시적 측면이 뉴스 담화와 그 처리 과정의 미시적 단계에서 어떻게 규정되고 해석되는지를 간략하게 설명했다는 것을 의미한다.

우리의 접근은 이데올로기가 어떻게 뉴스 생산과 이해에 내재되어 있는 인지적 표상에 연관되는지를 보여 준다. 이로써 우리는 동시에 뉴스 미디어의 중요한 재생산 기능에 대하여 설명이 가능해진다. 뉴스 미디어는 문화적 재생산의 형태에서 부분적으로 자율적이고 부분적으로 의존적이며 보다 포괄적인 사회 구조와 이데올로기에 의하여 검열되지만 (예를 들어 엘리트 행위자와 취재원 혹은 이해 가능하고 이데올로기적으로 일치하는 사건을 선택하고 주목함으로써) 뉴스 제작의 일상적 업무와 보도의 관습적 구조에 그러한 구조와 이데올로기를 포함한다. 대중적 담화의 중심적인 조달자로서 뉴스 미디어는 대중적 화제와 논의를 위한 의제 이상의 것을 제공한다. 우리는 뉴스를 이해한다는 것이 독자들의 동일한 모형 채택을 함축하는 것은 아니라는 것을 알게 되었다. 결과적으로 미디어의 영향은 보다 간접적이고 보다 구조적이다. 뉴스 보도가 필수적으로 독자의 구체적인 의견을 규정하는 것은 아니다. 그보다는 뉴스 보도는 그러한 모형을 이해할 수 있게 하는 지배적인 지식과 태도 구조를 제공하고 사회 사건의 사회적, 정치적, 문화적, 경제적 모형의 보편적인 윤곽을 제공하는 대중적 담화의 주된 형태이다. 뉴스 보도의 구조는 여타의 목적, 규범, 가치, 이데올로기가 뉴스 사건에 대한 반대의 해석을 제공하는 데 사용되는 틀보다 많은 단계에서 독자들이 해석의 틀을 개발하도록 한다.

이 연구에서는 단지 개요만을 제공하기 때문에 이론의 거시 구조와 미시 구조적 세부 사항에는 많은 이론적 연구와 경험적 연구가 필요하다. 예를 들어 우리는 여전히 뉴스 보도의 문체와 수사학에 대하여 아는 것이 거의 없다. 아직까지는 뉴스 보도의 실제 작성 과정에 대한 통찰이 없으며 사람들이 신문을 어떻게 읽는지 정확하게 알지 못한다. 사회 구조(계급, 성별, 민족, 권력, 엘리트 집단, 기관 등)와 같은 거시적 측면이 어떻게 뉴스 제작의 사회적 실천, 뉴스 참여자(저널리스트, 독자)의 사회 인지, 그리고 결국 뉴스 텍스트 자체의 담화 구조에 연결되는지 설명하기 위하여 우리의 이론을 구체화하는 일반적인 틀에도 더 많이 주목할 필요가 있다. 많은 미시 구조가 아직 확인되어야 하고 이론의 거시 구조에서 일부가 다른 이론에 연결되어야 하지만 우리는 이 연구가 뉴스와 미디어 담화에 관한 앞으로의 연구에 명확한 구상을 제공했기를 희망한다.

참고문헌

Abel, E. (Ed.). (1981). *What's news: The media in American society*. San Francisco: Institute for Contemporary Studies.

Abelson, R. P. (1976). Script processing in attitude formation and decision making. In J. S. Carroll & J. W. Payne (Eds.), *Cognition and social behavior* (pp. 13–46). Hillsdale, NJ: Lawrence Erlbaum Associates.

Allport, G. W., & Postman, L. (1947). *The psychology of rumor*. New York: Holt, Rinehart & Winston.

Altheide, D. L. (1974). *Creating reality. How TV news distorts reality*. Beverly Hills, CA: Sage.

Anderson, A. R., Belnap, N. D., Jr. (1975). *Entailment. The logic of relevance and necessity*. Princeton, NJ: Princeton University Press.

Anderson, R. C., & Pichert, J. W. (1978). Recall of previously unrecallable information following a shift in perspective. *Journal of Verbal Learning and Verbal Behavior, 17*, 1–12.

Atkinson, J. M., & Heritage, J. C. (Eds.). (1984). Structures of social action. Cambridge: Cambridge University Press.

Atwood, L. E. (1970). How newsmen and readers perceive each others' story preferences. *Journalism Quarterly, 47*, 296–302.

Atwood, L. E., & Grotta, G. L. (1973). Socialization of news values in beginning reporters. *Journalism Quarterly, 50*, 759–761.

Auclair, G. (1970). *Le mana quotidien. Structures et fonctions de la chronique des faits divers*. Paris: Anthropos.

Bagdikian, B. H. (1971). *The information machines*. New York: Harper & Row.

Bagdikian, B. H. (1983). *The media monopoly*. Boston: Beacon Press.

Baker, B. (1981). *Newsthinking. The secret of great newswriting*. Cincinnati: Writer's Digest Books.

Barrett, M. (1978). *Rich news, poor news.* New York: Crowell.

Barthes, R. (1957). *Mythologies.* Paris: Seuil.

Barthes, R. (1966). Introduction à l'analyse structurale des récits. *Communications, 8,* 1–27.

Barthes, R. (1970). L'ancienne rhétorique: aide-mémoire. *Communications, 16,* 172–229.

Bartlett, F. C. (1932). *Remembering.* London: Cambridge University Press.

Bauman, R., & Sherzer, J. (Eds.). (1974). *Explorations in the ethnography of speaking.* London: Cambridge University Press.

Bechmann, R., Bischoff, J., Maldaner, K., & Loop, L. (1979). *BILD. Ideologie als Ware.* Hamburg: VSA Verlag.

Bentele, G. (Ed.). (1981). *Semiotik und Massenmedien.* Munich: Oelschläger.

Black, J. B., & Wilensky, R. (1979). An evaluation of story grammars. *Cognitive Science, 3,* 213–229.

Bower, G. H. (1974). Selective facilitation and interference in retention of prose. Journal of Educational Psychology, 66, 1–8.

Bower, G. H. (1980). Mood and memory. *American Psychologist, 36,* 129–148.

Bower, G. H., Black, J. B., & Turner, T. J. (1979). Scripts in memory for text. *Cognitive Psychology, 11,* 177–220.

Breed, W. (1955). Social control in the newsroom. Social Forces, 33, 326–335.

Breed, W. (1956). Analyzing news: Some questions for research. *Journalism Quarterly, 33,* 467–477.

Brewer, W. F. (1982). Stories are to entertain. A structural-affect theory of stories. *Journal of Pragmatics, 6,* 473–486.

Carbonell, Jr., J. (1979). Subjective understanding. Unpublished doctoral dissertation. Yale University: Department of Computer Science.

Chabrol, C. (1973). *La logique du récit.* Paris: Seuil.

Charniak, E. (1972). Toward a model of children's story comprehension. Unpublished doctoral dissertation. MIT.

Chatman, S. (Ed.). (1971). *Literary style: A symposium.* London: Oxford University Press.

Chibnall, S. (1977). *Law-and-order news. An analysis of crime reporting in the British press.* London: Tavistock.

Chomsky, N. (1981). *Radical priorities.* Edited by C. P. Otero. Montreal: Black Rose Books.

Cicourel, A. V. (1973). *Cognitive sociology.* Harmondsworth: Penguin Books.

Cirino, R. (1971). *Don't blame the people.* New York: Random House. Vintage Books.

Clark, H., & Clark, E. (1977). *The psychology of language.* New York: Holt, Rinehart & Winston.

Claver, H. (1984). Verslag delayed recall onderzoekje (Report on delayed recall research). Unpublished manuscript. University of Amsterdam, Section of Discourse Studies.

Coerts, J. A., & Vermeulen, A. (1984). Strukturen van nieuwsteksten. Een vergelijking tussen kranteberichten en telexberichten (Structures of news texts. A comparison of newspaper reports and wire reports). Unpublished manuscript. University of Amsterdam, Section of Discourse Studies.

Cohen, S. (1980). *Folk devils and moral panics* (2nd ed.). Oxford: Robertson.

Cohen, S., & Young, J. (Eds.). (1981). *The manufacture of news. Deviance, social problems and the mass media* (2nd rev. ed.). London: Constable/Sage.

Communications 4. (1964). *Recherches sémiologiques.* Paris: Seuil.

Communications 8. (1966). *Analyse structurale du récit.* Paris: Seuil.

Connell, I. (1980). Television news and the social contract. In: S. Hall, D. Lowe, & P. Willis, et al., (Eds.) *Culture, media, language* (pp. 139–156). London: Hutchinson.

Corbett, E. P. J. (1971). *Classical rhetoric for the modern student.* New York: Oxford University Press.

Coulthard, M. (1977). *Introduction to discourse analysis.* London: Longman.

Cronkhite, G., & Liska, J. R. (1980). The judgment of communicant acceptability. In: M. E. Roloff & G. R. Miller (Eds.), *Persuasion* (pp. 101–140). Beverly Hills, CA: Sage.

Crystal, D., & Davy, D. (1969). *Investigating English style*. London: Longman.

Culler, J. (1975). *Structuralist poetics*. London: Routledge & Kegan Paul.

Culler, J. (1983). *On deconstruction*. Ithaca, NY: Cornell University Press.

Danet, B. (1980). Language in the legal process. *Law and Society Review, 14,* 445–565.

Danet, B. (Ed.). (1984). Legal discourse. Text 4, nrs. 1/3. Special issue.

Davis, H., & Walton, P. (Eds.). (1983). *Language, image, media*. Oxford: Blackwell.

de Beaugrande, R. (1980). *Text, discourse and process*. Norwood, NJ: Ablex.

de Beaugrande, R. (1984). *Text production*. Hillsdale, NJ: Lawrence Erlbaum Associates.

de Beaugrande, R., & Dressler, W. U. (1981). *Introduction to text linguistics*. London: Longman.

De Bie, S. (1984a). Samenvatten als onderdeel van het produktieproces van nieuws (Summarizing as a component of the news production process). Unpublished manuscript. University of Amsterdam, Section of Discourse Studies.

De Bie, S. (1984b). Weinig nieuws. Een analyse van wat mensen onthouden van krantenniews (Little news. An analysis of what people remember of newspaper news). Unpublished manuscript. University of Amsterdam, Section of Discourse Studies. Student paper.

Dennis, E., & Ismach, A. (1981). *Reporting processes and practices: newswriting for today's readers*. Belmont, CA: Wadsworth.

Diamond, E. (1978). *Good news, bad news*. Cambridge, Mass.: MIT Press.

Diddens, B. (1984). Het onthouden van nieuws (Remembering the news). Unpublished manuscript. University of Amsterdam, Section of Discourse Studies.

Dik, S. C. (1978). *Functional Grammar*. Amsterdam: North Holland.

Downing, J. (1980). *The media machine*. London: Pluto Press.

Dowty, D. R., Wall, R. E., & Peters, S. (1981). *Introduction to Montague grammars*. Dordrecht: Reidel.

Dressler, W. U. (1972). *Einführung in die Textlinguistik*. Tübingen: Niemeyer.

Enkvist, N.–E. (1973). *Linguistic stylistics*. The Hague: Mouton.

Epstein, E. J. (1973). *News from nowhere*. New York: Random House. Vintage Books.

Epstein, E. J. (1975). *Between fact and fiction: The problem of journalism*. New York: Random House. Vintage Books.

Erlich, V. (1965). *Russian formalism*. The Hague: Mouton.

Fillmore, C. J. (1968). The case for case. In E. Bach & R. T. Harms (Eds.), *Universals in linguistic theory* (pp. 1–88). New York: Holt, Rinehart & Winston.

Findahl, O., & Höijer, B. (1973). *An analysis of errors in the recollection of a news program*. Stockholm: Sveriges Radio/PUB.

Findahl, O., & Höijer, B. (1975). Effect of additional verbal information on retention of a radio news program. *Journalism Quarterly, 52,* 493–498.

Findahl, O., & Höijer, B. (1976). *Fragments of reality. An experiment with news and TV-visuals*. Stockholm: Sveriges Radio/PUB.

Findahl, O., & Höijer, B. (1981a). Media content and human comprehension. In K. E. Rosengren (Ed.), *Advances in content analysis* (pp. 111–132). Beverly Hills, Ca: Sage.

Findahl, O., & Höijer, B. (1981b). Studies of news from the perspective of human comprehension. In G. C. Wilhoit & H. de Bock (Eds.), *Mass communication review yearbook* (Vol. 2) (pp. 393–403). Beverly Hills, CA: Sage.

Findahl, O., & Höijer, B. (1984). *Begriplighetsanalys*. Stockholm: Studentlitteratur.

Fishman, M. (1980). *Manufacturing the news*. Austin, TX: University of Texas Press.

Fiske, S. & Taylor, S. (1984). *Social cognition*. Reading, MA: Addison-Wesley.

Flammer, A., & Kintsch, W. (Eds.). (1982). *Discourse processing*. Amsterdam: North Holland.

Forgas, J. P. (Ed.). (1981). *Social cognition. Perspectives on everyday understanding.* London: Academic Press.

Fowler, R., Hodge, B., Kress, G., & Trew, T. (1979). *Language and control.* London: Routledge & Kegan Paul.

Freedle, R. O., & Carroll, J. B. (Eds.). (1972). *Language comprehension and the acquisition of knowledge.* New York: Holt, Rinehart & Winston.

Freeman, D. C. (Ed.). (1981). *Essays in modern stylistics.* London: Methuen.

Galtung, J. & Ruge, M. H. (1965). The structure of foreign news. *Journal of Peace Research, 2,* 64–91.

Gans, H. (1979). *Deciding what's news.* New York: Pantheon Books.

Garfinkel, H. (1967). *Studies in ethnomethodology.* Englewood Cliffs, NJ: Prentice-Hall.

Garst, R. E., & Bernstein, T. M. (1982). *Headlines and deadlines* (4th ed.). New York: Columbia University Press.

Givón, T. (Ed.). (1979). *Discourse and syntax* (Vol. 12) Syntax and semantics. New York: Academic Press.

Glasgow University Media Group. (1976). *Bad news.* London: Routledge & Kegan Paul.

Glasgow University Media Group. (1980). *More bad news.* London: Routledge & Kegan Paul.

Glasgow University Media Group. (1982). *Really bad news.* London: Writers and Readers.

Golding, P., & Elliott, P. (1979). *Making the news.* London: Longman.

Gormley, W. J., Jr. (1975). Newspaper agendas and political elites. *Journalism Quarterly, 52,* 304–308.

Graber, D. A. (1984). *Processing the news. How people tame the information tide.* New York: Longman.

Graesser, A. C. (1981). *Prose comprehension beyond the word.* New York: Springer-Verlag.

Green, G. M. (1979). *Organization, goals, and comprehensibility in narratives: Newswriting, a case study* (Technical Report No. 132). University of Illinois: Center for the study of reading.

Greep, K. (1984). Een experiment met betrekking tot krantelezen (An experiment on newspaper reading). Unpublished manuscript. University of Amsterdam, Section of Discourse Studies.

Greimas, A. (1966). *Sémantique structurale.* Paris: Larousse.

Grice, H. P. (1975). Logic and conversation. In P. Cole & J. L. Morgan (Eds.), *Syntax and semantics 3: Speech acts.* New York: Academic Press.

Gritti, J. (1966). Un récit de presse: les derniers jours d'un grand homme. *Communications, 8,* 94–101.

Guback, T. H. (1968). Reporting or distorting. In: H. J. Skornia & J. W. Kitson (Eds.), Problems and controversies in television and radio. Palo Alto, CA: Pacific Books.

Gumperz, J. D., & Hymes, D. (Eds.). (1972). *Directions in sociolinguistics. The ethnography of communication.* New York: Holt, Rinehart & Winston.

Gunter, B. (1983). Forgetting the news. In: E. Wartella, D. C. Whitney, & S. Windahl (Eds.), *Mass communication review yearbook* (Vol. 4) (pp. 165–172). Beverly Hills, CA: Sage.

Gurevitch, M., Bennett, T., Curran, J., & Woollacott, J. (Eds.). (1982). *Culture, society and the media.* London: Methuen.

Hall, S. (1980). Introduction to media studies at the Centre. In S. Hall, D. Hobson, A. Lowe, & P. Willis (Eds.), *Culture, media, language* (pp. 117–121). London: Hutchinson.

Hall, S., Critcher, C., Jefferson, T., Clarke, J., & Roberts, B. (1978). *Policing the crisis. Mugging, the state and law and order.* London: Methuen.

Hall, S., Hobson, D., Lowe, A., & Willis, P. (Eds.). (1980). *Culture, media, language.* London: Hutchinson.

Halliday, M. A. K., & Hasan, R. (1976). *Cohesion in English.* London: Longman.

Halloran, J. D., Elliott, P., & Murdock, G. (1970). *Demonstrations and communication*. A case study. Harmondsworth: Penguin Books.

Hamilton, D. (Ed.). (1981). *Cognitive processes in stereotyping and intergroup behavior*. Hillsdale, NJ: Lawrence Erlbaum Associates.

Harari, J. V. (Ed.). (1979). *Textual strategies. Perspectives in post-structuralist criticism*. London: Methuen.

Hardt, H. (1979). *Social theories of the press: Early German and American perspectives*. Beverly Hills, CA: Sage.

Harris, Z. (1952). Discourse analysis. *Language, 28,* 1–30.

Hartley, J. (1981). *Understanding news*. London: Methuen.

Hartmann, P., & Husband, C. (1974). *Racism and mass media*. London: Davis-Poynter.

Hendricks, W. O. (1976). *Grammars of style and styles of grammar*. Amsterdam: North Holland.

Heritage, J. (1985). Analyzing news interviews: Aspects of the production of talk for an overhearing audience. In T. A. van Dijk (Ed.), *Handbook of discourse analysis* (Vol. 3). London: Academic Press.

Hermans, J. (1984). Onderzoek naar de invloed van andere media op het onthouden van kranteberichten (Research on the influence of other media on recall of newspaper reports). Unpublished manuscript. University of Amsterdam, Section of Discourse Studies.

Higgins, E. T., Herman, C. P., & Zanna, M. P. (Eds.). (1981). *Social cognition. The Ontario symposium* (Vol. 1). Hillsdale, NJ: Lawrence Erlbaum Associates.

Hirsch, P. M. (1977). Occupational, organisational and institutional modes in mass communication. In P. M. Hirsch, P. V. Miller, & F. G. Kline (Eds.), *Strategies for communication research* (pp. 13–43). Beverly Hills, CA: Sage.

Hofstetter, C. R. (1976). *Bias in the news*. Columbus, OH: Ohio State University Press.

Höijer, B., & Findahl, O. (1984). *Nyheter, förståelse, och minne*. Stockholm: Studentlitteratur.

Hovland, C. I., Janis, I. L., & Kelley, H. H. (1953). Communication and persuasion. New Haven, Conn: Yale University Press.

Howard, J. & Rothbart, M. (1980). Social categorization and memory for in group and out group behavior. *Journal of Personality and Social Psychology, 38,* 301–310.

Hulteng, J. L., & Nelson, P. R. (1971). *The Fourth Estate: An informal appraisal of the news and opinion media*. New York: Harper & Row.

Hymes, D. (Ed.). (1964). *Language in culture and society*. New York: Harper & Row.

Johnson-Laird, P. N. (1983). *Mental models*. London: Cambridge University Press.

Johnstone, J. W., Slawski, E. J., & Bowman, W. W. (1976). *The news people: A sociological portrait of American journalists and their work*. Urbana, IL: University of Illinois Press.

Jones, L. K. (1977). *Theme in English expository discourse*. Lake Bluff, IL: Jupiter Press.

Just, M. A., & Carpenter, P. A. (Eds.). (1977). *Cognitive processes in comprehension*. Hillsdale, NJ: Lawrence Erlbaum Associates.

Kahane, H. (1971). *Logic and contemporary rhetoric*. Belmont, CA: Wadsworth.

Kahneman, D. & Tversky, A. (1973). On the psychology of prediction. *Psychological Review, 80,* 237–251.

Katz, E., Adoni, H., & Parness, P. (1977). Remembering the news: What the picture adds to recall. *Journalism Quarterly, 54,* 231–239.

Keenan, E. L. (Ed.). (1975). *Formal semantics of natural language*. London: Cambridge University Press.

Kempson, R. (1975). *Presupposition and the delimitation of semantics*. London: Cambridge University Press.

Kintsch, W. (1974). *The representation of meaning in memory*. Hillsdale, NJ: Lawrence Erlbaum Associates.

Kintsch, W. & Greene, E. (1978). The role of culture-specific schemata in the comprehension and recall of stories. *Discoures Processes,* 1, 1–13.

Kintsch, W., & van Dijk, T. A. (1975). Comment on se rappelle et on résume des histoires. *Langages,* 40, 98–116.

Kintsch, W., & van Dijk, T. A. (1978). Toward a model of text comprehension and production. *Psychological Review,* 85, 363–394.

Kniffka, H. (1980). *Soziolinguistik und empirische Textanalyse. Schlagzeilen- und Leadformulierung in Amerikanische Tageszeitungen.* Tübingen: Niemeyer.

Laberge, D., & Samuels, S. J. (Eds.). (1977). *Basic processes in reading.* Hillsdale, NJ: Lawrence Erlbaum Associates.

Labov, W. (1972a). *Language in the inner city.* Philadelphia: University of Pennsylvania Press.

Labov, W. (1972b). *Sociolinguistic patterns.* Philadelphia: University of Pennsylvania Press.

Labov, W. (1972c). The transformation of experience in narrative syntax. In W. Labov, *Language in the inner city* (pp. 354–396). Phildelphia: University of Pennsylvania Press.

Labov, W. (1982). Speech actions and reactions in personal narrative. In D. Tannen (Ed.), *Analyzing discourse: Text and talk* (pp. 219–247). Washington, DC: Georgetown University Press.

Labov, W., & Waletzky, J. (1967). Narrative analysis. Oral versions of personal experience. In J. Helm (Ed.), *Essays on the verbal and visual arts* (pp. 12–44). Seattle: University of Washington Press.

Lang, K., & Engel-Lang, G. (1982). *The battle for public opinion: The President, the press and the polls during Watergate.* New York: Columbia University Press.

Lange, K. (1980). *Abbildung oder Konstruktion der Wirklichkeit? Politik in der Nachrichtenmedien.* Stuttgart: Klett.

Larsen, S. F. (1980). Memory for radio news. Discourse structure and knowledge updating. Unpublished manuscript. University of Aarhus, Department of Psychology.

Lausberg, H. (1960). *Handbuch der literarischen rhetorik.* Munich: Hueber.

Lendvai, P. (1981). *The bureaucracy of truth.* London: Burnett.

Le Ny, J.-F., & Kintsch, W., (Eds.). (1982). *Language and comprehension.* Amsterdam: North Holland.

Lester, M. (1980). Generating newsworthiness: The interpretive construction of public events. *American Sociological Review,* 45, 984–994.

Levelt, W. J. M. (1982). Linearization in describing spatial networks. In S. Peters & E. Saarinen (Eds.), *Processes, beliefs and questions.* Dordrecht: Reidel.

Lindegren-Lerman, C. (1983). Dominant discourse: The institutional voice and the control of topic. In H. Davis & P. Walton (Eds.), *Lannguage, image, media* (pp. 75–103). Oxford: Blackwell.

Loftus, E. (1979). *Eyewitness testimony.* Cambridge: Mass.: Harvard University Press.

Longacre, R. (Ed.). (1977). *Discourse grammar* (Vols. 1–3). Dallas, TX: Summer Institute of Linguistics.

Louwes-Steubing, M. (1984). Een onderzoek naar de werkzaamheid van kognitieve schema's bij het begrijpen en onthouden van kranteberichten (An investigation into the role of cognitive schemata in the understanding and recall of newspaper reports). Unpublished manuscript. University of Amsterdam, Section of Discourse Studies.

Lüger, H.-H. (1983). *Pressesprache.* Tübingen: Niemeyer.

Lyons, J. (1981). *Language, meaning and context.* London: Fontana.

Maddux, J. E., & Rogers, R. W. (1980). Effects of source expertness, psysical attractivenes, and supporting arguments on persuasion. A case of brains over beauty. *Journal of Personality and Social Psychology,* 39, 235–244.

Mandl, H., Stein, N. L., & Trabasso, T. (Eds.). (1984). *Learning and comprehension of text.* Hillsdale, NJ: Lawrence Erlbaum Associates.

Mandler, J. M. (1978). A code in the node: The use of story schema in retrieval. *Discourse Processes, 1,* 14–35.

Mandler, J. M., & Johnson, N. S. (1977). Remembrance of things parsed: Story structure and recall. *Cognitive Psychology, 9,* 11–151.

Markus, H. (1977). Self-schemata and processing information about the self. *Journal of Personality and Social Psychology, 35,* 63–78.

Martin, L. J., & Chaudhary, A. G. (1983). *Comparative mass media systems.* New York: Longman.

McLaughlin, M. L. (1984). *Conversation. How talk is organized.* Beverly Hills, CA: Sage.

McQuail, D. (1983). *Mass communication theory. An introduction.* Beverly Hills, CA: Sage.

Mehan, H. (1979). *Learning lessons.* Cambridge, MASS: Harvard University Press.

Merrill, J. C. (1983). *Global journalism. A survey of the world's mass media.* New York: Longman.

Metz, W. (1979). *Newswriting: From lead to "30".* Englewood Cliffs, NJ: Prentice-Hall.

Molotch, H., & Lester, M. (1974). News as purposive behavior: On the strategic use of routine events. Accidents and scandals. *American Sociological Review, 39,* 101–112.

Morin, V. (1966). *L'écriture de presse.* The Hague: Mouton.

Neuman, R. W. (1976). Patterns of recall among television news viewers. *Public Opinion Quarterly, 40,* 115–123.

Norman, D. A., & Rumelhart, D. E. (Eds.). (1975). *Explorations in cognition.* San Francisco: Freeman.

Otto, W., & White, S. (Eds.). (1982). *Reading expository material.* New York: Academic Press.

Park, R. E. (1940). News as form of knowledge. *American Journal of Sociology, 45,* 669–686.

Pêcheux, M. (1969). *Analyse automatique du discours.* Paris: Dunod.

Petöfi, J. S. (1971). *Transformationsgrammatiken und eine ko-textuelle texttheorie.* Frankfurt: Athenaeum.

Petöfi, J. S., & Franck, D. M. L. (Eds.). (1973). *Presuppositions in linguistics and philosophy.* Frankfurt: Athenaeum.

Petöfi, J. S., & Rieser, H. (Eds.). (1973). *Studies in text grammar.* Dordrecht: Reidel.

Pols, H. (1984). Citeren in nieuwsberichten (Quotations in news reports). Unpublished manuscript. University of Amsterdam, Section of Discourse Studies.

Powers, R. (1978). *The news casters.* New York: St. Martins Press.

Propp, V. (1958). *Morphology of the folktale.* Bloomington, IN: Indiana University Press. (Original Russian work published 1928).

Reder, L. M. (1982). Elaborations: When do they help and when do they hurt? *Text, 2,* 211–224.

Reder, L. M., & Anderson, J. R. (1980). A comparison of texts and their summaries: Memorial consequences. *Journal of Verbal Learning and Verbal Behavior, 19,* 121–134.

Robinson, J. P. & Levy, M. R. (1986). *The main source. Learning from television news.* Beverly Hills, CA: Sage.

Roeh, I. (1982). *The rhetoric of news.* Bochum: Studienverlag.

Roeh, I., & Feldman, S. (1984). The rhetoric of numbers in frontpage journalism. *Text, 4,* 347–368.

Roloff, M., & Miller, G. R. (Eds.). (1980). *Persuasion.* Beverly Hills, CA: Sage.

Rood, T. (1984). Een dag Oost-Europa berichtgeving in NRC-Handelsblad (One day of reporting about Eastern-Europe in NRC-Handelsblad). Unpublished manuscript. University of Amsterdam, Section of Discourse Studies.

Rosenblum, M. (1981). *Coups and earthquakes. Reporting the world to America.* New York: Harper & Row.

Roshco, B. (1975). *Newsmaking.* Chicago: University of Chicago Press.

Rothbart, M., Evans, M., & Fulero, S. (1979). Recall for confirming events. Memory processing and the maintenance of social stereotypes. *Journal of Experimental Social Psychology, 15*, 343–355.

Rumelhart, D. (1975). Notes on a schema for stories. In D. G. Bobrow & A. Collins (Eds.), *Representation and understanding* (pp. 211–236). New York: Academic Press.

Sacks, H., Schegloff, E., & Jefferson, G. (1974). A simplest systematics for the organization of turntaking for conversation. *Language, 50*, 696–735.

Sanches, M., & Blount, B. G. (Eds.). (1975). *Sociocultural dimensions of language use.* New York: Academic Press.

Sandell, R. (1977). *Linguistic style and persuasion.* London: Academic Press.

Sanford, A. J., & Garrod, S. C. (1981). *Understanding written language.* New York: Wiley.

Saussure, F. (1917). *Cours de linguistique générale.* Paris: Payot.

Saville-Troike, M. (1982). *The ethnography of communication.* Oxford: Blackwell.

Schank, R. (1979). Interestingness. Controlling inferences. *Artificial Intelligence, 12*, 273–297.

Schank, R. C. (1982). *Dynamic memory.* London: Cambridge: University Press.

Schank, R. C., & Abelson, R. P. (1977). *Scripts, plans, goals and understanding.* Hillsdale, NJ: Lawrence Erlbaum Associates.

Schegloff, E., & Sacks, H. (1973). Opening up closings. *Semiotica, 8*, 289–327.

Schenkein, J. (Ed.). (1978). *Studies in conversational interaction.* New York: Academic Press.

Scherer, K. R., & Giles, H. (Eds.). (1979). *Social markers in speech.* London: Cambridge University Press.

Schmidt, M.-A. (1977). *Tagesberichterstattung in Zeitung und Fernsehen.* Berlin: Verlag Volker Spiess.

Schoenbach, K. (1977). *Trennung von Nachricht und Meinung.* Freiburg: Karl Alber.

Schulz, W. (1976). *Die Konstruktion von Realität in den Nachrichtenmedien.* Freiburg: Karl Alber.

Schwartz, H., & Jacobs, J. (1979). *Qualitative sociology.* New York: Free Press.

Schwitalla, J. (1981). Dialogsteuerungsversuche interviewter Politiker. In: G. Bentele (Ed.), *Semiotik und Massenmedien* (pp. 108–127). Munich: Oelschläger.

Searle, J. (1969). *Speech acts.* Cambridge: Cambridge University Press.

Sebeok, T. (Ed.). (1960). *Style in language.* Cambridge, MA: MIT Press.

Siebert, F. S., Peterson, T., & Schramm, W. (1957). *Four theories of the press.* Urbana, IL: University of Illinois Press.

Sigelman, L. (1973). Reporting the news: An organizational analysis. *American Journal of Sociology, 79*, 132–151.

Sinclair, J. M. & Brazil, D. (1982). *Teachers talk.* London: Oxford University Press.

Sinclair, J. M., & Coulthard, M. (1975). *Towards an analysis of discourse.* London: Oxford University Press.

Spiegl, F. (1983). *Keep taking the tabloids!* London: Pan Books.

Spiro, R. J., Bruce, B. C., & Brewer, W. F. (Eds.). (1980). *Theoretical issues in reading comprehension.* Hillsdale, NJ: Lawrence Erlbaum Associates.

Strassner, E. (Ed.). (1975). *Nachrichten.* Munich: Fink.

Strassner, E. (1982). *Fernsehnachrichten.* Tübingen: Niemeyer.

Sudnow, D. (Ed.). (1972). *Studies in social interaction.* New York: Free Press.

Tannen, D. (Ed.). (1982). *Analyzing discourse: Text and talk.* Washington, DC: Georgetown University Press.

Taylor, S. E. (1981). The categorization approach to stereotyping. In D. Hamilton (Ed.), *Cognitive processing in stereotyping and intergroup behavior* (pp. 83–114). Hillsdale, NJ: Lawrence Erlbaum Associates.

Thorndyke, P. W. (1977). Cognitive structures in comprehension and memory of narrative discourse. *Cognitive Psychology, 9*, 77–110.

Thorndyke, P. W. (1979). Knowledge acquisition from newspaper stories. Discourse Processes, 2, 95–112.

Todorov, T. (Ed.). (1966). Textes des formalistes russes. Paris: Seuil.

Todorov, T. (1969). Grammaire du Décaméron. The Hague: Mouton.

Tuchman, G. (1972). Objectivity as strategic ritual: An examination of newsmen's notions of objectivity. American Journal of Sociology, 77, 660–670.

Tuchman, G. (1974). Making news by doing work: Routinizing the unexpected. American Journal of Sociology, 79, 110–131.

Tuchman, G. (1978a). Making news. New York: Free Press.

Tuchman, G. (1978b). Professionalism as an agent of legitimation: Journal of Communication, 28, 106–113.

Tuchman, G., Kaplan Daniels, A. & Benét, J. (Eds.). (1980). Hearth and home. Images of women in the mass media. New York: Oxford University Press.

Tunstall, J. (1971). Journalists at work. London: Constable.

Turner, R. (Ed.). (1974). Ethnomethodology. Harmondsworth: Penguin Books.

van Dijk, T. A. (1972). Some aspects of text grammars. The Hague: Mouton.

van Dijk, T. A. (1976). Philosophy of action and theory of narrative. Poetics, 5, 287–338.

van Dijk, T. A. (1977). Text and context. London: Longman.

van Dijk, T. A. (1979). Recalling and summarizing complex discourse. In W. Burghardt & K. Hölker (Eds.), Text processing. (Textverarbeitung) (pp. 49–118). Berlin: de Gruyter.

van Dijk, T. A. (1980a). Macrostructures. Hillsdale, NJ: Lawrence Erlbaum Associates.

van Dijk, T. A. (Ed.). (1980b). Story comprehension. Poetics 8, nrs. 1/3 (special issue).

van Dijk, T. A. (1980c). Story comprehension: An introduction. In T. A. van Dijk (Ed.), Story Comprehension. Poetics, 9, nrs 1/3, special issue, 1–21.

van Dijk, T. A. (1981a). Studies in the pragmatics of discourse. Berlin/New York: Mouton.

van Dijk, T. A. (1981b). Pragmatic connectives. In T. A. van Dijk, Studies in the pragmatics of discourse (pp. 163–176). The Hague: Mouton.

van Dijk, T. A. (1982a). Episodes as units of discourse analysis. In D. Tannen (Ed.), Analyzing discourse: Text and talk (pp. 177–195). Washington, DC: Georgetown University Press.

van Dijk, T. A. (1982b). Opinions and attitudes in discourse comprehension. In J. F. Le Ny & W. Kintsch (Eds.), Language and comprehension (pp. 35–51). Amsterdam: North Holland.

van Dijk, T. A. (Ed.). (1982c). New developments in cognitive models of discourse processing. Text, 2, nrs. 1/3, (special issue).

van Dijk, T. A. (1983a). Minderheden in de media (Minorities in the media). Amsterdam: Socialistische Uitgeverij Amsterdam.

van Dijk, T. A. (1983b). Discourse analysis: Its development and application to the structure of news. Journal of Communication, 33, 20–43.

van Dijk, T. A. (1984a). Prejudice in discourse. Amsterdam: Benjamins.

van Dijk, T. A. (1984b). Structures of international news. A case study of the world's press. Report for Unesco. University of Amsterdam. Department of General Literary Studies. Section of Discourse Studies (Available from ERIC, and summarized as a chapter in van Dijk, 1986d).

van Dijk, T. A. (Ed.). (1985a). Handbook of discourse analysis (Vols. 1/4). London: Academic Press.

van Dijk, T. A. (Ed.). (1985b). Discourse and communication. New approaches to the analysis of mass media discourse and communication. Berlin: de Gruyter.

van Dijk, T. A. (1985c). Structures of news in the press. In T. A. van Dijk (Ed.), Discourse and communication (pp. 69–93). Berlin: de Gruyter.

van Dijk, T. A. (1985d). Cognitive situation models in discourse production. The expression of ethnic situations in prejudiced discourse. In J. P. Forgas (Ed.), Language and social situations (pp. 61–80). New York: Springer-Verlag.

van Dijk, T. A. (1986). News schemata. In C. Cooper & S. Greenbaum (Eds.), *Studying writing: Linguistic approaches* (pp. 155–186). Beverly Hills, CA: Sage.

van Dijk, T. A. (1987a). *Communicating racism. Ethnic prejudice in thought and talk.* Newbury Park, CA: Sage.

van Dijk, T. A. (1987b). *News analysis. Case studies in international and national news.* Hillsdale, NJ: Lawrence Erlbaum Associates.

van Dijk, T. A. (1987c). Episodic models in discourse processing. In R. Horowitz & S. J. Samuels (Eds.), *Comprehending oral and written language.* New York: Academic Press.

van Dijk, T. A. (1987d). Mediating racism. The role of the media in the reproduction of racism. In R. Wodak (Ed.), *Language, power and ideology.* Amsterdam: Benjamins.

van Dijk, T. A. (1987e). Elite discourse and racism. In I. Zavala, T. A. van Dijk, & M. Diaz-Diocaretz (Eds.), *Approaches to discourse, poetics and psychiatry.* Amsterdam, Benjamins.

van Dijk, T. A., & Kintsch, W. (1978). Cognitive psychology and discourse. Recalling and summarizing stories. In W. U. Dressler (Ed.), *Current trends in textlinguistics.* Berlin: de Gruyter.

van Dijk, T. A., & Kintsch, W. (1983). *Strategies of discourse comprehension.* New York: Academic Press.

Véron, E. (1981). *Construire l'événement. Les médias et l'accident de Three Mile Island.* Paris: Minuit.

Wicker, T. (1978). *On press.* New York: The Viking Press.

Wilensky, R. (1978). *Understanding goal-based Stories.* New Haven, CN: Yale University, Department of Computer Science. Research report #140.

Wilensky, R. (1983). Story grammars versus story points. *The Behavioral and Brain Science,* 6, 579–623.

Williams, A. (1975). Unbiased study of television news bias. *Journal of Communication,* 25, 190–199.

Wilson, D. (1975). *Presuppositions and non-truth conditional semantics.* New York: Academic Press.

Woodall, W. G., Davis, D. K., & Sahin, H. (1983). From the boob tube to the black box. In E. Wartella, D. C. Whitney, & S. Windahl (Eds.), *Mass communication review yearbook* (Vol. 4) (pp. 173–194). Beverly Hills, Ca: Sage.

Wyer, R. S., Jr., & Carlston, D. E. (1979). *Social cognition, inference and attribution.* Hillsdale, NJ: Lawrence Erlbaum Associates.

찾아보기

지은이 반 데이크

반 데이크(Teun A. van Dijk, 1943~ )는 텍스트 언어학, 담화 분석, 비판적 담화 분석 분야의 학자로서 텍스트 처리 심리학의 발전에 공헌하였다. 1968 년부터 2004년까지 암스테르담 대학의 담화 연구 교수였으며 1999년부터 바르셀로나의 Pompeu Fabra 대학에서 강의하였다. 2017년 바르셀로나에 담화 연구 센터(Center of Disclosure Studies)를 설립하였다. 생성 시학, 텍스트 문법, 텍스트 처리의 심리학에 대한 초기 작업 후, 1980년 이후 그의 작업은 더욱 비판적인 관점을 취하며 인종 차별, 언론의 뉴스, 이념, 지식과 맥락을 다루었다.

스페인 *Discurso & Sociedad*(www.dissoc.org)의 인터넷 저널인 *Poetics*, *Text*(현 Text & Talk), *Discourse & Society*, *Discourse Studies*, *Discourse & Communication* 등 6개의 국제 학술지를 창간하였으며, 그중 세 군데에서는 여전히 편집위원으로 활동하고 있다.

영어로 쓴 최근 저서는 *Ideology*(1998), *Racism and discourse in Spain and Latin America*(2005), *Discourse and Power*(2008), *Discourse and Context*(2008), *Society and Discourse*(2009), *Discourse and Knowledge*(2014), *Antiracist Discourse in Brazil*(2020), *Antiracist Discourse*(2021)이며, 이 중 상당수는 스페인어로, 일부는 포르투갈어로 번역되었다.

**거시언어학 14: 담화·텍스트·화용 연구**

# 담화로서의 뉴스
News as Discourse

©경진출판, 2024

**1판 1쇄 발행_**2024년 03월 20일
**1판 1쇄 발행_**2024년 03월 30일

**지은이_**반 데이크(Teun A. van Dijk)
**옮긴이_**강경민
**펴낸이_**양정섭

**펴낸곳_경진출판**
　　　**등록_**제2010-000004호
　　　**이메일_**mykyungjin@daum.net
　　　**블로그(홈페이지)_**mykyungjin.tistory.com
　　　**사업장주소_**서울특별시 금천구 시흥대로 57길(시흥동) 영광빌딩 203호
　　　**전화_**070-7550-7776　**팩스_**02-806-7282

**값** 26,000원
**ISBN** 979-11-92542-80-5 93300

※ 이 책은 본사와 저자의 허락 없이는 내용의 일부 또는 전체의 무단 전재나 복제, 광전자 매체 수록 등을 금합니다.
※ 잘못된 책은 구입처에서 바꾸어 드립니다.